人物叢書

新装版

陸《くが》 羯《かつ》 南《なん》

有山輝雄

日本歴史学会編集

吉川弘文館

陸　羯　南　肖　像（個人蔵）

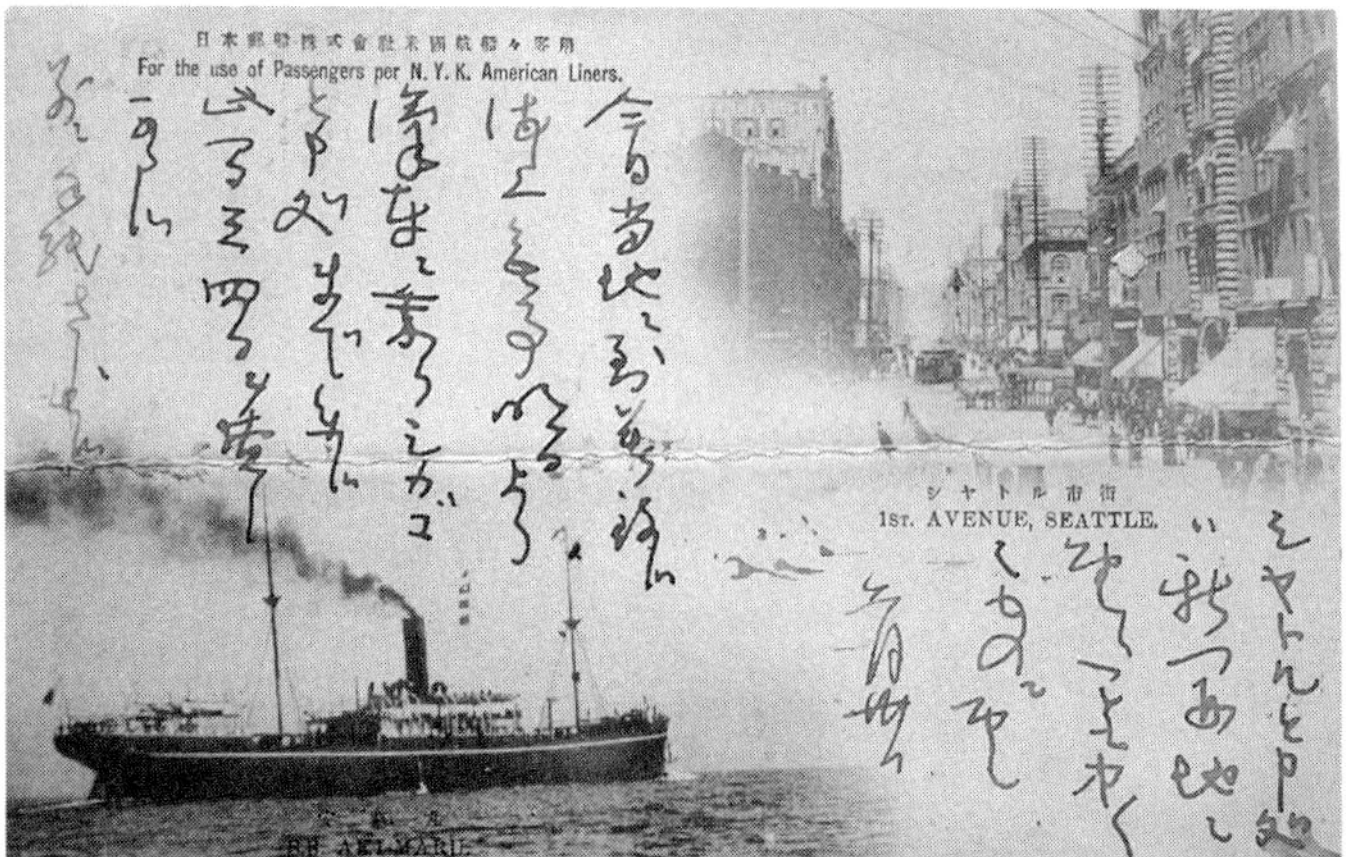

欧州旅行中の絵はがき（明治36年6月，個人蔵）

妻てつ(上)とその兄今居真吉(下)に送ったもの（本文250頁参照）.

はしがき

陸羯南の評価に決定的な影響をあたえ続けている丸山眞男の論文「陸羯南―人と思想―」は、羯南は三宅雪嶺《せつれい》・徳富蘇峰《そほう》・朝比奈知泉《あさひなちせん》・池辺三山《いけべさんざん》・福本日南《にちなん》・山路愛山《やまじあいざん》とならぶ「明治中期新聞界の巨峰であるが、比較的短命であったのと、孤高の生涯を送ったためほかの名前ほど知られていない」と書きはじめている。

これは、「凶悪な犯罪人」になぞらえられている近時の「日本主義の思想と運動」と対置して「無邪気で健康な少年時代」の「明治二〇年代の日本主義運動」を救済しようとする論文全体のモチーフによって、忘れられた日本主義のイデオローグである陸羯南の無名性が強調されすぎているきらいがあるが、新聞『日本』とほとんど一体であった羯南の活動が、『日本』の衰退とともに忘れられていったのであろう。

しかし、現在では、朝比奈知泉・池辺三山・福本日南などと比較すれば、羯南のほうがずっと知られ、『陸羯南全集』まで刊行されているのである。それには、丸山眞男の犀利《さいり》な論文による羯南再評価が大きく影響しているし、確かに『全集』によって読むことができる羯南の諸論文には、「進歩性と健康性」という言葉だけでは語れないにしても、明治期の政治思想において論じられなければならない多くのテーマが存在していることは間違いない。その意味で、日本主義（彼自身の言葉では「国民主義」）のイデオローグとしての陸羯南は復活した。

しかし、陸羯南が新聞記者であったという単純な事実については、あまり深く考えられてはいない。イデオローグには様々な活動の形態があるだろうが、陸羯南は新聞記者として活動したのであり、彼の言論はジャーナリストの言論であったのである。新聞記者であることと日本主義イデオローグであることとは、彼にとって表裏一体の問題であった。

新聞記者羯南の側面が明らかにならなければ、イデオローグとしての彼の思想を十全に把握することはできないだろう。本書では、新聞記者としての陸羯南を描くことを主眼とする。ただ、彼が生きた時代にあっては、新聞記者であることは決して自明なことではなかったし、彼自身が新聞記者の「職分」を作りだそうとしたのである。

明治期の人物批評家として定評のある鳥谷部《とやべ》春汀《しゅんてい》は、陸羯南の没後、「明治期の新聞界に於ける羯南陸実《みのる》氏の位置は殆《ほとん》ど絶対的なりといふも可なり」と評している。筆力識見などにおいて羯南に匹敵する者はいた。しかし、彼らが「大抵何物かの機関」であったのにたいし、「独り羯南は何人何物の機関たらずして、鞏固《きょうこ》にして且つ恒久なる精神的独立を保ち得たる文士」であったのだという（『太陽』明治四〇年一〇月号）。

「独立」こそ、陸羯南が新聞記者の理念として高く掲げた理念であった。「独立」は、今では手垢に汚れ、「中立」や「不偏不党」と同義の言葉であるかのように使われている。そうした状況にあって、羯南の峻厳な「独立」理念を救出することは大いに意味があることであろう。

しかし、本書でなそうとするのは、羯南の「独立」理念を「無邪気な健康」ものとして取り出そうというのではない。むしろ、彼が「独立」を貫徹しようとして払わなければならなかった代償をもふくめて、ジャーナリズムの独立を目指した羯南の格闘を描きたいと思う。

本書に取りかかってから意外な時間がかかってしまった。その責は、私の非力にあるが、ともすれば、羯南の思想を論ずる方向に外れてしまいがちで、それを軌道修正することの繰り返しであった。改めて痛感するのは、一人の人間の伝記を書くことのむずかしさである。

二〇〇七年三月二五日

有山輝雄

目　次

口絵

挿図

挿　表

第一　価値秩序の崩壊と彷徨

一　生まれ

生家中田家

羯南陸實《くがみのる》は、安政《あんせい》四（一八五七）年一〇月一四日に弘前藩士中田謙齋《けんさい》の長男として陸奥国弘前在府町《ざいふちょう》に生まれた。『陸羯南全集』年譜等は長男としているが、二男とする説もある。本来の姓は中田だが、のちに自ら改姓して陸姓を名乗った。幼名は巳之太郎《みのたろう》。安政四年が丁巳の年にあたっていたので、こう名づけられたという。後に實と改め、羯南と号した。以下本書では、便宜上陸羯南と称することとする。

出生地

墓碑および鈴木虎雄輯『羯南文録』（一九三三年　陸四郎）所載の年譜は、出生地を「青森県中津軽郡清水村」としているが、相沢文蔵の研究によって弘前市在府町に生まれたことが明らかにされた。確かに明治四年の「士族在籍引越際之地図並官社学商現在図」では、在府町の本通りに中田謙齋の居宅があったことが明記されている。

弘前市在府町

在府町は津軽城の南側に位置し、寛永《かんえい》年間に足軽屋敷として町割された。その後、上級藩士の屋敷町に変わった時期もあるが、寛政《かんせい》年間に高一〇〇石以上金一五両以上の藩士が居住し、幕末には中級の藩士の屋敷が並ぶ侍町であったようだ。現在でもその町割はほとんど江戸時代と変わっておらず、先の「士族在籍引越際之地図」と照合すれば、中田家の屋敷は在府町のなかでも茂森《しげもり》通りに近く、長勝寺構《ちょうしょうじがまえ》（禅林街）にも遠くない

本多庸一と笹森儀助

位置にあたる。中田家から一〇〇メートルほどのところに本多庸一《ほんだよういち》の生家、またごく近くに笹《ささ》森《もり》儀助《ぎすけ》の家もある。本多庸一は一〇歳年長、笹森儀助は一二歳年長であるから、一緒に生育したとは考えられないが、後年浅からぬ関係をもつ彼らとごく隣近所であったことは一応注意しておく必要がある。

父中田謙齋

中田謙齋は、「御茶道格」で、「十五両四人扶持」という身分であった。約八〇俵にあたるという（川村欽吾「陸羯南その一」）。「御茶道格」としては高い身分であったようだが、中田家の来歴については詳しいことは分からない。「明治五年士族代数調」には、「在府町　戸主　中田謙齋　初代清嘉組愽」とある。しかし、この初代がどのような人物であったのかはまったく伝えられていない。

待望の跡継ぎ

中田謙齋は藩医佐々木玄龍《げんりゅう》の三男であったが、中田家の中田喜齋に実子がなかった

「士族在籍引越之際地図並官社学商現在図」(弘前市立博物館蔵)
在府町本通り沿い，茂森通り近くに「中田謙齋」(写真左下）とある．

ため、養子に入ったものである。母「なほ」はやはり津軽藩士の種市《たねいち》家の出で、天保《てんぽう》一五（一八四四）年二月二六日長女たつが生まれた。その一二年後に巳之太郎が誕生したのであるから、待望久しい跡継ぎとして大喜びされたであろう。

母の死と家内の変化

しかし、母なほは、巳之太郎かぞえで四歳のとき病没した。万延《まんえん》元（一八六〇）年のことである。巳之太郎はおそらく母の記憶はほとんどなかっただろう。母の死後、巳之太郎は、親戚の叔母の世話になったというが、のち父謙斎は黒石《くろいし》いよを後妻とした。母を失い、継母を迎え、次々と異母弟妹が生まれるということは、家内での巳之太郎の存在を一変させた。家内における彼の存在がきわめて不安定となったのである。

不安定な存在

彼自身が幼年少年時代のことを語った回顧談等は残っていないが、自らの存在が何か、自らが何者であるかを自問せざるをえない状況におかれたのである。安定した居場所がないという不安感と自己の居場所の確立は、彼の生涯の大きなテーマであったが、その最初の契機は家内の体験にあった。

二　幕末の変動

巳之太郎の生まれた安政四年は、アメリカ公使ハリスが江戸城で将軍家定《いえさだ》に謁見し、アメリカ大統領の国書を提出した年である。母の亡くなった万延《まんえん》元年には、軍艦奉行木村喜毅《よしたけ》、軍艦操練所《そうれんしょ》教授勝安芳《やすよし》（海舟）ら幕府の使節団が咸臨丸《かんりんまる》で太平洋を渡ってアメリカに赴いた。福沢諭吉が木村の従僕として参加を許され、はじめてアメリカ文化を直接見聞したことはよく知られている。

徳川幕府の瓦解

徳川幕府体制は音を立てて崩れ始め、それまで自明性であった諸価値は急速に色褪《あ》せ、すべてが疑われ、すべてが議論の対象となり得る混沌とした状況が出現した。巳之太郎が満で一一歳のとき、徳川幕府は最終的に瓦解《がかい》する。津軽藩も否応なくその激動にまきこまれ、彼や彼の家族の基盤は大きく動揺していく。既存制度・価値体系、広い意味での伝統の崩壊は、彼の同世代の者たちが共通して背負わなければならなかった宿命であるが、津軽藩においては奇妙な屈折をともなって現れた。

津軽藩の特異な立場

幕末・明治初年の津軽藩は、明確な方針をもてず右顧左眄《うこさべん》に終始した。明治元

〔一八六八〕年三月一九日、会津藩・庄内藩追討を目的とする新政府の奥羽鎮撫総督《おううちんぶそうとく》九条道孝《みちたか》が松島湾に上陸するや、津軽藩もこれに従い兵を出した。

奥羽列藩同盟

しかし、その後、東北諸藩に会津藩への同情論が高まり、五月三日、奥羽列藩同盟が結ばれるや、津軽藩仙台出役の家老山中兵部《ひょうぶ》はこの大勢にしたがい、列藩同盟盟約書に独断調印した。藩内でも、家老西館宇膳らが山田登らの勤王派を抑え実権を握り、藩境封鎖によって奥羽鎮撫総督一行の通行延期を願う行動に出るなど奥羽列藩同盟支持の態度を鮮明にした。しかし、京都から帰藩した用人西館平馬が津軽家親戚近衛家から新政府に加担すべき旨の「教書」を伝えると藩論は一変し、明治元年七月、津軽藩は奥羽列藩同盟を脱退し、今度は、奥羽鎮撫総督軍に参加して庄内藩・南部藩と交戦したのである。

新政府への忠誠

鎮撫総督への藩境封鎖は現地責任者を処分することでうやむやに処理し、さらに明治二年五月の箱館《はこだて》戦争には二千人もの部隊を送り、新政府への忠誠を取りつくろった。

勤王特功藩の二面性

この間、藩の主導権を一貫して握っていたのは家老西館宇膳である。彼は、藩内の守旧的勢力を基盤とし、形勢を観望しながら藩の安全を最優先させる路線をとった。その結果、津軽藩は大きな傷を受けずに、かたちのうえでは「勤王特功藩」の地位を得たのである。しかし、それは、理を通そうとする佐幕派あるいは勤王派からすれば、定見のとぼしい小心な態度にすぎなかった。さらに、自らの藩が、維新の動乱に曖昧な態度しかとれなかったことは、津軽藩士族、特に少年青年層に一種のトラウマ（精神的外傷）となっていく。

明治に雪辱を果たす他藩

戊辰戦争において新政府に抵抗し、「朝敵」の烙印を押された南部藩家老の家に生まれ、のちに司法省法学校において陸羯南の同級生となる原敬《たかし》は、「白河以北一山百文」という侮蔑句からとった「一山」を敢えて自らの号とし、藩閥勢力との対抗を一生の政治課題として生きた。さらに、新政府に頑強に抵抗し、落城後は下北半島に流された会津藩士たちにとって、明治の政治社会は戊辰の雪辱を果たす第二の戦場であった。彼らにとって、新政府権力からの疎外は辛い宿命ではあったが、同時にそれは彼らの誇りでもあったのである。

若い士族層への影響

しかし、津軽藩は、かたちだけ「勤王特功藩」の名をえたが、実際には格別厚遇されることもなかった。これは、津軽藩士、特に若い士族層の自尊心を傷つける厄介な問題であった。いわば明治国家の権力核から中途半端に疎外され、しかも疎外されている自己に誇りをもつこともできないのである。

本多庸一・菊池九郎の痛切な体験

津軽藩の混迷は、羯南より年長の青年には痛切な体験をもたらした。例えば、明治中期の青森県政治の指導者、さらに日本のキリスト教指導者となった本多庸一（当時は徳《とく》蔵《ぞう》）は慶応四（一八六八）年に二一歳、彼の盟友菊池九郎（当時は喜代太郎《きよたろう》）は二二歳で、この時期奥羽列藩同盟に同調していた藩の意向によって庄内藩に派遣された。彼らを歓迎した庄内藩は、小銃二五〇丁を贈り、帰藩には帆船一隻を貸与した。ところが彼らが帰ると、藩論は一変し新政府に従うことになっていた。悲憤慷慨《ひふんこうがい》した本多・菊池らは、節義を守るため脱藩して庄内藩に到り謝罪したが、庄内藩は彼らの志操の潔白を認め、かえって厚くもてなしたという。本多らは後に帰藩したが、津軽藩は脱藩の罪を問うこともできず、ただ改名を命ずるにとどめた。これによって本多徳蔵は本多庸一、菊池喜代太郎は菊池九郎となったのである（岡田哲蔵『本多庸一伝』）。のちに本多や菊池が独力でキリスト教信仰の道を切り開いていくのには、こうした痛切な体験が裏打ちされていたことは間違いない。

羯南の立場

一一歳であった少年羯南は、藩内の争論に主体的に参加するには余りにも幼すぎたし、彼の父親や親戚なども藩内抗争や戦争に参加したなどの話しは伝えられていない。しかし、彼も津軽藩の中途半端な存在を背負っていかねばならなかった。

版籍奉還

時代の激動と津軽藩の混乱は、その後も続く。明治二年四月一九日、薩摩・長州・土佐・肥前の四藩主にならって、津軽藩主津軽承昭《つぐあきら》も土地人民奉還の願書を提出した。六月二四日、諸藩とともに版籍奉還が許され、津軽承昭は知藩事《ちはんじ》に任ぜられることになった。二年一一月、新政府からの指示により禄制改革が行われたが、この時には四〇〇俵以上のものに限った減禄であったので、中田家の給録は削減されなかった。

大規模な藩政改革

だが、翌明治三年六月、より大規模な藩政改革が行われ、「一切ノ旧例格式ヲ廃棄シテ、政体ヲ全ク一新」することとした（津軽承昭公伝刊行会『津軽承昭公伝』）。この改革の一環として、給禄の大規模な削減が行われ、中田家の属する七〇俵以上一〇〇俵以下は六〇俵に削減された。知藩事の告諭《こくゆ》が「物価踊貴之際、汝等、活計の道に於ても、不容易難苦ニ至リ可申と、深く致憐察」と認めるほどであるから（『津軽藩歴代記類』（下）〈一九六一年図書刊行会〉）、それでなくても貧窮していた津軽士族が困窮を深めたことは推測に難くない。

中田家の給禄

士族の帰農政策

さらに大きな衝撃となったのは、津軽承昭が士族の帰農政策を打ち出したことである。津軽承昭は、明治三年一〇月九日、木造《きづくり》村に赴き、富農達に対して告諭を発した。「恩徳アルノ士族ヲ、時勢トハ申ナカラ、困苦セシムルハニ至ルハ予知事ノ身ニ於テ実ニ以忍ヒサル所ニシテ、汝等ニ於テモ其患ヲ傍観シテ、其恩ニ報セサルノ理アルマシキナリ」と士族救済のために富農達の所有する田畑のうち一〇町歩を越えるものの「引揚」を要求したのである（坂本寿夫編『弘前藩記事五』〈一九八四年　北方新社〉）。

士族・農民の困惑

農地を事実上強制的に収用するというのであるから、農民にとって驚天動地の政策であったが、救済される士族にとっても困惑する事態であった。減禄されて生活困難に陥ったところに、長年のあいだ親しんできた弘前の家屋敷や士族の生活を突然離れ、馴れない農作業につくというのである。

狐森村に移住

『弘藩明治一統誌士族卒族名員録』（青森県立図書館所蔵）には、「六十俵　在着所　狐森《きつねもり》村　中田謙齋」とある。また、『在着案内』（弘前市立図書館所蔵）には、「在着組村分」として二十六組、二四六一人の組別の氏名が列記されているが、「赤田組《あかだ》　狐森村」の項に「六十俵　中田謙齋」とある。狐森村というのは、現在の西津軽郡板柳《いたやなぎ》町狐森で、巳之太郎の中田家は、移住政策にしたがって在府町の屋敷を離れ、狐森村に移ったことになる。巳之太郎は、十五歳であった。

政策の実現度

しかし、この政策が実際にどの程度まで実施されたのか分からない。比較的広い土地を与えられた大身の士族は、困難な生活ながら定住生活が可能であったろう。藩政時代二五〇石の大身であった本多庸一の家は、後述するように藤崎《ふじさき》村に移住している。しかし、配分された土地が小さく土着しても生活のめどがたたない士族のほとんどは、弘前の家屋敷に居住をつづける不在地主となったという説も有力である（弘前市教育委員会『弘前市教育史』上巻）。

帰農政策の中断

しかも、帰農政策にはもっと手痛い追い打ちがあった。帰農政策は永続しなかったのである。明治四年七月一四日、廃藩置県の詔書が出され、津軽承昭は知藩事を免ぜられ、東京に移ることになった。士族と農民は定見のない政策によって翻弄され、結果的に混乱のなかに取り残されたかたちである。明治七年一月三〇日付内務卿大久保利通《としみち》、大蔵卿大隈重信《おおくましげのぶ》宛青森県権令北代正臣《きたしろまさおみ》「管下津軽郡田地旧弘前藩之時買上候一件ニ付所分伺書」では、旧津軽藩の買上策は「其方法頗ル苛酷ニ渉リ、之ガ為メニ現今民産衰疲ニ及候者モ不少、憫然之処置振と存候」、士族も「然処民間之不自由を厭ひ、城下ニ復帰いたし居候事にて、到底何等ノ寸益ニモ相成不申」と実情を報告している（「品川弥二郎《やじろう》文書」〈国立国会図書館憲政資料室所蔵〉。同史料については、沼田哲「明治六・七年の青森県情　北代正臣「上陳及び諸伺諸」他」参照）。

中田家の場合

中田家の場合、狐森村に実際に移住したのか、形式的には移住したかたちをとったが、実際には移住しないうちに廃藩置県になってしまったのかは不明である。従来の年譜、伝記等では狐森村への移住は記されていない。実際に移住したとすれば大変な苦難であったろうし、また在府町に居続けたとしても、極めて不安定な境遇であった。どちらにせよ、明治五年か六年に、弘前近郊の富田《とみた》村字大野《おおの》（現在は弘前市内）に転居した。

富田村大野に転居

富田村は、文化《ぶんか》年間に九代藩主寧親《やすちか》が泉水、築山などを築いた庭園を造営したが、天保年間に藩財政窮乏のために廃止となり楮《こうぞ》畑となり、さらに幕末に蘭学者佐々木玄俊《げんしゅん》が火薬製造所を作った地である。佐々木玄俊は、羯南の父親中田謙齋の従兄弟にあたる。中田家は、佐々木玄俊をたよって転居したのであろう。

佐々木玄俊

父祖代々の安定した社会秩序・価値秩序、それは時に桎梏《しっこく》となることはあっても、羯南の人間形成において安定した前提条件を与えるはずであった。それが瓦解してしまったということは、直接的には経済的困窮をもたらし、さらに自己がこれから生きていくための拠りどころが足下から崩れたということである。保守すべき伝統は崩れ、保守主義者であることは許されず、ひたすら前進しなければならないが、将来は見通せず、自分の居場所は分からなくなった。

人間形成上の不安

それは、反面、自由が開けたといい得るかもしれない。だが、一〇代半ばの少年には、自分の前に自由が開けたという実感は持ち得なかっただろう。むしろいいしれぬ不安の

不安の世界

世界が広がったのである。しかし、この不安を抱えて、独力で先がまったく見えない時代を生きていかなければならないことこそ彼の運命であったのである。

本多庸一の境遇

例えば、羯南の世代より一〇歳年長の世代で、前述したように深刻な維新体験をもった本多庸一は、明治三年になると、今度は津軽藩が将来を期待する優秀な青少年六〇余人に選抜され、藩費をもって長州留学を命じられた。しかし、海外遊学の志望をもっていた彼は、英語学習のため横浜に赴き、宣教師のもとで英語を学ぶこととした。だが、明治四年の廃藩置県によって突然藩費はとだえ、帰郷せざるをえないことになった。

彼の回顧談では、「厚い雲が私の人生の行手に垂れこめました。私はことごとく意気消沈のていで、帰郷を余儀なくさせられたのであります。寒い冬でした。三週間もかかって五〇〇マイル以上の道を（病気のためカゴで）旅をしました。帰ってみると家族は寒村で不安な暮らしをしておりました。そこには汽船も汽車も人力車もありませんでした。この失意の若者は、この世のすべては無常であり、人間は全く弱く取るに足りないものであることを感じたのであります」（青山学院『本多庸一』）。家族は士族帰農令にしたがって弘前北東六キロの藤崎村に移り住み、窮迫していた。もはや戻るべき故郷さえない。彼は、その後家財道具一切を売り、不退転の決意のもとに再び横浜の宣教師のところに戻り、キリスト教信仰の道に入っていく。

工藤他山の塾に入門

羯南は、明治四年、一五歳の時、弘前城下の工藤他山《くどうたざん》の塾に入った。先は見えない状況だが、父親は取りあえず伝統的教育を授けようとしたのである。工藤他山（主膳《しゅぜん》）は、津軽藩古川儒伯《じゅはく》の次子で、工藤家を起こした。藩校稽古館《けいこかん》で学才を認められ、典局に抜任された。江戸に出て朝川善庵《あさかわぜんあん》に学ぶ。病を得て故郷に帰り稽古館助教となり、仕官のかたわら五十石町に私塾思斎堂《しさいどう》を開き弟子に教授した。学派からいえば、折衷《せっちゅう》学派であったとされる（弘前市史編纂委員会『弘前市史・藩政篇』、笠原助治『近世藩校に於ける学統学派の研究』上）。

作詩と「羯南」の号

古川他山の塾では、漢詩を得意とし、「風濤自靺羯南来」という句を作ったところ、師の激賞するところとなり、彼が後にこれにちなんで「羯南」を号とするようになったと伝えられている。大陸の遠く靺羯《まっかつ》の国から南風が吹いてくるという意味である。古川塾での作詩をわざわざ「号」としたというのは、彼が後年までこの塾での教育に強い愛着をもっていたことを示している。失われてしまった伝統の象徴であったかもしれない。

三　東奥義塾

東奥義塾に入学

明治六年、一七歳のとき東奥義塾《とうおうぎじゅく》に入学した。東奥義塾は、藩校の稽古館の流れをくむ学校で、前年の明治五年に私学として再興されたものである。古川塾から旧藩校に入学というのは、伝統的で正統な教育ルートをたどったのである。しかし、この時期の東奥義塾は大きな変動に直面していた。

藩校稽古館

元来、藩校稽古館（学問所）は、九代藩主津軽寧親の命により寛政八年六月に開校したものである。幕末の安政六年には蘭学堂が置かれ、中田謙斎の従兄弟で杉田成卿《せいけい》の弟子の佐々木元俊が起用されるなど蘭学教育に力が入れられた。しかし、幕末の変動のなかでそもそも何を教えるべきか、それ自体が混迷していく。明治二年、蘭学から英学への切り替えをはかるため新たに英学寮《えいがくりょう》が設置され、藩内の優秀な子弟二〇名を教育することとし、さらにそのなかの秀才を選抜し東京の福沢塾や大学南校に入学させた。

敬応学舎

その後、衰微した学問所を吸収し、英学寮を拡充するかたちで、明治四年敬応学舎《けいおうがくしや》が設立された。敬応学舎には英学寮と漢学寮がおかれ、英学と漢学の両立を目指した。英学・漢学の教師には、それぞれこの時期学問・教育の先端をいっていた静岡藩（旧幕府）と福沢塾から招いたところに、津軽藩の期待の大きさがうかがえる。しかし、静岡藩と福沢塾とでは学風が異なり、弘前と青森の双方に寮をおいたこともあって敬応学舎の運営はうまく進まず、また帰農政策のために弘前を離れる士族子弟も多く、振るわなかった。そこに廃藩置県となって藩校は廃止され、それを引き継ぎ新たに設立されたのが東奥義塾である。

東奥義塾の設立

東奥義塾は、明治五年一一月二七日に政府に設立を申請し許可を受けた。設立の中心となったのは、菊池九郎である。幕末以来藩のために奔走した菊池九郎は旧藩主津軽承昭の信認厚く、学校設立にあたっては、旧藩主から私財五〇〇〇円の提供をうけた。その後も、菊池の旧津軽藩藩札処理の功績によって年額三〇〇〇円が津軽家から毎年交付されるなど、東奥義塾は津軽家の支援のもとに運営された。

教育体制

学校幹事には漢学者の兼松成言《かねまつじょうげん》、副幹事に菊池九郎・成田五十穂《いそほ》、教頭には福沢塾出身の吉川泰次郎の下に教授、助教授、寮監三十六名、会計三名、漢学英学二学部の外に小学科を設け、生徒四〇〇名という大変な盛況であった（笹森順造『東奥義塾再興十年史』）。

欧米学問の習得

学校幹事に漢学者を据え、英学・漢学併存体制をとったことなどには、英学一辺倒の教育にまではまだ踏みきれない逡巡がうかがえるが、明治五年冬、アメリカ人宣教師ウォルフ夫妻を招聘《しょうへい》したことが端的に示すように、東奥義塾の教育の特色は欧米の学問の学習にあった。時代の大勢が欧化にあることは明らかであり、維新に乗り遅れた弘前士族としては何とか欧米の学問を身につけ時流に追いつかねばならなかったのである。

欧化教育に対する葛藤

東奥義塾に入学した羯南は、塾長吉川泰次郎、ウォルフ夫妻などの教育を受けたはずである。ただ、ウオルフ夫妻は明治七年一月に任期が終わって去り、その後にはオランダ改革派宣教師のコンリンス・マックレーが同年冬まで勤めたとされるから、羯南はウオルフ夫妻とマックレーの両方から学んだのであろう。

それまで漢学教育を受けてきた羯南にとって、いきなり外国人教師による教育を受けることは大きなとまどい、あるいは葛藤をともなったであろう。また、英学教育といっても何を学ぶのか方向性も見えなかった。しかし、欧米学問の学習は、旧津軽藩の、さらには時代の至上命題であり、彼にそれ以外の選択余地はなかった。伝統の崩壊、訳の分からない欧化、それにともなう混乱は、彼や同世代の若者が否応なく背負わされた歴史的宿命であった。彼にとって、東奥義塾は、この葛藤を体験した最初の場であった。

子弟教育への熱意喪失

ところが、当時の東奥義塾は、創立当初の熱気がうすれ、不振に陥り、生徒は減少の一途をたどっていった。『東奥義塾一覧』によれば、明治六年末には資金が欠乏し、ついに小学課を廃止し英学のみを講習することとし、明治七年には旧藩公が千数百金を援助して立て直しをはかったが、「現存ノ生徒寥々《りょうりょう》僅ニ三十余名ノミニシテ前日ニ比スレバ実ニ陸夷不振ノ状ヲナセリ」（本多庸一編『東奥義塾一覧』〈一八七六年　本多庸一〉）という有様であった。士族層の困窮と動揺は子弟の教育への熱意を失せさせたのである。

ちなみに、英学と漢学を併存させていた東奥義塾が英学への傾斜を強めたのは、羯南の退学後の明治七年一二月に旧津軽藩家老西館孤清の推挙によって本多庸一を塾長に迎えてからのことである。

四　官立宮城師範学校

宮城師範学校に入学

明治七年、一八歳の陸羯南は東奥義塾を退学し、宮城県仙台に設立された官立宮城師範学校に入学した。当時の彼を取り巻く環境を考えると、異郷への憧れより、現状からの脱出願望のほうが強かったであろう。

困窮する士族層の家禄要求運動

旧弘前藩士族の困窮は深刻化していった。明治六年から翌七年、気候不順による減収によって米価が上昇し、現金支給となっていた家禄では給禄通りの米の購入は不可能となった士族は、県に対し家禄の残り分の一括支給か、正米支給かという要求を掲げ、運動を起こした。要求を斥けた県当局に激昂した士族は各所の寺院に集会し、ついには約二〇〇〇人の士族が津軽家の菩提所《ぼだいしょ》である長勝寺《ちょうしょうじ》に集合して気勢をあげるという険悪な雰囲気がみなぎるまでに至った。県当局は事態を収拾できず、大蔵省から特派された北代正臣の説諭と圧力によってようやく士族は鎮圧された（『弘前市史』）。

中田家の関与は不明

中田家が、この騒動に直接参加していたかは不明だが、中田家も他の士族と同様に困窮していたし、長勝寺は中田家の旧宅のあった在府町のすぐ近くでもあったから、不穏な雰囲気に無縁であったはずはない。このような情勢のなかで、東奥義塾も不振に陥っていったのである。士族の零落、それに伴う学校の沈滞、このまま弘前にとどまっても、羯南の将来が開ける見通しはなかった。

将来の展望

宮城師範学校が、どのような将来を約束しているかは定かではなかった。いや、混沌とした当時の状況において、宮城師範学校だろうが何だろうが、東北の一少年に未来を保証する制度がどこにあるのかまったく分からなかった。また、彼自身の内部においても、自分の求めるものが何なのか、それを新しい時代のなかでどのようにして獲得していくのかははっきりしていなかった。

現状からの脱却

しかし、外も内も混沌とし不安である故に、かえって現状にとどまってはいられない焦燥感は強まる。そして、とりあえず眼前に提示された選択肢に独力で挑戦するという試行錯誤的行動に向かうこととなった。その最初の選択肢が、官立宮城師範学校である。

明治政府の教育政策

羯南が入学した官立宮城師範学校は、文明開化を急ぐ明治新政府の教育政策の産物である。新政府は、明治五年八月、学制を発布し、人口約六〇〇人に対して一小学校設置を目標に全国各地で小学校設立を始めた。これに伴い、急務となったのが小学校教師の養成である（文部省『学制百年史』〈一九七二年　文部省〉）。学制発布に先立つ明治五年五月、政府は急ぎ東京に直轄の師範学校を創設し、アメリカ人教師を招いて欧米の教育方法を模範とする教員養成を行うこととした。しかし、それだけでは到底足りず明治六年八月一九日、大阪と仙台に官立師範学校を新設し、さらに翌七年二月には、愛知・広島・長崎・新潟にも官立師範学校を設立したのである。

宮城師範学校

官立宮城師範学校は、明治六年一一月一七日に開業し、第六大学区（新潟・新川・長野・若松・置賜《おきたま》・酒田・相川の七県）、第七大学区（宮城・磐前・福島・山形・秋田・青森・岩手・水沢の八県）の各県から徴募を認めることになった。明治六年八月一九日付文部省第一一一号では入学予定を一〇〇名としたが、一一月の学業試験合格者は四〇名にすぎず（「文部省雑誌」第三号（明治七年一月二五日）、この欠員補充のため明治七年五月に三八名、九月には二五名の生徒募集が行われた。一一月試験で合格者のなかった青森県としては教員養成のため何人かを送り込みたいという事情があり、羯南もそれにのったのである。彼が入学したのが、五月か九月かであったかを確定することはできない。

入学資格

師範学校の入学資格は、当初二十五歳以上、明治六年一二月には「二十歳以上三十五歳ヲ限リ」と改められたが、羯南は明治七年には満で一八歳、数えでも一九歳であったから入学年齢に達していなかった。大目に見られたのであろうか。

官費支給と職業保証

　師範学校の大きな魅力は、官費支給と卒業後の職業保証であった。卒業生は、小学校教師という文明開化の新職業につくことになっていたのである。貧窮士族の子弟にとっては願ってもない学校であった。

初代校長は大槻文彦

　官立宮城師範学校の教員は八名。東京師範学校は外国人教師による欧米風の教育を目指し、アメリカ人教師を雇い入れたのだが、宮城師範学校は外国人教師を雇うところまでに至らず、日本人教師のみであった（『宮城県史』第一一巻教育〈一九六七年　宮城県〉）。初代校長は、後に辞書『言海』を完成させるなどで名をなした国語学者大槻文彦《おおつきふみひこ》である。当時二七歳の大槻文彦は、蘭学者・漢学者大槻磐渓《ばんけい》の息子、祖父は蘭学者大槻玄沢《げんたく》という仙台藩の名門学者一家の出身である。蘭学英学を仙台藩校養賢堂《ようけんどう》に学んだのち、大学南校で英語数学の教育を受け、箕作《みのつくり》塾の塾長を務めた。明治五年文部省に出仕し、英和対訳辞書の編集にあたっていたところ、明治六年に宮城師範学校出勤を命じられたものである（「大槻博士自伝」『国語と国文学』昭和三年七月）。

大槻家の浮沈

大槻磐渓は、仙台藩・奥羽越列藩同盟において指導的役割を果たしたため新政府によって逮捕投獄されたが、のちに許され東京本郷に隠棲の生活を送っていたところ、嫡子文彦が、故郷に新設の師範学校校長に抜擢されることになった。磐渓は息子の赴任にあたって、学校表玄関に飾るべき「師範学校」という額を揮毫《きごう》したという。大槻家にとって、文彦の仙台赴任は、幕末以来の格別に深い思いがあったのである。

師範学校の佇い

師範学校の敷地は、現宮城県庁正面南側の勾当台通りに面し、旧藩校養賢堂の敷地の南半分にあたっていた。明治六年一〇月に校舎の新築に取りかかり、大槻の回顧によれば、「仙台に始めての西洋造りの学校であるから評判のものであつた。（中略）其の西洋造りは私の指図で作らせ、仙台にペンキなどはなかつたから、自分で作つて塗らせた」（前掲「大槻博士自伝」）というが、ペンキ塗り西洋造りの新校舎は、新時代到来の象徴として仙台の街に異彩をはなったことは間違いない。新入生陸羯南は、政府が推進する文明開化教育のなかに踏み込んでいったのである。

校長と衝突し退学

しかし、羯南は、明治九年三月、校長と衝突したあげく、学友の春日慶之進（粛）、相川勝蔵と共に退学してしまった。師範学校の修業年限は特に決まっていなかったが、二年がめどであったようだから、卒業間際であったはずである。この時の校長は、初代の大槻文彦が前年の明治八年二月に文部省の命によって帰京し、二代目の松林義規《まつばやしよしのり》（慶応義塾出身）であった。羯南らが、なぜ校長と衝突したのかは分からない。羯南の没後、相川勝蔵がいくつかの回顧談を著したが、そこでも退学の理由等については語っていない。

若き日の陸羯南（年次不詳，個人蔵）

おそらく校長との衝突は、さ

さいな問題であったろう。羯南は、自分や家族に激変をもたらした政府の欧化政策にそった教育に素直に順応することは難しかったのである。だが、それに順応しなければ自分の進路は開けないのであるから、欧化教育に愛憎入り交じった両義的意識をもたざるをえない。卒業間際になり、欧化の小学校教師という彼にとっては一層矛盾した役割を果たさなければならないことが迫ってきたとき、気持は不安定となり、ちょっとしたきっかけで激情の噴出となったのではなかろうか。

東京進出

退学した彼は故郷に帰るわけにはいかない。むしろ、より大きな世界のなかでの自己形成をめざす中央志向・上昇志向の意識は強く、東京に向かった。

五　司法省法学校

開化の中心東京

明治九年三月、二〇歳の羯南は、官立宮城師範学校を一緒に退学した相川勝蔵・春日慶之進と共に上京した。独立・自力の意気はあったが、具体的計画があったわけではない。ただ、「東京ハ開化ノ中心、繁昌ノ本舗」（高見沢茂「東京開化繁昌誌」『明治文化全集』第八巻風俗編〈一九五五年　日本評論社復刻〉二六九頁）として強力な磁力を発していた。

東京師範学校に編入できず

東北からやってきた若者三人は神田の安宿に泊まり、聖橋の昌平黌《しょうへいこう》跡にあった東京師範学校への編入を願い出たが、すでに宮城師範学校校長からの連絡があって、編入希望はあえなく拒否された。途方にくれた三人は、それぞれ故郷の縁故などをたよって道を探したが不首尾。しかも相川勝蔵が急性伝染病にかかり、高熱にうなされるなど絶望的状況に追い込まれた。独立独行の代価は骨身にこたえるものであった。

司法省法学校生徒募集

そこに舞い込んだのが、司法省法学校生徒募集の司法省達である。司法省法学校は、手塚豊「司法省法学校小史」、東京大学『東京大学百年史・通史編1』などをはじめ詳しい研究がいくつかあるが、明治四年九月二七日に司法省内に設置された明法寮《めいほうりょう》を前身とする。その目的は将来の司法制度拡充に備えて多量の司法官を養成することにあり、フランス人教師を雇って、フランス語によってフランス法中心の講義が行われた。

フランス法学による厳しい教育

これが法学校となり、明治五年七月五日に開校した。第一期生は二〇名、そのほとんどは大学南校からの転学生であった。第二期生の募集については、明治九年三月五日付で法学生徒募集養成の司法省達（第三一号）が各府県に出された。司法省達と同時に出された「法学生徒招募告示」は八ヵ年でフランス法学を専門に教育することを明示し、厳しい教育や試験に耐える俊秀の「有志」の徴募を訴えている（司法省達第三一号〈三月五日輪廓附〉内閣官報局『法令全書』第九巻ノ一二）。また付属の「法学規則」によれば、第一条で「仏国法学ハ仏国教師ヲ以テ之ヲ教授スヘシ」と、明法寮以来のフランス人教師によるフランス法学教育を定め、第三条の入学資格では「年齢満十八歳ヨリ二十歳マテノ者ニテ和漢書籍ノ概略ニ通スルモノ」、第四条の入学試験では「生徒試験ノ方法ハ無点文及ヒ和漢ノ書籍ヲ清読セシメ及ヒ経義ヲ講述セシムヘシ」としている。フランス語によるフランス法学教育の入学試験が和漢学なのである。

入学資格

ともかく、この試験は窮迫していた羯南らにとって願ってもない幸運で、彼ら三人は、勇んで受験することとした。小学校教師のための師範学校と司法官養成のための学校とでは、進路は大違いだが、切羽詰まっていた彼らは選り好みをしているどころではなかった。彼らだけではなく、東京には似たような状況に呻吟《しんぎん》する青年が多数雌伏《しふく》していたのである。例えば、南部藩出身の原敬は、一時はフランス人宣教師の学僕になるなどの精神的彷徨《ほうこう》を経て、明治八年に上京し、官費学校の募集を待っていた。この時期、官費が支給されるのは官立学校に限られ、原敬は外務省の交際官養成の生徒募集、海軍兵学校入学試験を受けたが、いずれも落第。そこに官費支給の司法省法学校の生徒募集が舞い込み、大喜び応募した（前田蓮山『原敬伝』上巻）。

願ってもない幸運

応募手続き

三月五日付の司法省達（第二一号）は各府県に出されたもので、本来、応募者は司法省の定めるひな形によって「従来教授ヲ受ケタル師名」「通読シタル書名」を明記し、教師の署名を添えた願書を各府県に提出し、各府県がそれを取りまとめたうえ司法省に提出する定めになっていた。しかし、原敬の「入校紀事」（『原敬関係文書』第四巻書類篇）をみると四月二八日に東京府庁に出願し認められているので、羯南も同様な措置をとったのであろう。

多数の志願者

志願者は二〇〇〇人、学業試験に進んだもの三七〇名というから（前掲原敬「入校紀事」）、出世の機会を官費学校に求める青年達がいかに満ちあふれていたかがうかがえる。書類選考のあと、試験は七月三日から七日までに行われ、科目は「法学規則」通り漢文ばかりであった。試験の結果、合格者は一〇〇名、別枠で華族出身者四名が自費学生として合格し、入学者は一〇四名であった。

合格者の顔ぶれ

宮城師範学校退学組の三人のうち、羯南と春日慶之進は合格した。合格者の首位はのちに内務官僚となる吉原三郎（千葉県）、二位が原敬（岩手県）で、羯南は三四位、春日慶之進は一九位であった（「及第生徒名簿」『原敬関係文書』第四巻）。ちなみに、それ以外にも同期入学者には、松室到《まつむろいたる》（福岡県）、古賀廉造《れんぞう》（長崎県）、国分豁《こくぶとおる》（宮城県）、寺尾亨《とおる》（福岡県）、秋月左都夫《さつお》（鹿児島県）、大原経忠《つねただ》（加藤恒忠《つねただ》）（愛媛県）、福本巴《ともえ》（福岡県）など、のちに法曹界・官界などで活躍する人物が数多くいた。三人組の一人相川勝蔵は不合格となり、彼はのちに速成科に入学することになる。

法学校の位置

司法省法学校は、現在の地番でいえば丸の内一丁目八番附近、東京駅八重洲《やえす》北口を出て呉服橋交差点の角にあたる。附近には司法省とその関係の施設が集まっていた。建物は第二期生の入学にあわせて新築され、そう大きくはなかったが、白ペンキ塗りの瀟《しょう》洒《しゃ》な建物であったという。

欧化政策の中心へ

法学校への入学は、政府の構想する文明開化のなかに枠づけられ、そのなかで自己形成していくということである。津軽という周縁から出発した羯南は、内面に葛藤を抱えながらも、東奥義塾、官立宮城師範学校、司法省法学校と、次第に政府の文明開化政策の中心に引き寄せられていったのである。

教育の特色

法学校の教育の特色は、和漢文は一切用いず、基本的にフランス人教師ムーリェがフランス語によってフランス法を教育したことである。日本人通訳数名がついていたが、フランス語による授業となると大変な苦労であったろう。カリキュラムなどについては不明だが、明治九年の普通学新入生の時間割（『東京大学百年史』）によれば、かなり徹底した詰め込み教育である。

厳しい学業生活

吉原三郎によれば、「始業午前六時より午後七時まで其間規則の厳束縛の酷言語に絶し自己自在を得るは耳目の動揺のみなりし」という有様であったという（露崎彌『吉原三郎追懐録』〈一九三七年　露崎彌〉）。また在学中に原敬が友人八角彪一郎に送った書簡でも、「学業督責甚厳、日々課業に追立られ、世事に及ぶに暇なく、時務は八年間投棄てざるを得ず、残懐ながら束縛の身、不得止事なり」（前田蓮山『原敬伝』上巻）と、学業の厳しさを訴えている。

度重なる試験とその成績

学業は半年制で、二月と七月に司法卿もしくは司法大輔の立ち会いのもとに学期末の大試験が実施されたほか、週末ごとに小試験が行われた。成績と順位が随時公表され、学業不振の者は、退学を命じられた。『吉原三郎追懐録』に挟み込まれている明治一〇

羯南は中位

年二月の大試験、第一七次小試験の成績と順位によれば、羯南は一〇一人中五三位、一八九点と中位の成績である。ちなみに原敬は一〇位、二三五点とずっと成績がよく、羯南の親友となる福本巴（日南《にちなん》）は四〇位、二〇四点、国分豁（青厓《せいがい》）は五一位、一九〇点、春日慶之進は五七位、一八二点と羯南と似たような成績である。

日常生活における規則

また、「法学生徒規則」（明治一〇年一一月一日）によって「飲酒唱歌等一切風儀ヲ乱ル処

行」は厳禁、生徒の帰省は親の看病・喪以外は禁止、外出時は必ず「法学帽」着用を義務づけられ、「教授ノ課程及ヒ方法ハ一切教師ノ指揮ニ任シ生徒自己ノ意見ヲ述ルヲ禁ス」（第一六条）などと生徒の日常の行儀作法から教師への態度まで厳しく規制していた。

ちなみに前田蓮山の『原敬伝』には、法学校寄宿舎の部屋割が掲げられているが、羯南は第二一室で、国分豁（宮城）、友部新吉（茨城）、依田鐐五郎（東京）、蒲生仙《がもうせん》（鹿児島）、河村譲三郎（滋賀）と同室であった。

六　模　索

『咳声余韻』にみる羯南の内面

司法省法学校時代は、陸羯南の精神形成にとって重要な時期だと考えられる。だが、この時期の彼の内面を知り得る資料はきわめて乏しい。わずかな手がかりとなるのが、第一漢詩集『咳声余韻《がいせいよいん》』に所載の詩である（『咳声余韻』は、鈴木虎雄輯『羯南文録』に所収され、『陸羯南全集』第一〇巻に再録されているが、これが何時、どのようなかたちでまとめられたのかは明示されていない。なお、漢詩の読解は、高松亨明『陸羯南詩通釈』に依拠した）。

まず「追懐」と題する一編。

追懐往事更堪驚　十有九年何所成
松歴雪霜初識勁　鉄非鍛錬難看精
春風歌吹海中興　落月関山夢後情
志業嘗無治国策　愧他洛水一書生

往事を追懐すれば更に驚くに堪えたり。十有九年何の成す所ぞ。松は雪霜に歴て初めて勁きを識る。鉄は鍛錬するに非ずんば精を看難し。春風歌吹海中の興、落月関山夢後の情。志業嘗て治国の策無し。愧ずらくは洛水の一書生に。

現在の生活を自省

これは、「十有九年何所成」といっているのであるから、一九歳頃、おそらく官立宮城師範学校在学中か、あるいは退学して東京に出て来た頃の作であろう。顧みれば、いまだなすところなく、ただただ安逸の生活を送っていることを恥じた詩である。

次いで「羇絆《きはん》」。

羇絆八年繋此身　江山千里未帰人
天涯屈指頻惆悵　家厳衰齢過六旬

羇絆八年この身を繋ぐ。江山千里未だ帰らざるの人。天涯指を屈して頻りに惆悵す。家厳衰齢六旬を過ぐ。

故郷に錦を飾れず

冒頭の「羇絆八年」とは、法学校の在学年数をさすと推定できるから、法学校在学中の作詩である。故郷を出て以来、いまだ錦を飾って帰ることはできず、故郷の父親の年齢を数え、六十歳を過ぎて衰えていくのを分かりながら、いかんともなしがたい。

寒村の生活を想う

「丁丑紀事」。

大途車馬正喧闐　万戸掲旗祝吉辰
誰識京城呼歓日　寒村猶有訴飢人

大途車馬まさに喧闐。万戸旗を掲げて吉辰を祝う。誰か識らん京城呼歓の日、寒村なお有り飢えを訴うる人。

これは「丁丑」とあるから明治十年、法学校在学中の作である。何の祝日か分からぬが、東京の街では旗を掲げて華やかに祝っているのを眼前に見ながら、地方の寒村で飢えに苦しんでいる人々を想う詩である。おそらく故郷津軽のことを想起しているのであろう。

さらに「不如意行」は長い詩だが、その一部をあげる。

不如意又不如意　不如意者満天地
明月常遇浮雲昏　芳蘭全被朔風敗

齢過弱冠志未伸　塵波堆裡久沈淪
悔信迂陋漢儒説　摘章探句殆誤身

不如意を歎く

不如意また不如意。不如意なるもの天地に満つ。明月常に浮雲に遇って昏《くら》く、芳蘭全て朔風を被って敗る。齢弱冠を過ぎて志いまだ伸びず、塵波堆裡久しく沈淪。悔ゆらくは迂陋漢儒《うろうかんじゅ》の説を信じ、摘章探句殆ど身を誤れるを。

作詩の年月日不明だが、「弱冠を過ぎて」とあるから、二〇歳を越えた時期で、司法省法学校在学中である。「不如意」を嘆いているが、学業や志望が思うようにはかどらないことをいっているのであろう。先の詩と同じくいまだ志望が実現できない焦燥感が強く出ている。特に注目すべきは、これまで多くの時間を費やして「迂陋漢儒の説」を信じてきたことを後悔していることである。

迂陋漢儒を否定

しかし、「迂陋漢儒の説」の否定を漢詩という「迂陋漢儒」の文化によって表現しているところに彼の矛盾があることはいうまでもない。彼にあっては、「迂陋漢儒」は身体化し、それによってしか自己の肉声を語りえないのである。しかし、他方で、彼らの世代にとって欧化は所与の命題であり、フランス人教師によるフランス法講義を受け、それを懸命に勉強し出世していかなければならない。それは、論理としては十分分かっている。

論理と心情の葛藤

そうした論理と心情の葛藤は、先の都会の文明開化の光景を見ながら、故郷の苦難を思う詩にもつながっている。都会の文明開化の光景の向こう側に、激動に翻弄され、苦難に生きる故郷の家族が透けて見え、文明開化を手放しで礼賛できない。だが、彼自身は政府の文明開化の学校に学び、その階梯によって立身出世することが、故郷の父親に報いるほとんど唯一の方法なのである。文明開化とそれに乗っている自己を肯定しようとして肯定しきれず、「迂陋漢儒の説」を否定しようとしても否定しきれない。そこに論理と心情の葛藤があり、文明開化に対しても、「迂陋漢儒の説」に対しても両義的意識にとらわれているのである。

屈折した内面を伝える詩

さらに漢詩集『咳声余韻』所載の他の詩には、彼の屈折した内面が別のかたちであらわれている。この詩集のなかには、尊王攘夷的、勤王主義的心情をうたった詩が四編もある。「読東湖集」「日本刀歌」「斬虜行」「詠史」である。全編を詳しく紹介できないが、「読東湖集」は幕末の藤田東湖を追慕してうたった詩である。「外罵黠夷内賊臣。数寄誤作謫囚人。一篇正気貫天日。満肚精忠感帝宸」とあり、藤田東湖と水戸学の勤王主義への共感の表白である。「日本刀歌」は、「龍可屠兮虎可戕。日本武風圧八荒。（中略）君不見日本男児鋭果気。不在鉄刀在鉄腸」と、「日本武風」「日本男児」の賛美である。「斬虜行」は、「咄何為者汝西戎。敢慢天皇罪難容。神州自有神州法。（中略）相模太郎蓋有見。一刀両断内外患」と、元寇の際の北条時宗《ときむね》を称えている。さらに「詠史」は、南北朝時代の南朝の忠臣を称えた歌である。

勤王の士を称える

これらの詩は、彼が尊王攘夷、勤皇主義の思想を抱いていたことを示しているわけではない。そうした思想の無効性は分かっていた。それにもかかわらず、それに惹かれるのは、羯南のなかに欧化一辺倒に割り切れない心情が鬱勃《うつぼつ》として存在しているからである。そして、その形象化が尊王攘夷の志士なのである。

『踏雲余踪』

それは、司法省法学校在学中の第二詩集『踏雲余踪』所収の詩にもうかがえる。この詩集は、友人達と富士登山・関西旅行を楽しんだ際の作詩で、ほとんどが富士・箱根や関西の名所にちなんでいる。ただ、吉野、村上義光《よしてる》墓、湊川等の南北朝の史跡を訪れ、

勤王主義的心情

南朝の忠臣をしのんだものが多い。それらは、一般的に当時の名所であったが、第一詩集『咳声余韻』で見られる勤皇主義的な心情が、第二詩集でも強く表れているのである。さらに、帰途に中山道をとったこともあるが、戦いに敗れた木曽義仲《きそよしなか》を想った詩が五編もある。

歴史上の人物への共感

そこには、歴史上の人物に託す彼の心情が、先に述べた欧化に対する割り切れなさというだけでなく、尊皇の志士や南朝の忠臣たちの節義、そしてそれ故に敗者となっていくことへの共感にあることがうかがえる。無論、木曽義仲は、尊王攘夷の志士たちとは異なっているが、空しく敗れたところに共感しているのであろう。

深まる疎外感

それは、明治社会のなかでの羯南の位置の反映である。彼は、津軽藩出身として明治の権力核から疎外され、しかも疎外されていることに誇りを持てない。その自覚は、様々な来歴に生きる青年の集まる司法省法学校でより一層強まった。彼は、同じ東北の南部藩出身の原敬、旧松山藩出身の加藤恒忠などと親友となるが、彼らとも明治社会に対するスタンスは微妙に異なっていた。明治一二年か一三年の作詩と推定される、「戊辰懐古」と題する詩がある。

「戊辰懐古」

猶有魯人守礼義　絃誦嬰城志益堅
老幼皆奮婦人炊　山河百戦骨血羶
王師難抗枉撤塁　皇恩僅使社稷全
回首恩讐両如夢　滄桑十三驚物遷
予今懐旧罔由訴　杜鵑一声雲満天

なお魯人の礼義を守るあり。絃誦嬰城《げんしょうえいじょう》の志ますます堅し。老幼みな奮い婦人は炊ぐ。山河百戦骨血羶《なまぐ》さし。王師には抗し難く枉《ま》げて塁を撤す。皇恩わずかに社稷《しゃしょく》をして全からしむ。首を回らせば恩讐ふたつながら夢の如く、滄桑十三物の遷るに驚く。予いま旧を懐えども訴うるに由なし。杜鵑一声雲天に満つ。

会津藩の節義を懐古

会津藩の節義を守った抵抗と勇戦を懐旧した詩である。津軽藩出身の羯南が、抵抗して敗者となった会津藩の側にたって懐古するというのは、一種のフィクションである。

敗者への仮託

だが、それは、先の勤王志士や木曽義仲への共感とつながる。彼は敢えてフィクションに自己を仮託しようとしているのである。敗者であることさえできない羯南は、フィクションのなかで敗者側に身を置き、擬敗者となることによって、彼の疎外感は正当化され、明治政府の欧化に対して精神的に一定の距離を置くことができた。しかし、フィクションに仮託せざるえないところに、会津藩・南部藩出身者、あるいは薩摩・長州出身者とは異なる羯南の屈折が伏在していたのである。

政治との隔たり

羯南の葛藤は深いが、飽くまで抑制され、政治的行動などに結びつくこともなかった。当時、司法省法学校の外は、国会開設運動、佐賀の乱、熊本神風連の乱、秋月の乱、萩の乱とうち続く士族反乱など、戊辰戦争の勝者・敗者入り乱れての政治の季節であった。

例えば、羯南と同年であった高知県出身の植木枝盛《うえきえもり》は、明治八年に上京すると、明六社演説会、三田演説会などを熱心に傍聴し、さらに過激な新聞投書家として名をなしていった。自由民権期政治青年の典型である。同じ時期に東京にいた羯南の政治集会への参加、新聞への投書ということはまったく伝えられていない。

西南戦争と旧津軽藩

羯南にとって身近であった西南戦争についても深入りすることはなかった。西南戦争が起こるや、明治政府は政府軍増強のために士族を巡査として徴募し、新撰旅団《しんせんりよだん》を編成することにした。津軽でも、旧藩主津軽承昭が明治六年一〇月、「兄等速ニ意ヲ決シ、召ニ応ジ、奮励従事センコトヲ」という激励文を送り（『弘前市史　明治大正昭和篇』〈一九六四年弘前市史編纂委員会〉一八頁）、参加を呼びかけた。これに対し、一三四〇名の士族が奮い立って応募し、東奥義塾でも幹事菊池九郎以下、教師年長生徒など二〇余名が参加、菊池九郎らは出征の前日にキリスト教の洗礼を受けたという。

新撰旅団を出迎える

新撰旅団への応募は、弘前藩士族にとって戊辰戦争での中途半端な位置を断ち切り、また維新以来の特権剥奪への憤懣を発散する機会でもあったのである。弘前を出発した津軽士族は、七月にいくつかの分隊に分かれて東京に到着した（『東京日日新聞』七月一二日、一三日、二〇日など）。羯南は、津軽藩士族隊を東京で出迎え、士族隊を前にして「吾輩は」を連発する演説をしたという挿話も伝えられている。心情的に共感してはいても、自分は新撰旅団参加組とは一線を画する意識にたっていたのであろう。

戦地に赴かず旅団は解散

ちなみに、勇んで東京に集結した津軽・岩手・秋田などの士族を中心とする新撰第二旅団は、戦争の大勢が決したため結局戦地に赴く必要はなくなり、空しく解散となり、津軽士族は鬱積した憤懣を抱えたまま海路青森に帰還することになった。

「義理」というモラル

外での政治的熱狂をよそに、羯南は司法省法学校の内にとどまったが、志士達や会津藩の節義への共感は、彼のなかで重要なモラルとして育まれていった。この時期、東京医学校在学中の友人伊東重にあてた書簡で、「盖《けだ》シ人ノ尤モ貴フ所ノモノハ才智ニ非ス、学識ニ非ス、唯Morale一ノ而巳《のみ》矣。Morale ハ他ニ非ス、義理是也。人ニシテ義理ナクンバ、焉ソ其ノ人タルニ在ランヤ」(『全集』第一〇巻)と、やや性急なくらいに「義理」というモラルを語り、自分が「義理」を重んずる人間であることを強調している。ここでの「義理」とは、個人間の関係における信義ということであろう。既存の価値観が動揺し、またそれ故にそれぞれが「才智」にまかせて利を求める社会であるからこそ、敢えて「義理」を守ることを自己の生き方としようとしているのである。

賄騒動

明治一二年二月、羯南・原敬らが司法省法学校を退学させられることになった事件は賄《まかない》騒動などといわれているが、ある意味では小事件である。事件の経過は関係者の回顧談によって少しずつ違うが、食事時間に遅れた生徒が無理に食事を出させたとか、食事の質が落ちたことに対する生徒の不満が爆発とかいわれる。いずれにせよ、生徒が騒いだのに舎監が禁則処分にしたため騒ぎが大きくなった。

原敬・羯南らを退学処分

生徒側は委員を選び、司法省に抗議することになり、原敬らの委員が大木喬任司法卿に面会したが、逆に大木に説得されてしまった（『原敬日記』第六巻、前掲『吉原三郎追懐録』）。これで騒動は落着したかのようにみえたが、翌明治一二年の春季大試験後、二月六日、成績不良を理由として原敬・陸羯南・国分豁・大原恒忠・福本誠ら一六名に対し退学の処分が下された。前田蓮山の『原敬伝』では、生徒の運動の中心は原敬（南部藩）、陸羯南（津軽藩）、国分豁（仙台藩）の東北同盟であったと記しているが、事件関係者の回顧談や吉原の日記には、羯南の名前は出てこず、彼が事件において果たした役割は分からない。

法学生免職達書

原敬の場合、明治一二年二月二四日付で仙北《せんぼく》町向中野《むかいなかの》本宮村役所が、「右之者司法省法学生之処今般免職相成候旨東京府ヨリ通知有之」、原籍に達する旨の「法学生免職達書」を出している（『原敬関係文書』第四巻）。おそらく、羯南についても、同様の文書が弘前町から原籍に出されたと推測される。

学校・生徒双方の思惑

ささいな発端から起きた事件が、多人数生徒の退学処分にまでなったのは、学校当局の見せしめであるが、生徒達も意地をはってことを大きくしたところもある。厳しい校則、強圧的な生徒管理に対する反発が日頃からたまっていたのであろう。

羯南の危うい均衡

特に羯南においては、前述のように論理としては文明開化を肯定し、その政策にそった法学校で学びながら、それに釈然とせず、むしろ反発する心情が鬱屈していた。現状への両義的意識に悩みながら、ふだんは、それを抑制し勉学にはげむしかない。しかし、それは、危うい均衡であった。その均衡は、小事件をきっかけに崩れ、憤懣《ふんまん》が一挙に噴出したのである。ある意味では宮城師範学校退学の再現である。

独立不羈を貫徹

司法省法学校批判、その結果として退学処分は、羯南にとって蓄積していたストレスを発散したカタルシスであり、むしろ自らの独立《どくりつ》不羈《ふき》を貫いたという自負をもちえたのである。彼がのちに書いた文章のなかで、この時の行動を軽率と反省したり、悔いたりしたことは一切ない。

しかし、プライドをもてたとしても、退学処分を受けた青年が自力で自らの道を見出していくのはきわめて困難であった。法学校当局のきまりでは、官立学校から放校された者は、他の官立学校に入学を許されず、一生官吏となることもできないということであった。ただし、退学者には帰郷資金が与えられたというから温情的なところもあった。

原らと結集

一方、原敬・羯南・国分豁・大原恒忠の四人は故郷に帰らず、帰郷資金をもとでに京《きょう》橋《ばし》区新肴《しんさかな》町の安下宿を根城に今後の策をねった。四人が集まったのは、原敬が二四歳、陸羯南と国分豁が二三歳、大原恒忠が二一歳であった。四人が集まったのは、原が南部藩、羯南が津軽藩、国分が仙台藩と東北出身であり、大原はやはり維新の際朝敵として藩主が官位を剥奪された伊予松山藩出身と、いずれもかつて新政府に敵対したという意識から法学校在学中から仲がよく、処分後も集まったのだという。

新聞記者を志す

羯南にとって二度目の学校中退である。しかし、今回は前回と違って、司法省法学校で学習した法学の知識とフランス語能力があり、それは彼らにとって有力な資本となり得るはずであった。彼らが、その学識をいかせる職業として期待したのは新聞記者である。新聞記者は政界との橋渡しで、次に国会議員、それから藩閥を打倒して内閣宰相となると意気軒昂であったという。各人はそれぞれのツテを頼って新聞社への就職を試みたが、記者実務の経験のない青年達にとって就職の道は険しかった。

就職が叶わず帰郷

ようやく国分豁が成島柳北《なるしまりゅうほく》の『朝野新聞《ちょうやしんぶん》』に月給八円で入社し、原敬も郷里の先輩の仲介斡旋で報知新聞に入社できた。羯南の場合はうまくいかず、生活資金も尽き故郷弘前に戻らざるをえないことになった。彼は、結局東京にも居場所を見いだせなかったのである。書籍や衣類を売ってようやく旅費をつくり、友人大原恒忠が大風雨のなかで徒歩で千住《せんじゅ》まで見送り、大橋のうえで手を握って別れたという。

第二　辺境から中心へ

一　青森新聞記者

失意の帰京

陸羯南が弘前に戻ったのは明治一二（一八七九）年の夏頃と推定される。五年ぶりだが、失意の帰郷である。明治一三年と推定される在京の友人伊東重宛書簡で、「帰郷以来万事違意、出京も容易に不相成、暫時之間当地の新聞社に忍入仕り候間左様御含被下度、何《いず》れ当夏迄には其地にて拝眉を可得と存候」（『全集』第一〇巻）と述べている。帰郷は暫時のつもりで、当面地元新聞社に就職したが、この年の夏頃までには再度上京する予定であった。

経済的理由から上京できず

同じ司法省法学校退学組の原敬《たかし》は『郵便報知新聞』記者として筆をふるい、福本誠《まこと》は『普通民権論』を出版するなど活躍をみせていた。それらを仄聞するにつけ、東京で名をなしたいという中央志向・上昇志向はつのったであろう。彼の焦りにもかかわらず、当面上京できなかったのは経済的理由で、彼は負債も抱えていた。明治一三年正月、中田敬太郎宛書簡では、「只負債の一件有之候故、暫時潜屈罷在候。早く辛抱して出国仕度日夜頓足罷在」（『全集』第一〇巻）とある。先の伊東宛書簡に添えられた詩には、「浪迹多年倦壮游　家山有食好暫休」（浪迹多年壮游に倦む、家山食有りて暫く休むに好し）と衣食足りた故郷での生活を楽しんでいるように詠っているが、友人への見栄であろう。

改姓し陸を名乗る

明治一二年の九月八日に、彼は、中田姓を改め、「絶家陸家」を再興し、その戸主となった（前掲鈴木虎雄年表）。先の伊東宛書簡でも「野生故ありて表書の通り改姓して別戸仕候」と陸と改姓したことを報告している。陸姓を名乗ることになった経緯については諸説ある。

絶家再興は創作

一説は、兵役を逃れるためであるとする（柳田泉「陸羯南」）。しかし、稲葉克夫は、「絶家陸家」再興というのは「創作」で、漢詩かぶれしていた陸羯南が唐の陸宣公《りくせんこう》（陸贄《りくし》）から「陸」をとって姓としたのだろうという鈴木虎雄の談話を紹介している（稲葉克夫『青森県の近代精神』）。「絶家陸家」再興と記載している『羯南文禄』年譜の編者である鈴木虎雄当人が「絶家陸家」再興を否定し創作説を言っているのであれば、かえって信憑性は高いが真相は不明である。

中田家の事情

「絶家陸家」再興か漢詩かぶれの創作かはともかく、敢えて姓を改め、一戸をかまえようとした直接的契機は、中田家の家内事情であろう。既に述べた通り、前妻の長子である羯南の中田家における居場所は、もともと不安定であった。そこに、出世の階梯から外れ、学位も職もなく帰ったのであるから、居心地がよいはずはない。彼は、自らの居場所を独立・自力で作ろうとしたのである。

青森新聞社に入社

陸實《みのる》と改姓した後、おそらく明治一二年の秋頃、彼は弘前を離れ、青森の青森新聞社に入社した。先の伊東宛書簡で明らかなごとく、積極的に地元新聞の記者になったのではなく、友人加藤恒忠《つねただ》にも「不得已当地の新聞社へ身を寄せ消費の謀をなせり。猶ホ婦女子が拠なき場合ニ至り身を遊郭に寄せるが如きか」と書き送っている（『全集』第一〇巻）。さらに先の明治一三年正月の中田敬太郎宛書簡でも、「韓退之が潮洲に貶せられし時の思あり。毎日書と酒とに因て慰懐罷在候。御憐笑是祈る。兼て御懇諭も有之候通り、此の有名なる青森県下に新聞編輯長たるは少子も余り快哉の事に不存」（『全集』第一〇巻）と、孤独な青森の生活を嘆き、地方の新聞記者に落魄した自己を憐れんでいる。

『青森新聞』

羯南が自己卑下して「此の有名なる」と形容した『青森新聞』は、明治一二年三月六日に「青森県庁門際」に「本局」を置いた眞文舎から発刊された四ページ一枚一銭二厘の小さな新聞であった。月一五回発行（隔日発行）、当時青森県内唯一の新聞であった。

伊藤祐胤

創刊号は、「編輯兼印刷　伊藤祐胤」となっている。伊藤祐胤は県の補助を受けて印刷業を営んでいた人物で、その副業として新聞を発行したとされる（榊喜代芽氏談　『東奥日報』明治四五年四月二日〈第七〇〇一号〉）。

亀田慎二

『青森新聞』の前身は、明治一〇年三月に発行された『北斗《ほくと》新聞』で、これはやはり県庁等の印刷業務を請け負っていた亀田慎二《かめだしんじ》がその印刷機器を利用して新聞を発刊したものである。編集は小川渉が担当した。この年の一〇月、小川が版権を得て発行したが、うまくいかずに再び亀田に返上、その亀田が体制を整えて、発刊したのが『青森新聞』である（「論説」渉稿『青森新聞』明治一三年三月七日）。伊藤と亀田は印刷業を共同経営し、伊藤が名義人になったのである。

青森新聞

第一號

明治十二年三月六日刊行

官令

論説

雑報

『青森新聞』第１号（明治12年３月６日）

編輯長に就く

現存する『青森新聞』は限られ、羯南が入社したと推定される明治一二年秋頃の紙面は現存しない。彼の名前が紙面で確認できるのは、明治一三年二月六日紙面で「主幹　元木貞雄、編輯長　陸實、印刷長　小川渉」、「青森県庁門際　眞文舎、弘前土手町六十三番地　同支局」とある。所有者である印刷業者の伊藤祐胤と亀田慎二は背後にさがり、元木・陸・小川の三人が表面に出るかたちである。県庁からの注文を受ける印刷業と新聞発行とを区別するためであろう。

スタッフと職務

三人にはそれぞれ主幹・編輯長・印刷長という肩書きが付されているが、これ以外に記者がいた様子はない。山鹿元次郎の回顧によれば、弘前支局は彼一人で支局長兼小使であったという（伊藤徳一編『東奥日報と明治時代』〈昭和三三年　東奥日報社〉）。主幹は言論の担当、編輯長は雑報等の記事整理担当、印刷長は新聞印刷担当という意味だが、たぶんに便宜的肩書きで、印刷長という肩書きの小川渉が創刊一周年の論説を「渉稿」と書名入りで書くなど責任者的地位であったことがうかがえる。少なくとも現存する『青森新聞』に陸羯南の署名記事はなく、彼は雑報記事の取材・編集などを仕事としていたのであろう。

羯南は雑報の取材・編集を担当

「青森県統計書」には『青森新聞』発行高と代価の記載があるが、誇張された部数であるので割愛する。弘前での購読者は七〇軒ほど、それを一〇〇軒に増加させるために努力したという山鹿元次郎の回顧談のほうが実状に近いだろう。

青森県政の抱える問題

当時の青森県内政治の最大の問題は、前述した士族層の経済的精神的零落であった。それは、様々な内訌を引き起こし、さらに幾重にもねじれ、折り重なっていった。そのなかで明治一三年頃、二つの政治的流れが形成されてきた。一つは東奥義塾《とうおうぎじゅく》関係者を中心とする国会開設建白書運動で、また一つは民権派の欧化主義に反発し、復古的精神の再建と士族授産をめざす動きである。両者とも中央の政治動向に刺激された動きである。前者は折からの全国的民権運動のうねりと呼応しようとし、後者は元老院議官佐佐木高行《たかゆき》ら中央政界保守派の士族授産政策に期待をかけようとした。

国会開設建白書運動

明治一三年二月七日、弘前の有志一〇〇名が東奥義塾に集会し、国会開設のことについて議した。『青森新聞』によれば、集会の議長・副議長には、それぞれ杉山龍江《りゅうえ》・笹《ささ》森要蔵《もりようぞう》がつき、書記には本多庸一《ほんだよういち》、今宗蔵が任命された。集会では県内各地に同志を募ること、そのために遊説家を県内各地に派遣すること、三月一五日を期して総会を青森に開催することなどを決議した（『青森新聞』明治一三年二月一二日）。続報では、集会議長は杉山龍江ではなく、笹森要蔵であったと訂正し、決議実行のため本多庸一・菊池九郎以下二〇名の委員を選出したことが報じられている。

活動への勧誘を受ける

選出された委員は、「青森近辺の一八名へ手簡」を送り、賛同を呼びかけることになったが、これを報じた『青森新聞』は一八名のうちに「弊舎の実渉もありましたが五返《ママ》事は別に」と(『青森新聞』二月一四日)、青森新聞社の羯南・小川渉も総会参加の勧誘を受けたことを記している。

建白書提出

その後、弘前の有志は、「四十余万同胞兄弟ニ告ク」という檄文を県内へ頒布するなど活動し、三月二七日、青森の蓮華寺に県内各郡有志が会合し、国会開設建白について協議した。出席委員は本多庸一・笹森要蔵以下二二名であったが、なかに羯南の名がある。集会では、青森県有志人民委員一同の名で、国会開設の建白書を提出することに決し、本多庸一と中市稲太郎が総代として上京し、元老院に建白書を提出した(杉森文雄『青森県総覧』〈一九六八年 東奥日報社〉)。羯南が、青森県内における一つの大きな政治潮流である国会開設運動に参加したことは間違いない。しかし、この後、『青森新聞』に国会開設運動での彼の活動を伝える記事はなく、深入りはしなかったようだ。

復古派と佐佐木高行

一方、もう一つの潮流である復古派は、明治一三年一月、復古的意見をもった建白書を元老院議官佐佐木高行宛に盛んに提出した。これは、元老院議官佐佐木高行の東北民情視察旅行に合わせての陳情活動とみられる。佐佐木高行の来県は、青森県庁や士族層の大きな期待を集めたのである。

長慶天皇陵の調査

特に『青森新聞』がユニークなのは佐佐木高行の来県に合わせて「行岳陵《なみおかみささぎ》探偵の記」という記事を連載したことである。これは、南北朝時代の南朝の長慶《ちょうけい》天皇が乱を逃れて津軽外が浜に着し、その後行岳崎で没したという伝説をもとに長慶天皇陵を探すという一種のキャンペーンであるが、特に佐佐木高行一行にその信憑性を訴え、長慶天皇陵のお墨付きを得るとともに津軽の地が天皇家と深く結びついていることを主張しようとしたものである。欧化主義への反発はあっても、自らの精神的支柱をもちえない復古派が、南朝伝説を新たに作りだし、結集をはかろうとする試みであった。

羯南の関与

「行岳陵探偵の記」は無署名記事だが、小川渉の執筆らしく、小川は佐佐木の帰京後も天皇陵調査のありさまを佐佐木に書簡で報告している（『保古飛呂比』第九巻）。少人数の新聞社のことであるから、羯南もこのキャンペーンになんらかのかたちで関与していたのであろうし、この機会に佐佐木高行と面識を得たと考えられる。

ともに士族の窮迫を基盤とする国会開設建白書運動と復古派の活動は、後まで続く県内の政争となるが、この時期の羯南は、どちらにもきわめて近い位置にいて、何らかの関与はしたようだが、積極的に活動した様子はない。双方に共感しながら、かえってそれ故に、その狭間で逡巡し、どちらも選択できなかったのであろう。

中央への志望

それに加えて、彼が依然として上京を夢み、『青森新聞』記者も仮の職としてしかみていなかったことが、地元の現実への参加意欲を弱めた。結果的に、彼は故郷でも居場所を見いだせないことになった。その疎外感は、一層中央への志望を強くする。

筆禍事件

しかも、彼の意識を消沈させたのは、この時期次々と筆禍《ひっか》事件に巻きこまれたことである。欠号の多い『青森新聞』紙面に報じられているものだけで、彼の関わった筆禍事件は三件（もしくは二件）あり、それぞれ処罰を受けている。実際には、これ以外の事件もあったかもしれない。

学校建設費記事により処罰

最初の事件は、明治一三年二月八日号（第一五五号）が伝えるもので、同紙第一三五号で西津軽郡穂積村戸長秋元《あきもと》佐助《さすけ》・連合会議長石郷岡権蔵が学校建築費を出すには及ばずと発言したという記事が告訴され、羯南は讒謗律《ざんぼうりつ》第四条違反により罰金五円を申し付けられた。該当記事が羯南の執筆であったかどうかに関係なく、新聞紙条例の定める編輯人であったため処罰されたのである。記事の末尾には「毎度ハヤ」との歎息が書き添えられ、これが『青森新聞』にとって初めての筆禍ではなかったことがうかがえる。

讒謗律により罰金刑

事件はこれで落着しなかった。四月の『青森新聞』が現存しないため詳細は不明だが、川村欽吾らの研究では県当局の忌諱にふれ、四月二二日付で讒謗律第四条違反で罰金一〇円に処せられたとされている（川村「陸羯南」その六、『全集年譜』も同様に記述している）。『読売新聞』四月二九日号も、羯南が讒謗律により罰金一〇円の刑を受けたと報道している。いったん罰金五円の判決があったが、秋元佐助らが上告したため罰金一〇円となったのであろうか。

対馬源二郎の名誉毀損

さらに『青森新聞』明治一三年五月二八日号は、同紙第二〇一号記事が弘前本町対馬《つしま》源二郎《げんじろう》の栄誉を害したとして編輯人陸羯南が讒謗律第五条違反により罰金五円の刑を受けたと報じている。これも、羯南が編輯人として届けているために罪に問われたもので、この場合の記事は弘前の山鹿が書いたものであっただろう。

ともかく三ヵ月ほどのあいだに、続けて讒謗律違反の処罰を受けたが、いずれも羯南が県当局を勇敢に批判する記事を掲げ、県当局から弾圧を受けたという種類の事件ではない。むしろ、報道記事が関係者から「讒毀《ざんき》」「誹謗《ひぼう》」の告発を受けたかたちである。

新聞普及の初期段階

『青森新聞』を通読すると、これら事件になった記事以外にも訂正記事が数多く掲載されている。それまでの密室的で狭いコミュニケーション状況に、県下の様々な動向を活字にして広く伝える新聞メディアが登場したことに関係者が過敏になり、訂正や告発が行われたのではないだろうか。いわば新聞普及の初期段階での記事過敏症である。

突然の退社

編輯人という届け出上の肩書きの故の災難とはいえ、若い羯南にとって処罰が大きな苦痛であったことは間違いない。讒謗律第五条による処罰を受けて約一月後の六月二五日（第一二三号）紙面から編輯長陸羯南の名前はなくなり、「主幹兼編輯人　元木貞雄」と改められた。それから暫時して青森新聞社を退社したと推定できる。小川渉の八月一〇日付佐佐木高行宛書簡で、「社員陸實儀、急ニ退社シ、元木並ニ鄙生ノミト相成」と報告しており、遅くも八月上旬には退社したのであろう（『保古飛呂比』第九巻）。もともと臨

記者生活に失望

時の職としてしか考えていなかったにしても、現実の記者生活は失望すべきものであった。

上京は果たせず

退社したところで、将来のあてがあったわけではない。特に願望していた上京は果たせなかった。故郷に老父を置いて、あてのない冒険に出ることはできなかったのである。

『寒帆余影』

漢詩集『寒帆余影』の「寒帆余影序」には、この時の心境の一端が次のように記されている。「今也伯氏家貧。慈父齢衰。而自顧歳既廿有四。一笈之外。更無他物。於是乎。益悟昨非。而胸中塊磊者。猶動不能禁。将復赴東京。与知己朋友。共謀所思。未果」（今や伯氏家貧しく、慈父よわい衰う。而して自ら顧るに歳すでに廿有四。一笈の外、更に他物なし。ここに於いてか、ますます昨の非なるを悟る。而れども胸中の塊磊なるものなお動れば禁ずる能はず。将にまた東京に

赴き、知己朋友と共に思う所を謀らんとして、未だ果さず）（高松亨明『陸羯南詩通釈』）。たまたま「大学」を読み、「孝は君に事うる所以なり」「自らを保つ能わずして、人を済わんと欲するははなはだ過たずや」の一節に翻然として悟り、自活の道を選んだという。それは、北海道紋鼈製糖所への就職である。東京での活躍を憧憬しながら、東京とは逆の方向の北海道に赴いたのである。

二　紋鼈製糖所

伊達家による紋鼈開拓

陸羯南は、青森から船で函館に渡ったのは、明治一三年九月一五日。そこから室蘭《むろらん》まで船で行き、陸路紋鼈《もんべつ》に至った。紋鼈（現在の伊達《だて》市）は、戊辰戦争に破れ、家禄を大削減された伊達藩支藩亘理《わたり》の士族が藩主伊達邦成《くにしげ》の指導のもとに開拓した地である。伊達邦成は藩をあげての北海道移住を決意し、明治二年から九回にわたって家臣家族二七〇〇人が紋鼈に移住し必死の開拓にあたった。彼らの営々たる努力によって見渡す限りの荒野は農地に造成され、いち早く西洋式農機具を取りいれるなど先進的農法によって紋鼈は当時北海道で最も成功した開拓地とされていた。

官立製糖所の建設

フランス製機器を導入

明治一二年、政府は、この地に官立の製糖所を建設する計画を決定した。これは、内務《ないむ》省勧農《かんのう》局長松方正義《まつかたまさよし》が、明治一一年パリ万国博覧会を見物した際に製糖事業の将来性を認め、当時パリに滞在していた工学博士山田寅吉に製糖業のための機械購入を命じ帰国したことがきっかけという。

明治一三年五月、紋鼈浦浜に四四六六坪という広大な敷地に工場の建設に着手し、一二月に完成した。西洋風の三階建て建物を中心に工場・事務所等がならび、機械はすべてフランスから輸入された最新鋭、道内最大の一四〇馬力の蒸気機関を備えていた。前例のない大規模で最新の製糖工場であった（『伊達町史』、『伊達市史』）。「工務局報告　紋鼈製糖所概況」（『読売新聞』明治一五年三月一日）によれば、政府がこれほど積極的に製糖工場建設を進めたのは、砂糖輸入による外貨流出を防ぎ、逆に輸出を興すためであった。

このように、当時の紋鼈は、本州にも例を見ない大規模

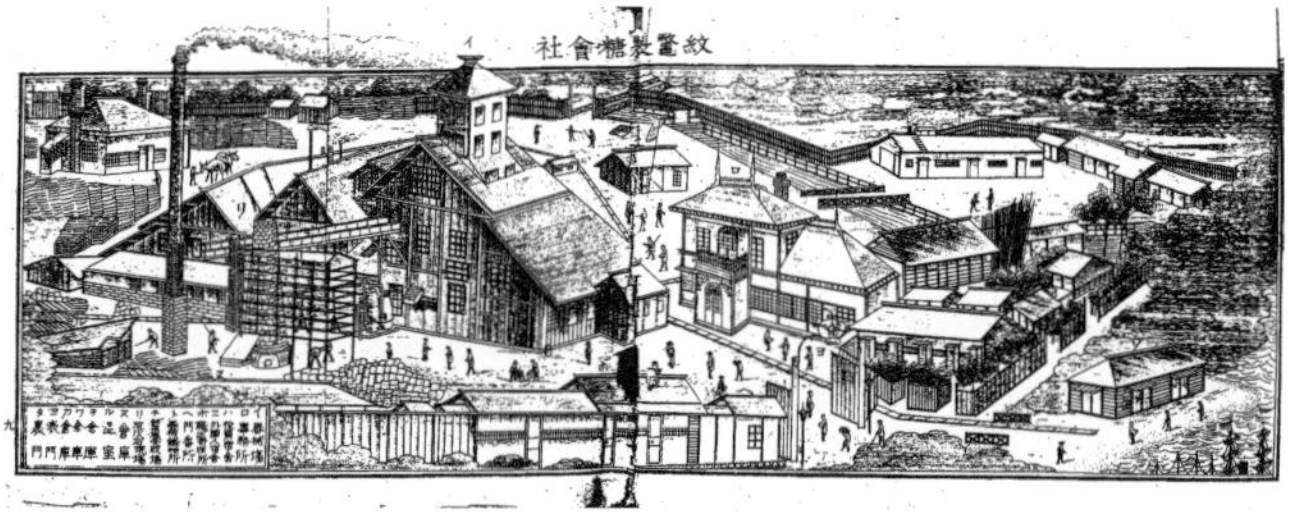

伊達紋鼈製糖所

フランス語能力を買われ就職

な西洋式農業と先進的製糖業が試みられている新興の開拓地であった。明治一三年の時点で戸数五五八戸、人口二九五一人（『伊達市史』）。室蘭の戸数は二三八戸であったから、紋鼈のほうが大きい。羯南が、この地に職を得たのは、フランス語の能力を買われたのである。設置された機械はすべてフランス製で、機械や製糖技術のためにフランス語の堪能な者を必要としたのである。

紋鼈での羯南の様子を伝える資料は、この地で作った漢詩をおさめた詩集『寒帆余影』のみである。前述のように紋鼈は決してうらさびれた北辺の寒村ではなかったのだが、『寒帆余影』と題されているのは、彼にはそのように感じられたのである。これに所収の詩にうかがえる彼の心情は、北の辺境に流れついてしまった挫折感、そのうさ晴らしに酒を飲み妓楼《ぎろう》に遊ぶ自分を憐れみ、そして秘かな上京の志望などである。一つだけあげておこう。

無題

満胸有志滞荒陬。不是謫居亦自憂。
起望帝京暮雲白。大乎命酒又登楼。

満胸志あるも荒陬に滞る。これ謫居にあらざるも亦みずから憂う。起って帝京を望めば暮雲白し。大乎酒を命じて又登楼。

羯南の役割

羯南は、大規模な西洋式製糖工場を実現しようとする計画や伊達亘理士族による開拓事業に多くの共感をもっていたようにはみえない。おそらく、紋鼈製糖所で彼が果たすべき役割が見えなかったのである。上京に挫折して落ちぶれたという意識をもって紋鼈に来て、フランス技術書の翻訳を期待されたが、農学教育や農業実務の経験もない彼にフランス語は分かったとしても、その内容を理解し説明することは困難であった。製糖工場建設・甜菜栽培など紋鼈で進行していくことは、彼にとって戸惑うことばかりで、自分の役割は分からない。むしろ、ここでは自分が無用の人間であるという自覚が深まったであろう。それは、彼の落魄感を一層深めていく。

虚理空談の知識人

青森時代、羯南は実益のない議論を「虚理空談」と批判していた。その彼がたどり着いた紋鼈は「虚理空談」とは対極の実業の地であった。だが、荒野を開拓し、工場を建設するという実業に対面したとき、彼は自らが実業の人間ではないことを自覚せざるをえなかった。彼は、「実業」という言葉を扱う人間ではあって、やはり「虚理空談」の知識人であったのである。紋鼈にも居場所はないという自覚は、東京への志望を昂じさせていく。

製糖事業の不振

紋鼈の製糖工場は、当初の壮大な計画にもかかわらず順調にはいかなかった。明治一三年一〇月一二日品川弥二郎《やじろう》工務局長宛山田寅吉書簡では、「現今ニテ者建築も殆ント出来相成器械据附中ニ有之候間、多分来月中ニ者製造ニ取可々里」(「品川弥二郎文書」国会図書館憲政資料室)と楽観的に報告しているが、山田以下のスタッフは製糖事業についてはまったくの素人で、未知の砂糖製造に試行錯誤の連続であった。明治一四年、製糖事業は、甜菜の収穫も予想以下、機械も不調、出来上がった砂糖の品質が悪いなど停滞した。

上京を果たす

しかし、事業の挫折は、羯南に幸運をもたらした。山田所長が善後策のために上京することになり、彼も、山田寅吉の上京を機に東京に出ることができたのである。羯南は、山田に先行して四月には一人で東京に来ていたようだ。

三　翻訳生活と帝政党への接近

山田寅吉

陸羯南は東京に出たものの、出世の手づるもなく、また収入の途もなく、山田寅吉の上京を頼みにするしかなかった。山田寅吉は、六月頃に上京したらしい。紋鼈製糖所を管轄する農商務省少輔品川弥二郎の「懐中日記」明治一四年六月一四日に「河瀬、山寅来り、製糖所ノ始末ヲ談示ス」とある（「品川弥二郎文書」国立国会図書館憲政資料室）。山田は品川に製糖事業の難航を報告したのであろう。結局、山田は紋鼈製糖所から手を引き、その後、営業製糖は一四年限りで中止、一五年度からは試験製糖ということになった。

品川弥二郎肖像

品川弥二郎に推挙

この間、山田寅吉は羯南を品川弥二郎に推挙したと推定される。品川弥二郎は、長州の出身で、ドイツ留学後、外務省等に勤務し、明治一四年四月農商務省少輔に就任した新進の藩閥官僚であった。品川は羯南のフランス語能力を認め、フランス書の翻訳を委託し、翻訳料を与えることとした。農商務省の業務にフランス書翻訳の必要もあったのである。

翻訳業で生計を立てる

これによって、羯南は、取りあえず生計の資を得ることができた。無名で縁故もない知識青年が、自己を売り込む手っ取り早い手段は外国語能力であったのである。しかも、農林学書翻訳を通じてにせよ、藩閥官僚品川弥二郎の面識を得たことは、羯南の人生にとって大きな転機となった。それは立身出世の機会となっただけではなく、羯南は明治一四年の政変を契機とする国家形成の巨大なうねりに際会することになったのである。

この年の一〇月、伊藤博文《ひろぶみ》らによって舵は大きくとられ、憲法発布・国会開設などの政治課題は、明治政府の主導権のもとで実現に向かうことになった。そして、国家機構（立憲制）の形成と表裏一体の大きな課題となってくるのが、国家を支える国家意識の形成の問題である。羯南が知遇を得た品川弥二郎は、井上毅《こわし》らとならんで、この政治・思想運動において重要な役割を果たしていた。彼は、この時期、イギリス学・フランス学に対抗してドイツ学の興隆をはかり、明治一四年九月の独逸学協会の設立を推進し、北白川宮《きたしらかわのみや》会長のもとで、桂太郎・平田東助《とうすけ》らとともに委員に就任している。

品川のドイツ学興隆運動

彼らは、ドイツを模範として、国家への忠誠意識を輸入しようとしたが、そこでの問題は西欧の国家意識を内側で支えている精神的基軸の匹敵物を日本のどこに求めるかである。それが天降り的に形成されることはありえない以上、手持ちの諸精神の総動員をはかるしかなく、そこで動員されるのが勤王主義・皇室主義であり、その周辺に滞留している復古意識・反欧化意識である。それまで傍流化され、個々人の鬱屈としてしか扱われてこなかった反欧化意識・反文明開化意識が政治的社会的意味をもって見直され、組織化されることになったのである。それは、羯南個人の内面で抱えていた葛藤が、大

国家意識の支柱

反欧化意識

紛紜事件

青森県令の諸勢力融和策と内紛化

きな社会的文脈のなかに位置づけられることになったということである。

当面の羯南の活動は、当時青森県政界で起きていた「紛紜《ふんうん》事件」と呼ばれる内紛に向けられた。これはかねてからの県内政争と中央政治の動向と錯綜した問題だが、そのきっかけとなったのは、明治一四年一〇月二八日に青森県令山田秀典が、国会開設の詔をうけて県内諸政治勢力の融和を呼びかけたことである。招集に応じて、県会議長大道寺《だいどうじ》繁禎《しげよし》、笹森儀助など各郡郡長や県会議員、かつて国会開設運動を進めた共同会の本多庸一・菊池九郎といった県内諸政治勢力の有力者一二名が参集した。

参加者は、いったん県令の一致協同の呼びかけに賛同し、翌二九日に彼ら全員が発起人となって国会開設に備えて教育・産業の振興を訴える決議文を県内に配布することとした。しかし、その後一一月に入って、大道寺繁禎と笹森儀助が県令の姿勢が共同会寄りであると非難して、笹森儀助は中津軽郡長を、大道寺繁禎は県会議員を辞職してしまった。結果的に、県令の融和策が、自由民権派と反対派の対立を顕在化させることになったのである。本多庸一らの共同会は東奥義塾を拠点としていたから、反共同会派の鉾先は東奥義塾に向けられ、東奥義塾を保護してきた津軽家をも巻き込む内紛に拡大したのである。

反共同会派として活動

この内紛において、羯南は反共同会運動の一翼をにない、明治一五年に上京してきていた大道寺繁禎・笹森儀助と密接に連携していた。元津軽藩家老で県会議長等を務めていた大道寺繁禎とは、当然青森新聞時代から面識をえていたはずだが、明治一五年と推定される大道寺繁禎宛書簡に、「山田寅吉方へ参候処、同人之話でハ、郷県令去一五日頃着京候趣ニ承リ候」とある。「郷県令」というのは、明治一五年一月病没した山田秀典に代わって県令に就任した郷田兼徳を指すが、伊達紋鼈製糖所の上司であった山田寅吉も郷田と関係があったらしく、山田の情報として郷田が上京してきていることを大道寺に注進しているのである。書簡の後半は、大道寺への借金依頼で、「死中ニ生ヲ得ル心地」と大道寺の「仁意」に頼っている。

笹森儀助

大道寺以上に深い関係をもったのは、笹森儀助である。羯南と笹森は世代的には離れているが、もともと羯南の生家と笹森の家とはごく近所で、彼の青森新聞在社時期には、笹森儀助は中津軽郡長を務めていたから、当然付き合いがあった。羯南が青森を離れた後も笹森との親交は続き、伊達紋鼈の羯南は、明治一四年一月、笹森に製糖所周辺の伐採のための樵夫の賃金などを相談する書簡を出している。

品川弥二郎への書簡

中津軽郡長を辞職した笹森儀助は上京し、羯南と先行きを相談した。羯南は、明治一

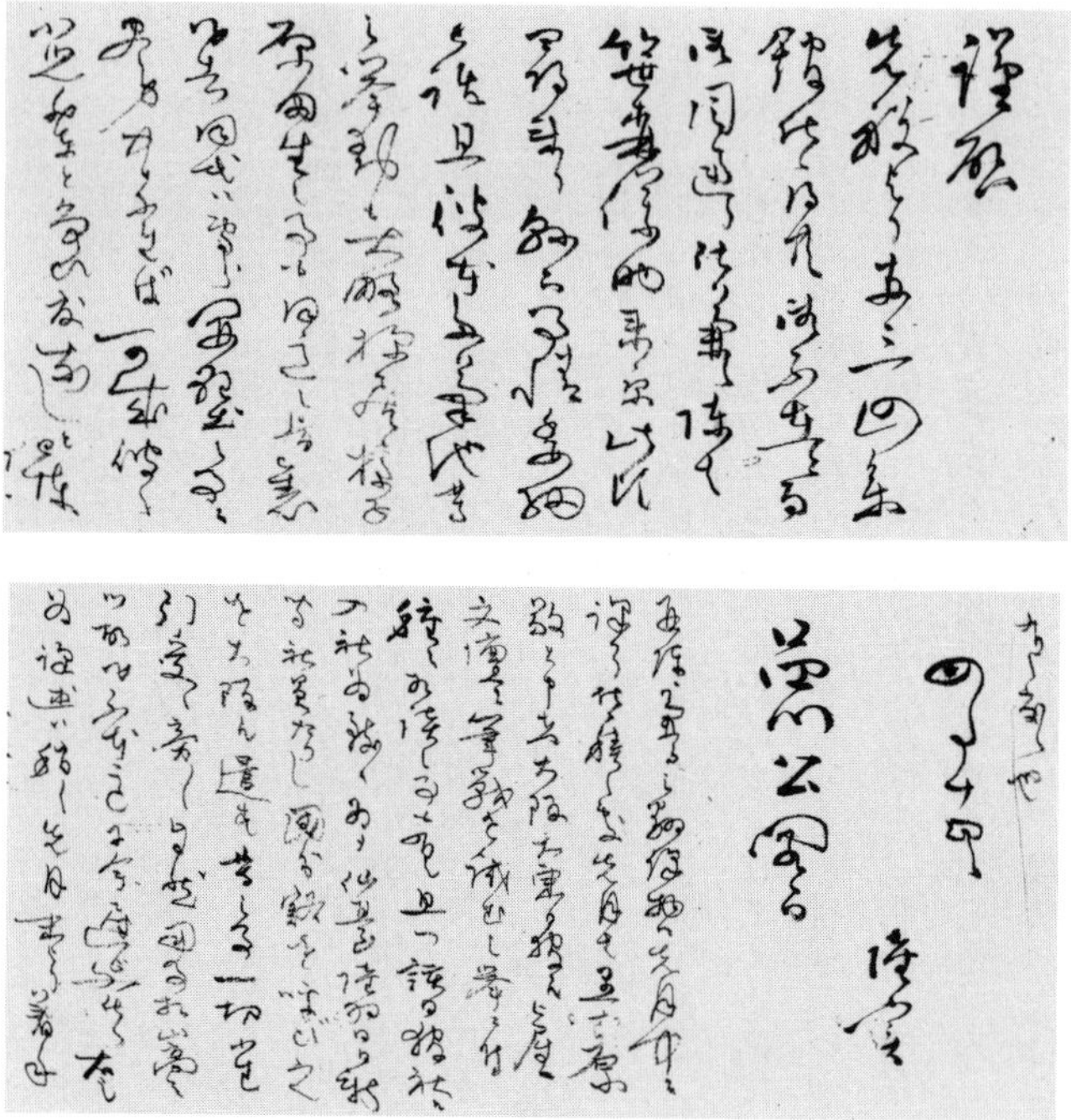

品川弥二郎宛書簡（明治15年４月14日，国立国会図書館憲政資料室蔵）

五年四月一四日付の品川弥二郎宛書簡で、その話し合いを詳しく報告している。それによれば、笹森は本多や菊池の動向を承知しているが、「開墾之事に尽力中なれば可成彼之小児輩と争ひ度なし」と述べたという。年来の士族授産事業である岩木山山麓の開墾事業（農牧社）への全力傾注を理由に、政治活動に消極的であったのである。

笹森を政界に誘う

これに対し、羯南が「懇々説破」したところ、笹森もようやく覚悟を決め、それでは誰を「首領」としたらよいかと尋ねたので、羯南が「新聞記者及演説者中にも相応の人あるべけれども、突然の交際には少しく嫌疑もあるべし、足下の既に知る所の品川少輔は如何」と答えたところ、笹森も賛成し、品川との仲介を依頼したという。羯南は、青森県の反共同会の運動をたんなる地方政界の内紛とせず、全国的な自由民権派に対する巻き返し運動の一環に組みいれようとしたのである。

原田敢の反共同会工作を紹介

また羯南は「原田氏」からの手紙を紹介し、原田が青森で同志を得るべく尽力しているが、「田舎丈吏に学力及才識之相応なる人に乏しく中々政党組織には不容易状態と遙々悲嘆致居候」と青森の政治状況を報告している。「原田」とは原田敢のことで、原田はこの年の九月に乙部敢とともに「皇漢学塾再興に付き旧藩士某等頓首して白す」という上書を旧藩主に提出するなど反共同会、反東奥義塾の急先鋒として活動していた人物である。彼らが計画した「政党組織」とは、反共同会・反自由民権派の政党を青森県に設立しようとするものであった。中央での帝政党に呼応しようとする動きであったと考えられる。

原敬らの動向を報告

さらに、この書簡には「再陳」として、「原敬と申者大阪大東日報え被雇、文壇に筆戦を試む之挙に付、種々相談之事も有之、且つ該日報社え入社為致候為め、仙台陸羽日日新聞社員たりし国分豁《とおる》を呼び之を大阪え遣す等之事一切小生引受候」と司法省法学校以来の友人達の動向を報告するとともに、青森の政争に奔走のため翻訳作業遅延を弁明し、翻訳料の前渡しを懇願している。

司法省法学校退学組の原敬や国分豁などの動きを品川に報告したのは、西欧法学を学びながら世に入れられず、憤懣を抱えている彼らにとって当時の反自由民権運動は出世の機会であり、また政府からすれば彼らの学識と憤懣は十分利用価値があったのである。原敬が入社した『大東日報《だいとうにっぽう》』は、井上毅の自由民権運動対抗策から生まれた帝政党系の新聞である。

品川邸での面談

品川は、翌一五日にこの書簡への返事を送り、翻訳は急がない旨を伝えるとともに、明後日に自宅か役所に来るよう指示している。羯南は、指示通り一七日に品川を訪問したようで、品川弥二郎の「懐中日記」明治一五年四月一七日には、「陸實へ反訳料五十円取替渡ス」とある（憲政資料室所蔵）。品川は羯南から青森の政情を詳しく聞き、その慰労もあってか翻訳料を手渡したのである。

佐佐木高行との連携

羯南は、元老院議官の佐佐木高行ともつながっていた。佐佐木は、前にも述べたように、かつて青森を視察し、士族授産や長慶天皇陵探索などで青森と深い関係を有していたが、明治一五年九月二八日の佐佐木高行宛の書簡で、「乙部氏帰郷ノ旅費ハ立替御坐候ニ、昨日拝謁ニテ請願仕候事、御心配ニ不及候間、此段宜シク御承了遊度」（『保古飛呂比』第一一）と述べている。乙部とは、先にふれた原田敢とともに、九月に「皇漢学塾再興に付き旧藩士某等頓首して白す」という上書を旧藩主に提出した乙部敢のことである。この上書が聞き届けられないと、一〇月に「旧藩臣某等叩頭泣血再び書く」という請願書を再び乙部・原田の連名で提出し、一層激しく本多・菊池ら東奥義塾幹部を攻撃した。

策士の一面

羯南は、原田・乙部の反東奥義塾・反共同会の上書提出に深く関わり、活動資金提供を佐佐木高行に依頼していたのである。後に徳富蘇峰《とくとみそほう》は、羯南について「なかなか謀を好んだる策士」と評しているが（『蘇峰自伝』）、まさに「策士」としての一面がうかがえる。

羯南は、後の『近時政論考』において、「帝政論派」について、「吾輩は其の説の往々偏僻に流る、ものなるを知るも、世の潮流に逆らひて民権熱に清涼剤を投じたるの功を没すべからずと信ずるなり」と述べている。帝政党の存在意義は、軽佻《けいちょう》浮薄《ふはく》な「世の風潮」である民権熱に逆らった反動派であったことにあるのである。その「国体論又は忠君論」が、「偏僻」であることは十分承知していた。

反欧化思想の論理化

羯南の帝政党への接近は、欧化のなかにいながら欧化に反発し、時勢に乗れない彼の屈折した意識の反映である。しかも、時流に乗った民権派より西欧学問を修得しているという自負があるだけに、一層内向きに屈折していくことになる。

しかし、今や政府による憲法制定・国会開設が打ち出され、時代錯誤にみえていた勤王論や反欧化論が西欧的国家意識形成の素材として求められるようになった状況では、羯南などの屈折した意識が社会的・政治的に意味をもち、それを論理化する筋道が少しずつ浮かんできた。例えば、友人原敬は、『報知新聞』を退社して『大東日報』に入った際、「勤王の説」という論文を発表している。急進的自由民権論者と「帝室の擁護」を主張するあまり人民の権利拡張を否定する「勤王の士」の双方を否定し、「自由民権にあらずんば以て帝室を擁護するに足らず」と穏健な自由民権こそが帝室を強固にする道であることを唱えていた（『原敬全集』上巻）。

原敬の「勤王の説」

ただ、帝政党それ自体は、様々な反動勢力の集合で、十分な凝集性は持ちえなかった。二月に大阪に赴いた原敬は、四月四日の『大東日報』創刊に参加したが、社内紛議のため一〇月には退社して帰京してしまった。一一月一一日、羯南など司法省法学校退学組は、早速神田開花楼で原の帰京を歓迎する会を開き、うさを晴らした（『拓川日記』）。原は、この後、一一月二一日には外務省御用掛に採用される。

陸奥帝政党

また、青森の帝政党も、大きな運動とはならなかった。『東京日日新聞』明治一六年一月一〇日は、「陸奥帝政党」という見出しで、山崎清良《きよら》、津軽平八郎らが「彼詭激論者の為に我国体を過られん事を憂へ慷慨忠憤の士を団結し大に漸進の主義を拡張せん」とて弘前に陸奥帝政党が結成されたと報道している。羯南は、これに何らかのかたちで関わったと推測できる。前年一二月二二日付加藤恒忠宛書簡に「僕此頃ハ身事多端、或ハ帰県結党ノ依頼アリ、或ハ在京就職ノ勧アリ」とあるのは、青森における帝政党結党に参加を促されたことを指すのだろう。しかし、実際には深入りせず、陸奥帝政党も自然消滅した。

借金の依頼

羯南は、相変わらず品川からの翻訳料頼みの苦しい生活であった。しかも、故郷の弟の病気まで重なり、貧窮をきわめた。この時期の加藤恒忠宛書簡は、「品川弥次郎衛（廿日頃ニ帰ル積リデ）未ダ帰ラズ、僕ノ刻苦セル訳文ヲ抱テ之ヲ金ニ代ル事能ハス、為ニ財政秩序ニ紊乱ヲ生じ、大兄ヨリ借入ル所モ未タ返却ノ方法ナシ」などと借金の依頼である。

苦しい中の遊興

彼の友人たちも「原モ窮シテ居ル風ナリ。誰も皆窮」（『全集』第一〇巻）であったが、それなりに遊びも楽しんでいたようで、同じく加藤恒忠に「昨夜例之痴境ニ遊ひ大ニ不興ヲ覚へ候。委細ハ拝話ニスヘシ」（『全集』第一〇巻）などと遊びの報告をしている。

四　官僚生活と自己形成

最初の翻訳書出版

明治一六年六月、陸羯南の名前が出た最初の出版物である翻訳書『山林実務要訣』が刊行された。表紙に「仏蘭西　山林守護家　クリノン氏　訴訟代言所　ウァスロー氏著。大日本　陸實訳」とある。奥付は「明治十六年六月十四日出版版権届　農商務省庶務局蔵版　発兌　有隣堂東京書肆　穴山篤太郎　東京京橋区南伝馬町二丁目十三番地」となっており、農商務省の所蔵本を陸羯南が委託され翻訳したことが分かる。本の内容は、山林の育成保護実務を具体的に説明した実用的な林学書である。

就職斡旋の依頼

しかし、翻訳だけでは生活苦しく、品川弥二郎の勧めで就職の道を探す心境になって

平田東助

太政官御用掛に採用

文書局

いた。年代不詳だが、この時期と推定される品川弥二郎宛の書簡には、「仕官云々の義御話ニ相成、帰途熟ら々々考候処、実に御説の如く翻訳のみにては困入候故、御使用の途も有之候ハヽ、何分宜敷様御取計被遊度此段奉希望候」と就職の斡旋を依頼している。

明治一六年五月二八日付の平田東助から羯南宛の書簡で、平田は書類と数編の論文を受理したことと新聞紙二葉の翻訳を依頼し、翌々日三〇日の書簡では、新聞訳文を受け取った件と来談を求めている。おそらく、品川が、当時『官報』発刊準備にあたってい た平田に羯南を紹介し、平田は書類と論文、語学力確認ため翻訳文提出させ学識を試験したのである。

明治一六年六月一三日、二七歳になっていた羯南は太政官御用掛に採用され、文書局に勤務することとなった。待遇は判任官に準じ、月俸五〇円。外務省御用掛になった原敬が八〇円だったというから、それよりだいぶ安い。

文書局は、この年の五月一〇日に新設された部局である。主たる任務は、七月二日に予定されていた『官報』発刊にあったが、それは表面で、後述する通り裏面ではかなり複雑な任務を帯びていた。文書局監督には参議山県有朋が就任し、局長は平田東助、幹事は小松原英太郎など山県閥でかためられていた。『官報』発刊の主導権を握ったのが、山県有朋であったからである。

『官報』の役割

政府機関紙『官報』発刊には長い前史があるが、明治一五年、山県有朋が太政大臣に提出した「建議官報発行ノ件」によって、『官報』を政令・布達等を掲示する役割に限定し、政治的討論から超然とした新聞とする方針が固まった。政府が、自由民権派はいうに及ばず政府系の帝政党まで含め、すべての党派の上にたつという超然主義の一環である。

羯南が、文書局に入った時期には、すでに試験印刷・発行がかなり進んでおり、『朝野新聞』六月二日は、「兼て噂の高き官報は去る三十日試に第一号を刷立てられ、猶昨一日より三十日間(尤も日曜は休にて)引続き刊行さるゝ由なれど、固《もと》より試験のためなれば発売せられざる趣」と報じている。

文書局の人員

文書局には文案・翻訳・庶務の三課が置かれたというが、羯南がどこに配置されたかは不明である。創刊から約八ヵ月後の『太政官職員録明治一七年三月一日改』によれば、文書局は合計五八名である。前記の通り、局長は平田東助、幹事は小松原英太郎。以下内閣大書記官谷森眞男、参事院議官補久保田貫一、太政官少書記官関新吾等の書記官一〇名、一等属から十等属まで二四名、その下に御用掛准判任があり、その六番目に「陸

實　青森県平民　四谷区四谷北伊賀町三十九番地」とある。五八名中、四二番目の記載である。

新聞経験者の採用

久保田貫一は元『東京日日新聞』記者、関新吾は小松原英太郎と同郷同学の岡山出身で、小松原と同じく自由民権運動初期には『評論新聞』等で過激論を唱え、刑を受けたこともある。また、太政官御用掛准奏のなかには草野宣隆もいたが、彼は原敬とともに『大東日報』に参加した記者である。そして原敬自身も、明治一六年七月一四日、太政官御用掛兼務准奏となっている。新聞経験者が文書局に採用されたことをうかがえる。

『官報』創刊号

七月二日『官報』創刊号は、一六ページで、題字は三条実美《さねよし》の筆。記事は二段組みで、「達」「賞勲叙任」「伺司令」「官庁彙報」「兵事」「衛生事項」「農工商事項」「外報」「気象」「広告」となっている。ただし、広告といっても商品広告ではなく、すべて官庁の広告である。次号以下もほぼこの紙面構成を踏襲している。

編集方針

このように『官報』は、官庁の達や告示の掲示が主機能ではあるが、それだけでなく各官庁の官報報告主任を通じて収集された詳細な農工商情報、外国新聞を翻訳した外報などを多く掲載する報道新聞として編集されていた。そこには、反政府言論に対し言論レベルではなく、内外情報の提供・啓蒙によって対抗しようとする政府の狙いがある。

内外情勢に関する知識の乏しさこそ感情的過激言論を生む土壌なのであり、幅広い外国情報・国内の実業の情報を啓蒙することによって政論の風土を変えようとしたのである。

全国一元メディア

また、『官報』が画期的であったのは、それが全国一元メディアであったことである。中央地方官庁および官員に購読義務を課し部数の約半分は義務購読部数だが、明治一六年末の発送部数約七〇〇〇で、当時の小新聞『読売新聞』約一万六〇〇〇部、大新聞『朝野新聞』約六〇〇〇部に比し、圧倒的だったわけではない。だが、東京近県は即日、青森到達日数一〇日、鹿児島一二日と時間差はあるが、ともかく単一の新聞を定期的に全国に届けたのである。没言論・没党派の新聞が中枢・東京から全国に放射状に発信され、国家統合を実現するメディアが実現されたのである。

秘密任務

しかし、文書局は『官報』発刊を担っていただけではなく、民間政論動向を分析し政府に報告し、時には裏面での新聞操縦にあたる秘密任務を帯びていた。当時の文書局員であった川田徳二郎によれば、「民間政論の傾向を視察して之を内閣に具申する秘密的事務に与れり、故に其掌理するの事務は今の印刷局官報部の事務と内閣記録課の事務とを兼ねて併て民情視察の機密事務を扱ふに在り、各地方に出張するもの一年数回、皆地方有志者の政見及民情の視察御用を帯ひ、都下の演説会には必す局員を派して演説の梗概を筆記せしむる等、恰も今日の警保局及警視庁の事務を併掌せるか如し、又非常事件あるときは其事の内国に関すると外国に関するとに拘らす局員をして之を調査せしめ、其始末を其筋へ報告することを怠らさりし」（『自侍《じし》言行録』）。

羯南も、「局の主務は官報編輯に在りしがど、別に諸新聞雑誌及ひ諸種の出版物凡そ政事に関係あるものは此局に於て検閲し、又官報資料の収拾と号して局員を各府県に派遣して政党政社等の状況をも探らしめたるなど、隠然政府中の枢要たり」と語っている（「自侍庵の書束」『自侍言行録』所収）。

「文書局管掌事務ノ件」

こうした任務は「文書局管掌事務ノ件」（『公文別録』）にも抽象的だが記されている。その第二には「新聞ヲ指揮監督シ、其方向ヲ示シ、務メテ法令及措置ヲ弁護シ、政府ノ趣意ヲ表彰シ、世論ノ誤惑ヲ正サシムルコト」とある。さらに第三「全国ノ新聞紙ヲ検閲シ、緊要ノ記事論説ハ内閣ノ閲覧ニ供スルこと（以下略）」、第四「政事上ニ関係アル著書翻訳書ヲ検閲シ、其緊要ト認ムル者ハ内閣ノ閲覧ニ供スルコト」、第五「著書翻訳新聞紙ノ政策ヲ妨ケ治安ニ害アル者ト視認スルトキハ、主務省ニ通牒シテ主任官ノ注意ヲ促スコト」とある。

対新聞統制と政情調査

文書局は、新聞の「指揮監督」、新聞図書の「検閲」、政策に支障ある記事論説を関係部局に通報するなど政府の対新聞統制策、政情調査などの中枢的任務を果たすことになっていたのである。公文書館史料のなかに国内の政論分析報告といった文書は見出せなかったが、「露国ノ中央亜細亜蚕食ノ件」といった外国新聞雑誌をもとにした国際状勢報告がいくつか存在し、文書局が『官報』掲載外報より高度な外国情報を内閣中枢に提供する役割を果たしていたことが分かる。

地方巡察

太政官文書局兼務となった原敬は「官報改良意見書」、「巡回員ヲ地方ニ派出スヘキノ意見」を提出し、山陽地方の視察旅行に出かけたが、これは原敬個人の思いつきもあるにせよ、文書局は地方巡察を任務としていたのである。羯南も文書局の一員として、『官報』編集だけでなく、何らかのかたちで検閲や内外諸新聞の調査業務に携わっていたのであろう。それは、後の彼の新聞論に影響を与えたはずである。

法学校退学組の転機

この頃、羯南も含め、司法省法学校退学組は二〇代後半を迎え、人生の転機が訪れた。地方視察旅行に出かけた原敬は、旅の途中、突然帰京の命令を受け、一二月五日天津領事に任命された。しかも、その赴任直前に薩摩出身の中井弘の娘と結婚した。

正岡子規との対面

また、親友加藤恒忠も、フランスに留学することになった。この時、羯南は、加藤の甥にあたる正岡《まさおか》升《のぼる》（子規《しき》）の面倒を見てほしいと依頼された。その初対面の印象は、

「浴衣一枚に木綿の兵児帯、いかにも田舎から出たての書生ッコであったが、何処かに無頓着な様子」で、ろくに口もきかない少年であった。そのうち話しをしてみると、「言葉のはしばしに余程大人じみた所」があって、感心したという（「子規言行録序」）。

加藤恒忠を送別

加藤恒忠は、一一月に出発することになり、九日、新橋で多くの友人達が集まってにぎやかな送別会が開かれた。「拓川日記」には、羯南・国分豁・乙部多吉・初見八郎・豊嶋昌義・湯目補隆・依田鐐五郎と「正岡藤野両姪」は見送りに横浜まで来てくれたとある。羯南・国分豁・初見八郎は横浜に泊まり、大いに痛飲、青春の名残をおしみ、遠く外国に雄飛する友人を送別した。

陸羯南と妻てつ（右は長女の夫東海勇蔵，個人蔵）

結婚

二八歳の羯南にとっても大きな転機が訪れた。明治一七年二月一八日、今居元吉と咲の長女てつ（一六歳）と結婚したのである。結婚の詳しい経緯は分からないが、明治一七年一月一三日付の笹森儀助宛書簡に、「小生義今般結婚之事ニ決して、近々引取候様先方よりも申込有之候故、其義ニ決定仕候」とある。これによれば、以前から決まっていたことで、二月にいよいよ正式となったようである。

妻てつの境遇

今居元吉は元敦賀藩の藩医で、海軍軍医であったが、明治一〇年に四四歳で病没した。てつは、母によって育てられたのである。ちなみに兄の真吉は、東京帝国大学医科大学卒業、明治二四年に大阪医学校教諭兼眼科医長（現在の大阪大学医学部眼科教授）に就き、眼科医学の発展に大きな貢献を果たした人物である。

媒酌人の誤伝

『全集』年譜は、二人の結婚の媒酌人は依田学海と大山要造夫妻が務めたとしている。しかし、鈴木虎雄の「年譜」には、そのような記述はなく、依田学海《よだがっかい》の『学海日録』の明治一七年二月にそれにあたる記述はない。また、『学海日録』の明治三一年一二月二九日の項に、三輪伸次郎の招きで猿楽町の宅へいったところ、「客は十五、六あまりあり。日本新聞の陸羯南・三宅雄次郎、国府・桂の二子もありき。田口鼎軒《ていけん》・須藤時一郎なども会せり。余は、陸をはじめてしりぬ」とある。これによれば、依田学海は、明治三一年一二月に初めて羯南と面識を得たのであり、結婚の媒酌人ということはあり得ない。ただし、媒酌人については、これ以上資料がなく、不明である。

負債整理に奔走

結婚した羯南にとって最大の難問は、「家政改正」すなわち負債の整理であった。先の笹森宛書簡では、四三〇円の借金があり、この整理のために国元の兄や士族授産を支えるため第五九銀行（現青森銀行）を設立していた大道寺繁禎などへの斡旋を依頼している。長年定職がないところに、上京した弟の面倒までみていたので借金がかさんのである。返済の目途としてあげているのは、内閣から委託された「法理沿革論」の翻訳料四〇〇円で、文書局の仕事以外に翻訳を請負い、副収入を得ていたようである。

制度取調局へ異動

この年明治一七年三月二六日、制度取調局御用掛兼任となり、五月二四日には制度取調局専任となった。制度取調局は、憲法起草などの準備のため宮中に設けられた組織で、長官は伊藤博文、その下に井上毅・伊東巳代治《みよじ》・金子堅太郎《けんたろう》・尾崎三良《さぶろう》などがいた。この部局に転任になったのは、かねてから井上毅と面識があったこととフランス語能力を評価されたためと考えられる。

井上毅の信頼を得る

例えば、明治一七年八月二四日付書簡で、井上毅は、清仏戦争をめぐって国際法の局外中立について取調べを依頼し、さらにこの問題に関し三日続けて羯南に書簡を出している。また年不詳の書簡では、ボアソナードの答議書を至急に翻訳するよう依頼するなど、井上が羯南の語学力と法学知識を高く評価していたことがうかがえる。羯南は、

文書局に復帰

『奢是吾敵論』を翻訳

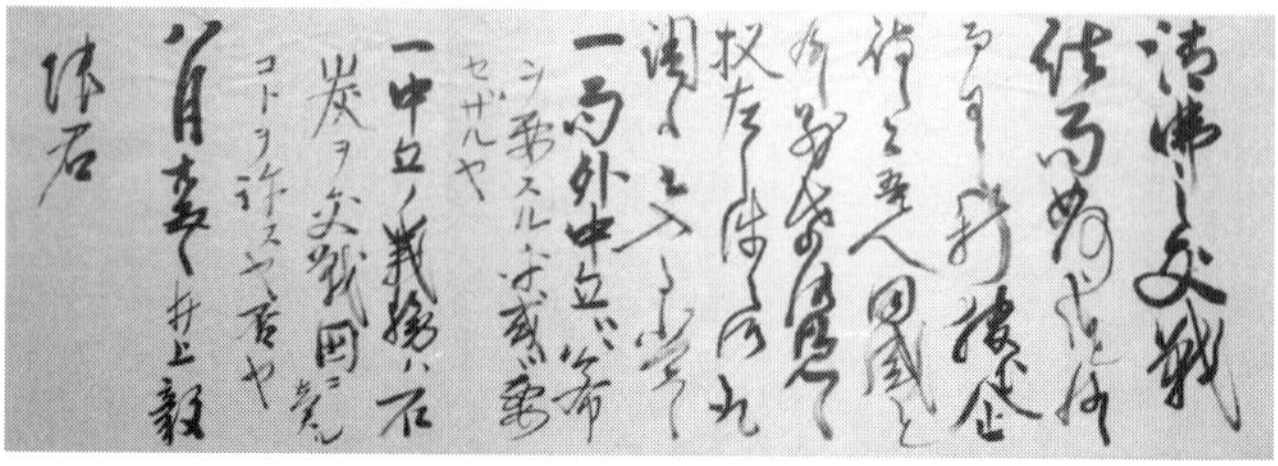

井上毅書簡（明治17年８月25日，個人蔵）

「頗る気楽にして勤務の時間にも定限なく官報局に比して一層気楽なり」（「自恃庵の書束」『自恃言行録』）と回顧している。彼としては、よい勉強の機会となったのであろう。

明治一七年一二月二七日に再び文書局勤務に復帰したが、その後も井上毅との関係は続き、翻訳を委託されていた。その成果が、明治一八年九月一六日に刊行されたビュフオン著、井上毅訳の『奢是吾敵論』（農商務省蔵版、大日本農会発）である。この他、先の書簡に内閣から委託された「法理沿革論」の翻訳料があげられていたように「法理沿革論」という書物の翻訳にもあたっていたようだが、この書物が出版された様子はない。

『奢是吾敵論』は、その冒頭の井上毅「奢是吾敵論説」によると、井上がパリ滞在中にビュフォンの書を読み、その警語などに感心し、帰国後羯南と室田充美の協力を得て翻訳し冊子としたところ、農商務大輔品川弥二郎の勧めで刊行したとある。この内容を詳しく紹介する紙幅はないが、奢侈が「恭敬の道と祖先の遺教」を失わせ、ひいては「国民の至徳なる其名誉及独立を保存する所以の愛国心を消滅」させることを警告し、奢侈への戒めを説いた内容である。

有能な翻訳要員

これらの書は、当時憲法起草作業を進めながら、国家の精神的基軸の形成を創ろうとしていた伊藤博文・井上毅の思想へゲモニー戦略の一環として翻訳刊行されたことは明らかである。羯南はそのなかでの有能な翻訳要員であり、また彼も西欧政治論を学習していった。

五 「国民精神」の発見

『主権原論』を翻訳

『奢是吾敵論』とほとんど同時期の九月一二日に刊行されたのが、ド・メストル原著、陸羯南訳述の『主権原論』（博聞社蔵版）である。ド・メストルは、反革命の思想家として知られたサルジニアの貴族で、羯南の「主権原論小引」には、「仏国ジョゼフ・メストル氏著す所の「ウーヴル・イネヂート」、即未版著書と題する書より抄訳」とあるが、『全集』解説によれば、原著は「主権の研究」であって、原著にある「未完著作」という言葉を羯南が題名と混同したのではないかという。

羯南の訳注

『主権原論』は、フランス革命とルソーの社会契約説などを厳しく反駁した内容で、羯南単独の訳ではあるが、やはり井上毅などの勧めがあった可能性は高い。翻訳の大きな特徴は、原注とは別に羯南による訳注が割り注のかたちで組み込まれていることである。この訳注によって、彼の問題関心の所在を推定することができる。

『主権原論』の主張点はいくつかあるが、第一にルソーの社会契約論を「妄謬」の説として斥ける。「社会は主権者あるに因りて始めて存立したるもの」であり、「社会及主権の存立は人の選択と狭義とに成るとの説は、全く空想に出づるものなり、社会及主権の存立は自然の作用に出るものにして、即造化の力に因るもの」なのである。変化を頑なに否定するわけではないが、「造化の力」によって生まれた伝統にもとづき、一歩一歩進む保守主義こそがあるべき態度である。

君主政治の強調

そして、ド・メストルは、「『凡人類は君主政治の為めに生る丶者なり』と汎論することを得べし」と断言し、君主政治の正当性は歴史によって証明されているとする。羯南も「君主政治を以て人類自然の政治とし、貴族民主の両政治を以て例外となすの意なり」と訳注を付け加え、「自然の政治」としての君主政治を強調した。

政府起草の憲法を正当化

そこからは「古の所謂立法者は主権者〔即国王〕ならざる者、未嘗て之あらざるなり」という欽定憲法が導き出される。当時の状況にあっては、政府の進める憲法起草作業の正当性を裏付ける説であったことはいうまでもない。

慎重な翻訳

さらにド・メストルは、「造化」による「国民」の形成を論じ、「国民は其の精神と其の国民たるべき単一無形の一致とを有す」と、「国民」を形成するものとして「単一無形の一致」を説くのである。その一致の核心は、「国に政治を要すると共に宗教を要せざるを得ず。また或は寧政教一致の定説を以て『レーゾン・ユニヴェルセール』即『レーゾン・ナショナール』と成さゞるを得ず」と説明されている。羯南は翻訳に慎重で、「レーゾン・ユニヴェルセール」即「レーゾン・ナショナール」とあえて原語のまま表記し、訳注をつけ「其の国を挙げて是とする所の一種の精理を云ふ。国理と直訳するも妥当ならず。故に原語の儘を記す。読者此の章の題言に云ふ国民思想即ち我が大和魂の如きものゝ是認する理論なりと解せば大過なかるべし」と説明している。

訳語のゆれ

西欧的な国家形成に伴う国民形成において、その核となる「レーゾン・ユニヴェルセール」「レーゾン・ナショナール」については、既成の言葉がないばかりでなく、造語も容易ではなかった。章の題言で「国民精神」と訳したように書いているが、実際には章の題言は「国民の気風を論ず」で、訳語がゆれていることが分かる。「レーゾン・ユニヴェルセール」のほうは、数行後で「国家の精理」と訳しているが、やはり原語をルビでつけているし、「レーゾン・ナショナール」を「愛国心」と言い換えたりもしているのである。

国民のモラル

適訳語を案出できなかったにせよ、この鍵概念をもとに論旨は進み、「人民の幸福及勢威は国家の精理に従ふ」のであり、「国家の精理」「国理」を体得していくことこそが「国民」となるということである。そして、「各人の私意を去りて公理に立つ」ことが「国民」が身につけるべきモラルとして強調された。

国民精神形成論

『主権原論』が説くのは、西欧的ナショナリズム、特に君主制を核とする国民精神形成論である。それは連綿たる歴史の「造化」によって生成されると考えるのであるから、当然、保守主義を信条とする。この書の翻訳学習は、羯南にとって新たな思想境地を開くものであった。彼は、自由民権派などが持ち出すルソー思想を乗り越えた西欧思想を学習し、紹介する位置にたったのである。西欧の最新のものをいち早く摂取することを進歩とみなせば、進歩主義である。保守主義が最も進歩的思想であることになったのである。

しかも、これまで、彼の内面にわだかまっていた欧化への反発、その表現として勤王主義などは、「レーゾン・ナショナール」からすれば正当なものであって、「国家の精理」形成にとって不可欠なものとして再評価されることになった。欧化への同調と反発という相反する意識が、表面的な欧化、それへの反発、さらにそれらを止揚する近代（西欧的）国家形成として弁証法的発展として整序できることを学んだのである。

思想形成に展望を拓く

弘前、宮城師範学校、司法省法学校、青森新聞、伊達紋龍と、欧化のなかに生きながら、中心からは疎外され、しかしそれでも欧化のなかに進路を探さざるを得ない自分自身にアンビバレントな意識に悩み、彷徨してきた羯南にとって、自己の思想的形成への展望が開けた。前述したように、彼の世代は保守的であることを許されず、過去を否定し、欧化に進むしか道はないことが大きなフラストレーションの原因であったが、保守的であることの正当性を得ることができるようになったのである。

自己の居場所を発見

そして彼個人の内面の問題を大きな国家的課題と重ね合わせられることになった。それは、彼自身が「私意」をすて国家の「公理」に忠実な「国民」となっていくことでもある。疎外され傍流的存在であった彼は、国家形成という大きな動向のなかに自己の居場所を見出していくことになった。

文書局廃止

明治一八年一二月二四日、内閣制にともない太政官文書局、恩給局は廃止となり、内閣に記録・会計・官報の三局が置かれることになった。先に引用した川田の回顧談では、この時に官報局は、官報の編集刊行業務だけとなり、諸新聞の検閲等の業務は他に移されたという。実際、「官制」でも、「官報局ハ官報ヲ編纂印刷スルコトヲ掌《つかさど》」ることになっている。

内閣官報局

官報局には、編輯課と翻訳課が設けられ、羯南は編輯課長心得に昇進した。この場合の編輯課長というのは、『官報』全体の編集責任者ではなく、各官庁から持ち寄られた情報を編集することと印刷の責任者という意味であり、『官報』全体の編集長は局長である青木貞三《ていぞう》、局次長の高橋健三である。「明治一九年二月四日改」と注記のある『内閣職員録』によれば、編輯課は課長心得陸羯南のほか八人、翻訳課は課長心得濱田健次郎ほか一四名である。世代交代が進み、羯南は生え抜きの代表者という立場であった。

『官報』の整備

この時期、『官報』は整備されていった。創刊当初は官省庁の達および告示のみが『官報』登載の公式告示であったが、明治一八年一二月二八日太政官達第二三号によって布告・布達も『官報』登載をもって公式とすることとなり、『官報』は名実とともに法令布達メディアとなったのである。また、明治一九年一二月二四日には、ロイター通信会社と外報通信の供給契約を結び（『官報百年のあゆみ』）、『官報』にロイターの外電が掲載されることになった。これは、日本での外国通信社との直接契約の最初で、明治二〇年一月四日号から「『ルートル』電信会社報告」として掲載されている。

発行体制

また、明治一九年一月、官報局に隣接して印刷局活版科出張所が設けられ、これが翌月官報局印刷所と改称された。さらに七月一日に官報局専属に移管された。これは、当時日本最新鋭の印刷場であった。駅逓局で行っていた発売事務も、明治一九年六月に官報局の所管に移された。編集・印刷・発売が官報局に一元化され、官報発行体制は大きく整備されたのである。発行部数も、明治一六年末に約七〇〇〇部であったのが、明治一九年末には約一万五〇〇〇部と大きく伸びている（『官報百年のあゆみ』）。

官報局長の辞職

陸羯南も編輯課長として、こうした動向のなかで新聞製作実務の経験を積んでいった。この間、明治一九年六月七日、青木貞三が官報局長を辞職した。『朝野新聞』六月九日の報道では、かねてから希望していた洋行を実現するためであったという。ただ、実際には洋行しなかったようで、東京株式取引所役員に就任し、さらに一九年九月に『商業電報』という新聞を創刊した。この新聞は、羯南が発刊することになる『東京電報』の前身である。

第三 「国民主義」的記者としての自己形成

一 『東京電報』

官報局を退社

明治二一（一八八八）年三月一六日、陸羯南は官報局《かんぽう》を依願退職し、四月九日に創刊された新聞『東京電報』に入った。三二歳の彼にとって大きな決断である。羯南は官報局において経験を積み、思想形成も進んでいた。それまでの精神的にも経済的にも不安な彷徨からみれば、官僚としての安定を得ていたのである。当然、彼の内心でも自己の思想形成に手応えを感じ、自信と意欲が高まってきていたであろう。

官僚機構の閉塞性

しかし、反面、生まれてきた独自の思想を自由に発揮することは、官僚組織内においては難しい。そこには、高い障壁があり、自信と意欲が高まれば、その壁の高さは一層痛感される。ともに官報局に勤務し、官報改革に意欲的であった原敬は、かえって早くに官報局に見切りをつけ外務省に転じた。官僚内知識人から実務官僚へと転身していったのである。

知識人として自立

羯南は官僚機構の外の世界に出て、自己の知識と思想を活かす道を選んだ。知識人としての自立をめざしたのである。この時期、それまで官僚組織や政党など社会の様々な組織に散在し、知識を習得してきた者たちが、次第に既存組織から遠心化、分化し、ゆるやかではあるが、ひとつの知識人世界のまとまりを形成しつつあった。

「明治の青年」

徳富蘇峰

また在野でも、徳富蘇峰《とくとみそほう》の民友社、三宅雪嶺《せつれい》・志賀重昂《しげたか》の政教社《せいきようしゃ》などの青年グループも登場してきていた。彼らは、羯南と同世代かやや後進の世代で、彼と同様に明治維新期とその後の社会変動のなかで自分のアイデンティティーの模索を重ね、ちょうどこの時期に二〇台前半から半ばに達し、「明治の青年」として自己主張しだしたのである。その代表選手蘇峰は、「明治の青年は裸体にし政治迷場（ポリチカル、ラピランス）の中心に沸き出たり、彼れ官職を有せず、位置を有せず、経験を有せず、資本を有せず、彼れ本来無一物」（「新日本の青年及び新日本の政治」『国民之友』第九号）という。彼らは、生得の藩閥縁故や資産などはもたず、自らの学習した知識に依拠し、それを発揮することで社会を動かそうとする知識人として登場したのである。

そこには、知識によって生きるという知識人であるという自意識と同じ知識人同士であるというゆるやかな共同意識が醸成されてきた。その一つの表れであり、羯南が関わったのが、明治二〇年八月二五日に創刊された書評雑誌『出版月評』（月評社）である。『出版月評』は最初の本格的書評雑誌といえるが、官報局の高橋健三の呼びかけによって発刊され、その「発行ノ旨趣」は、「公平無私ノ批評ヲ下シ一ハ著述社会ノ進歩ヲ計リ一ハ以テ著書ノ真価ヲ評定シ之カ購読者ノ便宜ヲ計ル」とうたっている。

著述者同士の批評

『出版月評』が目指したのは、第一に著述者同士の相互批評である。無論、それまでも新聞・雑誌間で論争はあったが、もっぱら政治闘争の一環としての論争にすぎず、「公論トイフモノモ、強キ党派ノ主張スル所ノ意見ニ過キス」（中村正直「出版月評ノ発行ヲ喜ヒ聊《いささ》カ所見ヲ陳ス」『出版月評』第一号）であった。それに対し、著述を政治的・党派的に評価するのではなく、知的生産物としての著述作品そのものを相互に批判し合い、それを通して次の作品を生みだしていく「公平無私ノ批評」を提唱したのである。いわば、知的生産活動の一環としての批評である。

読者との媒介

第二に、書評に著述者と読者を媒介する役割を果たさせることである。著述者の相互批評を、たんなる仲間内の論議に終わらせず、読者に対して開かれたものにしていくのである。購読者に選書の目安を提供するだけでなく、読みを深めるあるいは読みを例示する契機をもった書評の提供である。

社友として参加

羯南も、この『出版月評』に社友として参加し、創刊号に貫宇迂史の筆名で徳富猪一《いいち》郎《ろう》（蘇峰）『将来之日本』の書評を載せた。彼は蘇峰の「筆力」を高く評価しながら、肝心の「将来之日本」の具体像に関する記述が「短簡」であることに失望を表している。

蘇峰への対抗心

『蘇峰自伝』によれば、羯南と蘇峰はすでに明治一九年に双方の友人を介して面識を得ていたようだが、蘇峰は、書評の筆名「貫宇」が實の字の分解であることから羯南の執筆であることを察知したという。その後、ライバルとなる二人は、当初から互いに著述者として認めあい、対抗心をもやしていたのである。

しかし、知識人の分化・生成といっても、政治活動家、官僚、実業家などとの境界ははっきりしているわけではなく、醸成されてきた共同意識はゆるやかなものであった。また、現実に明治二〇年代前半の社会において在野知識人として活動していくことは、それほど容易なことではなかった。知識を職業とし得るのは、教師と新聞記者ぐらいであった。

新聞業界の転換期

当時の新聞界は、ひとつの転換期にあった。巨視的にみれば、自由民権期には、政治運動と結びつき、様々な政治党派の宣伝・議論を担う機関である政論新聞が中心で、政

政治党派から分化

治活動家が同時に新聞記者でもあった。しかし、明治一〇年代後半、自由民権運動の衰退とともに、新聞は政治党派から離れ、自立していこうとした。イデオロギー的には「不偏不党」を自称し、経営的には紙面の平易化、購読料引き下げなどによって変身をはかったのである。それは、前述した政治党派から知識人が分化してくる過程と併行している。

また、それまで政論新聞と対極的な非政治新聞として存在していた小新聞《こしんぶん》は、言論・報道に力を入れ営業的拡大をはかろうとしていた。典型的な事例が、大阪の小新聞であった朝日新聞社が「中新聞」化したことである。

両極的な大新聞《おおしんぶん》と小新聞が互いの要素を取り入れて接近しつつあった新聞界は、政論新聞の政治活動家や小新聞の軟派戯作者とは異なる、一定の知識を持った知識人を記者として必要とする状況であった。その意味で新聞は、知識人の活動の場になりえたのである。

『東京電報』入社

羯南は、官報局退職と『東京電報』入社の経緯について、井上馨《かおる》の条約改正交渉反対運動、保安条例などで「人心恟々物論沸騰せり余は浪人仲間に入らんとの念」を抱いていたところ、官報局長に農商務大臣曾根荒助《こうすけ》が就任したので、これを機に辞職したと語っている（「自侍庵《じじあん》の書束」『自侍言行録』所収）。

「浪人仲間」

「浪人仲間」というのは、当時「不平将軍」と呼ばれていた陸軍フランス派である谷干城《たてき》、三浦梧楼《ごろう》らのグループと若手知識人で将来の新聞計画のために当面熊田活版所を設立していた杉浦重剛《じゅうごう》・高橋健三・宮崎道正らの乾坤社《けんこんしゃ》同盟のことである。彼らは、条約反対運動で提携していた。高橋健三は官報局の上司であり、その縁故によって羯南は乾坤社や谷干城らとつながりができたのであろう。

前身『商業電報』

入社した『東京電報』の背景は複雑であった。その前身は、元官報局長青木貞三《ていぞう》がやっていた『商業電報』という相場新聞である。『商業電報』の創刊号は現存しないが、西田長寿『明治新聞雑誌記者列伝』は九月一日に官報局長を辞職した青木貞三が創刊したとしている。現存する第八号は九月一五日発行で、持主兼印刷人は石川巌《いわお》、編輯人は藤沢平司《へいじ》、発行所東京日本橋区兜町《かぶとちょう》六番地商業電報社である。ただ明治二〇年一月から社屋を移転し、日本橋区蠣殻町《かきがらちょう》二丁目一四番地となった。

商況速報紙

この新聞は名前から分る通り、「横浜商況」「香港商況」「上海商況」など内外の商業ニュースを主とした新聞で、当日の商況を速報するために夕刊発行であった。論説は掲載されているが、振り仮名付きでもっぱら経済問題を商工業者に啓蒙する内容となっている。

紙面の変化

明治二〇年からは、当日の『官報』掲載の人事等を掲載するなど官報局との関係をうかがわせ、論説の振り仮名を廃するなど変身をはかっている。さらに現存する最終号である明治二〇年一二月二八日社説「本年の終刊」は、明年から外国貿易報道の充実とともに「今日の日本程商売が政治上の影響を受くることなし故に政治上の報道ハ益々緻密すべし」と商況新聞からの転身を示唆している。これらから推察すると、『商業電報』は相場関係者の出資を得た青木貞三が実質的に編集していたが、青木は商況報道だけではあきたらず、徐々に言論・政治記事拡充をはかっていたのである。

紙名を改め新発足

そこに、条約改正反対運動などで自己の機関紙を求めていた谷干城や杉浦重剛らとの連絡ができ、新聞を改題し新発足することになった。しかし、完全に「浪人組」の所有になったのではなく、相場関係者の出資は続き、彼らも『東京電報』を背後から支えていたと考えられる。

『読売新聞』四月三日は、「商業電報を台木として」一〇日頃に『国の基』（くにのもとい）という新新聞が「才筆の聞えある官報局編輯長たりし陸實《みのる》氏主筆」で発行されると報道している。『国の基』のほうが谷干城らのナショナルな政治路線を表現しているが、最終的に『東京電報』となったのは、「台木」である『商業電報』との連続性を示そうとする意向が働いたのであろう。

改題の意図

『東京電報』創刊号に掲げられた社説「実業者ノ政治思想及ヒ改題ノ主意」は、商業活動のためには本来様々な事象を報道する必要があるにもかかわらず、『商業電報』は題号に「商業」と付いているために記事や読者範囲が狭隘《きょうあい》であった。そのため「実業者と共に最強なる政治思想を涵養し、且学者の賛助を得て学理の応用を勉め、以て正当に実業進歩の障害を芟除する」ために改題したとうたっている。

賛助者の面々

ここにいう「学者の賛助」とは杉浦重剛達を指し、実業者については残念ながら実名を特定する資料は見出せないが、株式取引所や米商会所関係記事が多いことから、谷元道之（東京株式取引所頭取）、中野武営《ぶえい》（同副頭取）、中村道太（米商会所頭取）らではなかったかと推測できるが、要するに、『東京電報』は、乾坤社や「不平将軍」、実業者というグループの資金提供者（パトロン）によって成立した新聞であった。しかも、前述の創刊号社説は、新聞紙は百般の事項を掲載するものだが、記者が必ずしも百般の事に通じている

編集方針

わけではない。したがって、『東京電報』は、「記事論説に謹慎を加へ、凡そ重要の問題に遭ふときは成るべく其専門学者及実業家に諮詢《しじゅん》して、而る後に之を裁断すべし。新

聞紙は敏速を以て其主用と為すと雖ども、亦正確の基本たることを忘るべからず」と編集の基本方針を述べている。『東京電報』における資金提供者の存在は決して秘密ではなく、むしろ彼らの意見が忠実に表明されていることが、この新聞の売り物、ある意味での権威であった。

羯南の肩書き

『東京電報』紙面には陸羯南の名前の記載はなく、彼の正式の肩書きは分からない。鈴木虎雄『羯南文録』所載の「羯南先生年譜」は「新聞『東京電報』社長と為る」と記し、先の『読売新聞』記事は「陸實氏主筆」と書いている。また明治二一年五月三〇日付の谷干城からの資金五〇〇円の受領書には「東京電報社主　陸實」とある。陸羯南の肩書きが社長、主筆、社主の何であったにせよ、彼の肩書きを示す文書が資金の領収書であるごとく、彼は資金提供者（パトロン）から実務を委託された立場である。

出資者の意向にも配慮

出資者にひたすら従順な筆の技術者であったということではないが、先の創刊号社説のいうごとく出資者の意向を表現する役割を果たさなければならなかったことは確かである。彼は官報局という枠から脱し、そこからは「自由の身」となったが、新聞記者として生きるということは、別の社会的拘束を受けざるをえないことであった。

第一号の編成

『東京電報』の改題初号（明治二一年四月九日）の正式号数は第四七五号と、『商業電報』

新味に欠ける紙面

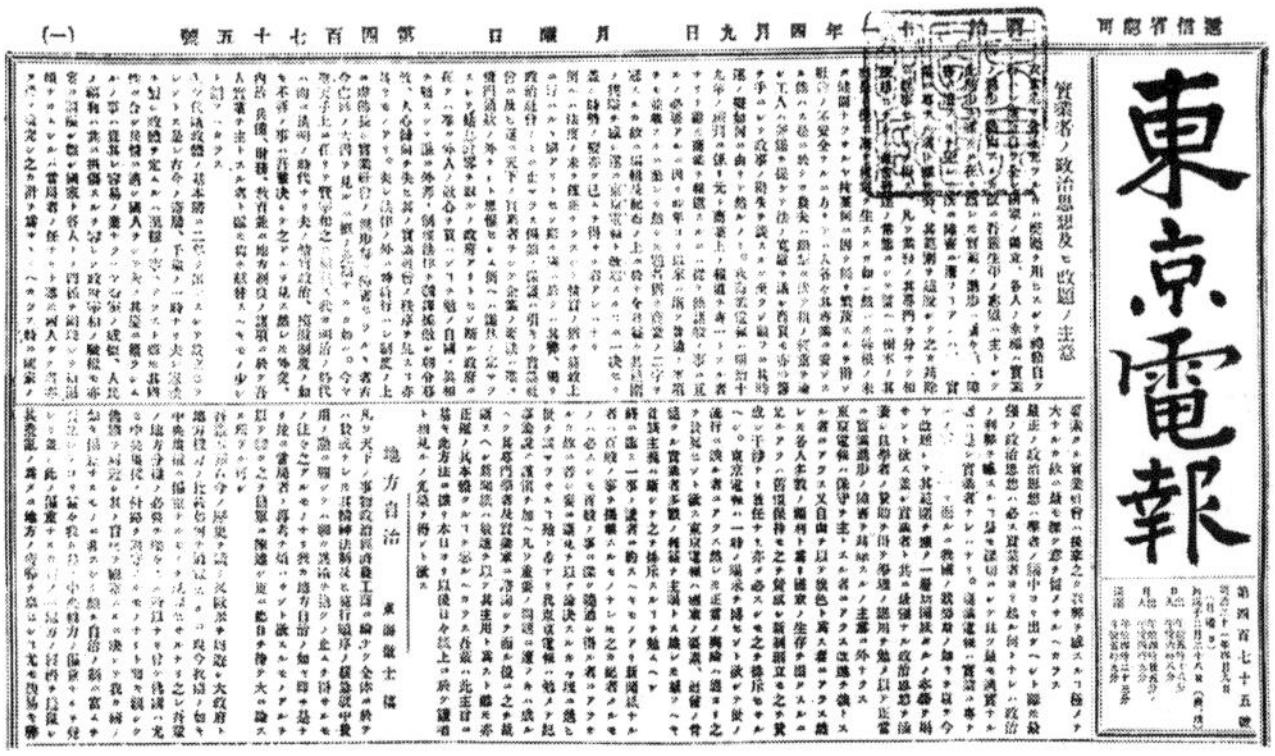
東京電報

實業者ノ政治思想及ヒ改題ノ主意

地方自治　東海散士稿

『東京電報』創刊号（明治21年4月9日）

の号数を引き継いでいる。四ページで、第一面冒頭は前述の社説「実業者ノ政治思想及ヒ改題ノ主意」と東海散士稿「地方自治」という二編の論文が飾り、以下ニュース記事、読み物が続き、三面に谷隈山と鳥尾得庵《とくあん》の漢詩が二編、「社友の一人」と紹介されている政教社の志賀重昂の「東京電報ノ発刊ニ就キ所感ヲ述ブ」と題する寄稿が掲載されている。振り仮名はニュース記事にはあるが、社説論文等にはつけられていない。また「社告」によれば、商況と天気予報掲載の附録を毎日つけることになった。

その後も「故米商会所頭取小松彰氏の伝」（明治二一年五月三日）といった連載があるかと思うと、「谷将軍の談話」が載るなどといった調子で、『商業電報』以来の商況新聞と谷干城らが目指す政治新聞という異質な要素が、互いに無関係に併存していた。当時の評でも、「紙幅体裁ハ旧に異ならず」（『朝野新聞』二一年四月一一日）といわれたごとく新鮮味の乏しい紙面であった。

陸家寄贈の社説切り抜き帳

『東京電報』第一面冒頭には、社の立場を表明する無署名の社説が置かれた。京都大学人文科学研究所には、陸家から寄贈された『東京電報』『日本』社説切り抜き帳が所蔵されている。羯南の死後に、陸家に保存があった『東京電報』『日本』から鈴木虎雄の指示で作成されたといわれ、切り抜き帳所載の社説には、切り取られているものや、朱筆で疑問符などがつけられているものがいくつかあり、鈴木虎雄が『羯南文録』を編纂した際の作業の跡と推定される。しかし、この切り抜き張から陸羯南執筆を判別することはできない。

社説の文責

前述の創刊号社説がいう通り『東京電報』社説が「専門学者及実業家」と相談しながら意見をまとめていったとすれば、彼の執筆だとしても厳密な意味では彼個人の意見とはいい難い。むしろ、『東京電報』社説は決して単色ではなく、あくまで二つの出資グループと陸羯南という三者の相互関係のなかで生みだされたものと見るべきであり、その葛藤を探る方が、羯南の実際に迫ることができるはずである。

二 「価値ある言論」

社説の主なテーマ

『東京電報』社説が主に論じたテーマは、第一に実業者政治論であり、第二に井上馨の自治党批判、第三に大同団結運動支援である。それら眼前の問題への論評をぬうように、「国民主義」が次第に形成されてきた。

実業者政治論

第一のテーマである実業者政治論には、二つの側面があった。一つは、実業者の実益の主張こそ議会政治のもとでの最も正当な政治的発言であるという政治論であり、もう一つは、それを具体化した実業家の個別的な利害の代弁であった。

政治は利弊の取引

「政治の利弊を感ずること、最も深切にして且つ最も適実なる者は是れ実業者」であって、実業者こそ「最強の政治思想」の担い手であることは、社説において繰り返し主張された。これが、出資者である実業者の立場を代弁したものであることは明らかだが、たんにそれだけでなく、西欧議会政治をモデルにした議会政治の提唱でもあった。

そこには、政治観の大きな転換がある。自らの私益、時には家財までうち捨てて政治活動に奔走した自由民権期の活動家達の論議は「悲歌慷慨、革命騒乱など云へる粗暴の言語」「粗大思想」と切り捨てられる。政治は、もはや思想をめぐる争いではない。実業者の「利弊」の取引なのである。それは、政治言論観の転換でもある。社説「言論の二大時期」（明治二二年一月一六日）は、言論社会が「価値なき言論時代」から「価値ある言論時代」に変わったという。以前の言論がなぜ「価値なき言論」であるかというと、「絶対的理論の演繹に止り、相関的議論に及ぶことなし」であったからである。そして、現在は「先天的理論を以て空漠の議論」をなす時ではなく、「後天的理論に由り国体上の問題に移り、此国体に基き其政治上の主義を一定し」、それを「万般の事実」に照合し、国会議場において論談することが求められる。

相関的議論

要するに、かつての言論は、西欧の政治論をあたかも絶対的真理であるかのごとく天降り的に「演繹」していた。その言論戦はルールもなく、決着する制度もない、いわば野戦場での入り乱れた乱戦、消耗戦にすぎない。それに対して、現実的条件のなかで相対的に有効な方策を考案する「相関的議論」が「価値ある言論」であり、それは、国会議場での論戦によって、互いに利害を妥協調整することが予定される。

「国体」

しかし、議会においても、何らかの基準がなくては、妥協することは難しい。そこで議論を収束させる基準が、「国体」なのである。ここでの「国体」は、水戸学的国体論のようなイデオロギッシュな意味ではなく、日本固有の現実という意味で、日本の現実的条件のなかでの有効性を基準に相対的に選択するということである。

自由民権運動への決別

根無し草的「壮士」言論、すなわち〈理〉の過剰によって感情激発に陥る〈情〉の言論に代る、〈利〉にたつ言論、実業家の利にたつ合理的討論に新しい新聞言論の機能を求める主張は、明治二二年に予定されている憲法発布によって成立する国家機構のなかに言論を制度化しようとする狙いであることは明らかである。同様の主張を『国民之友』なども唱えており、新世代知識人による自由民権運動への決別宣言であった。

しかし、実際に、実業者の具体的「利弊」の代弁となると、一筋縄ではいかない。その端的な事例として、取引所条例問題をあげることができる。これは、大同団結運動、井上馨の自治党問題とも関連していた。

取引所条例問題

取引所条例問題とは、株式取引所、米商会所の改革をはかろうする政府が、明治二〇年五月一四日新しい取引所条例を公布したことから起きた問題である。これに対し、関係者は長年の商慣習無視として強く反対し、新条例の施行延期、旧条例による取引所の営業継続などを主張した（『東京株式取引所史』）。だが、一部の実業者は、新条例に商機を見出し、賛成にまわる者も表れ、紛糾は深まった。『朝野新聞』（二一年九月一三日）によれば、条例施行延期、現取引所存続を主張したのは、東京株式取引所頭取谷元道之、同副頭取中野武営、東京米商会所頭取中村道太などで、施行を主張したのは、東京取引所創立委員大倉喜八郎、大坂取引所理事長藤田伝三郎、同理事田中太七郎などであるという。

新条例反対を表明

この問題において、『東京電報』は、新条例反対を強く主張した。新聞の出資者が現株式取引所幹部である反映である。また、「平和の策」と称し、現取引所に新条例派実業者を連合させ、相場会所をたてる妥協案を提示していたが、これも背後の実業者の意見であろう（「取引所条例施行如何」二一年六月一五日）。

井上馨の事態打解工作

そこに、井上馨が農商務大臣に就任し、事態の打開に乗り出したことから、『東京電報』にとって複雑な状況になったのである。もともと『東京電報』は、谷干城・乾坤社等の意向をうけて後藤象二郎《しょうじろう》の大同団結運動を積極的に支持する一方、井上馨の政治的動きに強い警戒心を表明していた。井上の政治活動が活発化すると、「政界一片の黒雲」（二一年五月一六日）と称して、「泰西主義の代表者」井上馨を攻撃していたのである。

井上の地方遊説

しかし、井上馨は、地方遊説に乗り出し、実業者の組織化をねらった活動を強めた。これは、当時大いに注目され、「下部なる人民の方より味方を集めて改革を行ん」とする戦略で、実業者層を中心に自治党という政党を組織すると喧伝されていた（『朝野新聞』五月三〇日)。大同団結運動に期待をかけ、自ら実業者の新聞をもって任ずる『東京電報』としては、井上の自治党に対抗せざるをえない状勢となったのである。『東京電報』社説「現今対外政策の二大派」(二一年六月七日)は、対外政策を「正道主義」と「奇道主義」とに分け、「一時務めて外人の歓心を買ひ、之をして情実上より条約の改正を承諾せしめん」とする井上の「奇道主義」を激しく非難した。

「奇道主義」と批判

事態の打解なる

ところが、農商務大臣に就任した井上馨は、九月一〇日、取引所問題関係者を官邸に招集し、二四年六月三〇日まで現取引所の営業延期を許可する方針を打ち出した。これに対して新条例派の藤田らは延期によって蒙る損害の補償を求めるなど抗論したが、これも結局押さえ込んでしまったのである。

井上支持に転換

こうなると、『東京電報』は、一九日から「新旧取引所に関する井上伯の演説」と題する社説を二回連載し、「吾輩は平素井上伯と政治上の主義を異にするにも拘らず」などと再三弁明しながら、井上の方針を支持した。それも、「近来の美挙」、「伯の特に農商務大臣たるに適し、伯は将来大に我が経済社会の面目を革め、之をして一大進歩を為さしむるの政事家」と美辞麗句をならべて井上を礼賛したのである。

これは、「奇道主義」批判とは、まったく逆の井上支持論である。無論、自治党結成問題と取引所問題とは、異なる問題だが、谷干城と実業者という二つの出資者の意向によって新聞言論は、大きく揺れ動いてしまったのである。

三 「国民主義」の形成

思想の形成

陸羯南は、日々の新聞活動のなかから次第に自らの思想を形成していこうとしていた。それは、出資者からの相対的独立を得る道であったし、また徳富蘇峰が「平民主義」、志賀重昂らの政教社が「国粋保存旨義」を掲げて活発な言論活動を展開している当時の知識人社会において、羯南の存在を示すことでもあった。

「国民主義」の提唱

彼が唱えたのが、「国民主義」である。「国民主義」が最初に提示されたのは、三回連載の社説「日本文明の岐路」（二一年六月九日から一三日）である。ただし、この社説では、「国民主義」が全面的に論じられたのではなく、本文に対する注のなかで、この言葉が用いられた。「国民主義」の主張はきわめて慎重に登場したのである。

ナショナリティーの訳語

「国民主義」とは「英語の所謂『ナショナリチー』の翻訳である。この原語は、これまで「国体、国情、国粋、国風等の国語に訳されたれども、此等の国語は従来固有の意義ありて、原語の意味を尽くす能はず。原来「ナショナリチー」とは国民なるものを基として他国民に対する独立特殊の性格を包含したるものなれば、暫く之を国民主義と訳せり」と説明している。

日本文化の標準

欧米諸国が自国の「国民主義」を立てて一国の体面を保っているのと同様に、日本も固有の文化を基軸にした「国民主義」を立てなければならない。しかし、「国民主義」は決して排外主義ではなく、日本文化にとっての「道理と実用」を標準に外国文化を採用する。そして、「外に対しては国民精神（ナショナル・スピリット）、内に対しては国民一致（ナショナル・ユニティー）」（「国民旨義及び東北人士」）を実現するというのが「国民主義」「国民旨義」である。

文明開化を抗しがたい大勢として承認し、そのなかに生きながら、それに馴染めない心情を抱え葛藤してきた羯南が、ド・メストルなどを学びながら形成してきた政論を「国民主義」という言葉で表現し、さらに日本の「進路」として提示したのである。

自立の第一歩

「国民主義」の内容は、後の『近時政論考』で体系的に論じられるので、改めてそこで触れることにするが、「国民主義」の標榜は「国民」形成という時代の課題に応えるとともに、羯南にとって新聞記者としての自立の第一歩であり、さらに明治国家の「国民」としての自己の存在を確認するという意味をもっていた。

東北人士の親和性

羯南は、「東北人士は実に維新の失敗者なり、明治初年の日陰者なり」、それ「故に東北人士は他の人士よりも最も国民旨義と意気相投ずるの朋友」となり得ると主張する（「国民旨義及び東北人士」『時論』二一年一二月一〇日『全集』九巻）。これは、疎外された知識人として生きてきた彼個人の思いがある。「失敗者」や「不遇失望の者」は、「外国風の歓楽驕奢」「政権上の特許利潤」に無縁であり、それ故に純な「国民」となりえる。すなわち、明治国家の中心から疎外された存在こそが逆に中心的価値を担い、「政権上の特許利潤」を批判できるのである。それは、「不遇失望の者」が一挙に挽回する道であるが、彼らに「不遇失望」をもたらした体制を批判することではなく、むしろそれへの過剰な同調なのである。ただ、それゆえに体制批判の刃を蔵している。

『東京電報』発行部数

当時の新聞界において、『東京電報』は大きな発行部数を得ることはできなかった。『警視庁統計書』による明治二一年の年間総発行部数は、一一九万七一八五部である。この年の発行回数（二二三）から算出すると一日平均五三六八部となる。また『官報』明治二二年二月一四日所載の「新聞紙雑誌配布高」では前年一二月の月刊配布部数は一〇万七八五二部、発行回数は二六回で、一日平均四一四八部である。『郵便報知新聞』が

経営上の困難

約二万部、『時事新報』が約一万部などと比較すれば、だいぶ少ない。

やはり、商況新聞と政治新聞の雑居は、読者に訴える力が弱かった。古島一雄《こじまかずお》も社員が経営に不慣れで部数は少しも伸びなかったと述べているし、羯南は、「此の新聞は創刊の際其の計画を誤りたるか為めに数月を経て意外の障碍に会ひて非常の困難を生じ」、高橋健三に相談したという（「自恃庵の書柬」『自恃言行録』所収）。「創刊の際其の計画を誤」ったというのは、二つのグループから出資を受けたということだろうが、四月の創刊から数ヵ月後、夏頃には困難になっていたようだ。先に述べた取引所問題の時期にあたる。

谷干城の再編計画

明治二一年一二月、高知県に帰郷していた谷干城が帰京し、浅野長勲《ながこと》・杉浦重剛などと、『東京電報』を再編することを計画した。「谷干城日記」一二月一三日に、「福富氏来る新聞の事」とある。

福富孝季

福富とは乾坤社の一員で、杉浦重剛の盟友であった福富孝季《たかすえ》のことである。福富は『東京電報』には関係していなかった

谷干城肖像

が、前年の滞英中から「現政府の位置に反動すべき新聞」を起こす計画をもっていた。この新聞は「強固広潤なる政治的主義」をとり、信頼できる「剛毅の性」を備えた人物を主筆に据える。「資本金は自由ならざるべからず、其独立し得るに至る迄は或は数年を要すべし」と見込んでいた（羯南狂史陸實「叙言　臨淵言行録の首に題す」『臨淵言行録』）。福富は帰国後、こうした新聞論を谷干城に説き、これが谷干城の意向とも合致し、新聞発刊計画は急速に進んだ。

浅野長勲の助力を取りつける

一二月二一日夜には、谷は福富孝季・杉浦重剛・高橋健三・古荘《ふるしょう》嘉門《かもん》等と「時事」を談じたが、その折り新聞計画に浅野長勲の参加を促すこととなり、早速古荘が浅野を説得したが、浅野はいったん渋ったようである。二五日の「谷干城日記」には「早朝福富氏来る先日来苦心の事某義侠の力により基礎確立の吉報を得たり」とある。「某義侠」とは誰を指すのか不明だが、これによって一挙に進展し、谷は午後に浅野長勲邸に赴き、「基礎確立の見込あるを述へ猶将来の事」を相談したところ、浅野は助力を承諾した。

新新聞『日本』

そして、「谷干城日記」によれば、一二月二八日夕刻、浅野邸に一同が集会したが、参加者は谷・浅野の他、「杉浦、福富、古荘、千頭、陸、高橋諸氏及宮崎某、野村文夫氏等なり十一時頃帰る新聞の名称単に日本と冠する議あり」とある。これによって、新聞発刊計画はほぼまとまり、題名も『日本』とほぼ定まったのである。

乾坤社主導の再建策

この間の計画は、特に谷と杉浦・福富の乾坤社が主導していた。羯南がこの計画を知らなかったとは考えがたいが、最後の段階まで協議には参加していないところをみると、谷や杉浦からは格下の位置であったのであろう。

明治二二年二月九日、『東京電報』は終刊を迎えた。最後の社説「東京電報逝き日本生る」は、『東京電報』は、「実業者の政治思想、国民精神の醒覚、社会的徳義力の拡張、国民的君主制の政論を論定」するにあたって「先導者」の役割を果たしてきたが、その「進化」として新たに『日本』を発刊すると宣言した。

四 『日本』の創刊

『日本』の創刊

新聞『日本』は、明治二二年二月一一日に創刊された。いうまでもなく、「紀元節」と「大日本帝国憲法」発布の日にあわせたのである。紙面奥付では、「発行人兼印刷人遠山英一、編輯人　菅原求、発行所　東京神田区雉子町《きじちょう》三十二番地　日本新聞社」となっている。神田区雉子町三十二番地は、現在でいうと神田の淡路町《あわじちよう》交差点の近くにあたる。社屋は、野村文夫の団々社《だんだんしや》と隣り合わせで、その一部を買収したものである。やや異様な建物の一廓で、当時は「南京屋敷」などと呼ばれていたという。定価は一枚一銭五厘、一ヵ月三十銭。別途地方郵税一ヵ月二五銭。広告料一行八銭。『朝野新聞』と定価、広告料とも同額で、当時の新聞の一般的な価格である。

紙面に掲げられた発行人・印刷人・編輯人は、名義上の人物で、実際の発行の中心であったのは、前述の通り、谷干城・浅野長勲等と杉浦重剛・福富孝季など乾坤社同盟のメンバーである。創刊前に各紙誌に出された広告では、「政治法律経済文学教育及実業上の日刊新聞」とうたい、「徳操勇気を以て其本領を保つなく唯だ趨り俗に媚るは自立の道にあらさるなり」から始まり、最近の日本が「本領」を失い「泰西に帰化」していることを慨嘆する長い宣言が掲げられている。これは、古荘嘉門がまとめ、谷干城と浅野長勲などが手を入れた文章とされる。

発刊をめぐる臆測

当時、この新聞発刊の背景について『東京朝日新聞』、『朝野新聞』『大阪毎日新聞』などが、いくつかの報道をおこなっている。それらは、谷干城の日記等の資料からすると誤報に近いが、背後に政治家や華族がひかえる新聞として憶測が飛び交ったのである。

杉浦重剛

新聞の経営・編集の中心的役割を果たしたのは杉浦重剛である。杉浦自身は、「自分は千頭清臣、福富孝季、古荘嘉門、高橋健三、宮崎道正の諸君と共に新聞社の相談役となり、又社長代理というようなことを頼まれ、社に出勤した」と語っているし（『杉浦重剛先生』）、三宅雪嶺は、「編輯監督として杉浦、会計監督として宮崎両氏が其衝」にあたったと述べている（三宅雪嶺博士談「『日本人』と『日本新聞』」岡吉寿『宮崎道正伝』〈昭和六年　非売品〉）。杉浦が実質的な社長格で、福富・古荘・宮崎等の乾坤社メンバーが経営を支えていたのである。

創刊の祝宴

二月一五日に江東中村楼において開催された創刊の祝宴で、羯南が主筆として社員を代表して挨拶したことが報じられているので、対外的には羯南が主筆という肩書きであったことは間違いない。ただ、言論の全権をもっていたわけではなく、杉浦らの監督を受け実務を担当する立場であったと見られる。

創刊の辞

『日本』創刊号第一面冒頭には、創刊の辞、「日本と云ふ表題」、「日本国民の新特性」という三つの論文が掲げられた。これは、いずれも無署名で、谷干城・杉浦重剛などの合意の表明だが、羯南の考えも相当程度反映されていたと見ることができる。

創刊の辞は二つの部分から構成され、前半は理念的新聞像の提示、後半は『日本』の

新聞紙たるの職分

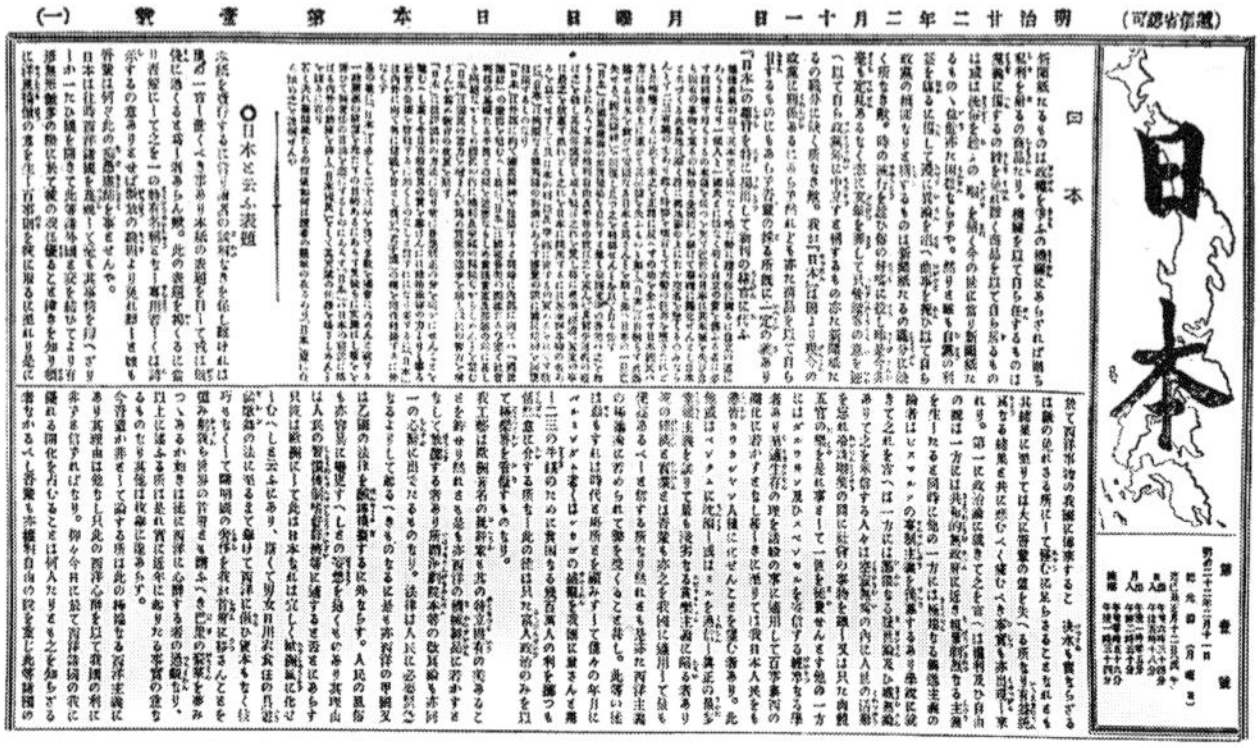
（遞信省認可）明治廿二年二月十一日 月曜日 日本 第壹號 （一）

日本

『日本』創刊号（明治22年２月11日）

掲げる「一定の義」である。『日本』は『東京電報』とは異なり明確な新聞像を掲げて創刊されたのである。「新聞紙たるものは政権を争ふの機関にあらざれば則ち私利を射るの商品たり。機関を以て任ずるものは党義に偏するの誹を免れ難く、商品を以て自ら居るものは或は流俗を趁ふの嘲りを招く」と、自由民権期からの政党機関紙、営業的小新聞という二つの新聞類型をその党派的動機・営利的動機の故に真っ向から否定し、どちらも「新聞紙たるの職分」を欠いているとする。

それでは、「新聞紙たるの職分」とは、何か。私心・私益を微塵ももたず、自らの信ずる「一定の義」のみに立脚し、それを言論報道に遺憾なく発揮することである。私心・私利をもたないということは、自分の意見がない、無色透明ということではなく、自らの「一定の義」に忠実であるということである。そして、政党だろうが輿論だろうが、自分以外の他のものを代弁・代表することはなく、意識的・無意識的な時勢への迎合を峻拒する。主義への峻厳な忠誠こそ、新聞が他の政治・社会的勢力から截然と自立する契機であった。

国民精神の発揚

『日本』が掲げる「一定の義」とは、「日本の一旦亡失せる『国民精神』を回復し且つ之を発揚」すること、すなわち「外部に向て国民精神を発揚すると同時に、内部に向ては『国民団結』の鞏固」をはかることである。「今日の国家は『国民』と云へる一大観念の上に安置」するのであって、国家の構成員一人一人が、自らを「国民」と自認する意識を「回復」し「発揚」することによって、はじめて国家は確固としたものになるのである。

臣民と国民

これは、『東京電報』社説で論じられた「国民主義」の延長・発展にある。また、この「国民主義」概念が、大日本帝国憲法発布と同じ日に提示されていることに注意をはらう必要がある。言うまでもなく、大日本帝国憲法が国家の構成員の総称として示したのは、「臣」と「民」という異質な概念を接合させた「臣民」概念である。国家の構成員をいかなる概念で把握するかという同じ課題に、別なルートから登ってきた『日本』

は、「臣民」が提示されたのと同日に「国民」を提案したのである。この「国民」が「臣民」と対抗するのか、あるいはそれに吸収されるのかが大きな分岐点となるのである。

『日本』にあって、谷干城・浅野長勲ら貴族院議員、杉浦重剛らの乾坤社、羯南・国《くに》友重章《ともしげあき》らの三つのグループが靭帯《じんたい》となっていたのは思想的同志意識である。出自を異にする三つのグループは、「国民旨義」「国民主義」を奉ずる思想的同志として新聞発刊に協力する結社となった。

政党派と政論派

『日本』は政論派

羯南は、後の明治二三年七月の紙上に連載した「近時政論考」の冒頭で、「政治思想を言論に現はして人心を感化するものは政論派（スクール）の事なり。政治思想を行為に現はして以て世道を経綸する政党派（パーチー）の事なり」と、政党派と政論派を区別したが、これからすると『日本』を中心とするグループは言論によって「人心を感化」する「政論派」である。「政党」「政社」は、「一個の勢力を構造して諸種の欲望を達する」を目的とし、自らの組織拡大、自らの利益獲得をはかろうとする。これに対し思想結社である「政論派」は、自己の組織的利益を求めることはない。

谷干城

しかし、同志といっても、羯南からすれば、年長で声望も上まわり、出資者でもある谷干城や杉浦重剛などとの関係は重荷でもあった。無論、谷干城らは、政界関係者からの言論報道への圧力への防壁にもなっていた。例えば、土方久元《ひじかたひさもと》から、『日本』「新聞は足下の機関也と世上」では言われていると、宮中関係記事を非難された谷干城は、「日本新聞は余等と志を同くするもの多く関係し居れは人か称して余に関係ありと云ふも無理とは不思然れ共余何ぞ新聞記事等に関係せんや」と答えた（「谷干城日記」）。『日本』と関係をもっているが、それはあくまで同志の関係であって、個々の記事について口出しはしないと突っぱねたのである（「谷干城日記」）。

しかし、防壁の内がまったく無風だったのではない。先の事件でも、谷干城は、後日、羯南を呼び、土方からの苦情につき注意を与えている。谷は対外的には羯南を守ったが、内部では記事に注文をつけるなど、同志といっても緊張した関係であった。

杉浦重剛の立場

また、杉浦重剛との関係も複雑で、「間もなく是等の監督の立場にある人と実際仕事をやる連中との間に意見が合はぬ事が生じ、杉浦、宮崎両君とも数ヶ月で手を引く様になつた」（前掲三宅雪嶺談）という。「実際仕事をやる連中」とは、羯南らを指すと推定できる。しかし、五月二一日掲載の社告に「天台道士杉浦重剛氏ハ是迄教育上に尽力の旁ら日本新聞社友として社務を監督し且つ「日本」の編輯にも助力し来りしが今後は一層編輯に尽力することに為り」、また大坂毎日新聞の主筆であった東海散士柴四朗《しばしろう》が『日本』紙上に健筆をふるうこととなったとある。いったん「監督」の地位を退いた杉浦重剛は、再び『日本』の中心に復帰するなど紆余曲折しているのである。この事情は不明だが、社内の不安定を示している。

五　条約改正論争

大隈重信の条約改正

『日本』が直面した最大の問題は大隈重信《おおくましげのぶ》外務大臣の条約改正問題である。『日本』にとって、特に陸羯南にとって、その新聞理念を具体的政治状況において験されることになったのである。

外国紙の報道

大隈外相の条約交渉は秘密主義のため日本の新聞にほとんど探知することができず、また英国新聞等が報道しだしても、日本の新聞はその意味を十分理解できなかったようだ。イギリスの『ザ・タイムス』は、三月七日に同紙フィアデルフィア特派員からのニュースで日米の新通商条約が二月二〇日に調印された旨を報じている。しかし、この記事が、日本の新聞に注目された様子はない。『朝野新聞』は、三月二〇日「近着の一米国雑誌」、四月九日「タイムス及最恵国の条項」で日米の新条約関係ニュースを報じたが、これも大きな反響を起こさなかった。

改正問題への注目

条約改正問題への注目が高まったのは、四月二三日『郵便報知新聞』が「倫敦《ロンドン》タイムス日米の条約改正を論す」という記事あたりからである。これは、『ザ・タイムス』四月一〇日号社説 The Treaty Drama in Japan の抄訳記事で、日米間の条約改正交渉先行が英国にとって不利を招くことを警告する趣旨である。この記事の翌々日の二五日『朝野新聞』が三月七日の『ザ・タイムス』記事の翻訳を掲げ、さらに折からロンドン滞在中の尾崎行雄の「日米間の新条約に関する英人の意見」を二七、二八日の両日連載した。

条約改正交渉への関心を高めようとする大隈系の『郵便報知新聞』は、四月二八日から九日まで「日本の条約改正、タイムス新聞の論評及ひ通信」と題する社説を八回にわたって連載し、日米条約改正交渉成功に満足を表明した。その後も『郵便報知新聞』、『朝野新聞』、『時事新報』などが英国政府に条約改正交渉を促す英国新聞の論評記事を報じている。

大隈系新聞による報道

大隈外相の条約改正は、通説がいうように『日本』等反対派新聞が告発して問題化したのではなく、『郵便報知新聞』『朝野新聞』といった大隈重信・改進党《かいしんとう》系の新聞が、英国新聞報道をもとに改正交渉成功を報道したことから次第に注目を集め出したのである。賛成派は、「条約改正に関する一大吉報」、「条約改正の談判将に好結果を得んとす」などと交渉成功を祝う論評を次々に掲げ、『郵便報知新聞』は七月七日から一六日まで「条約改正問答」を連載し、大隈の外交交渉の内容を解説するキャンペーンをおこなった。

『日本』の報道

これに比し、『日本』がこの問題を報じたのは、ようやく五月三一日付の記事で、それもすでに他紙が報道した四月一九日付『ザ・タイムス』の報道の翻訳紹介であった。その後、六月四日、五日に『ザ・タイムス』の記事を翻訳紹介し、「混合裁判の構成と泰西主義の立法とを以て治外法権の廃撤を買ふに外ならず」などと新条約の問題点を指摘し、さらに五日の「大隈伯の外交政略」で大隈の外交は「西洋主義」にしかすぎないと批判している。

慎重の報道姿勢

しかし、『日本』は一挙に反対論を唱えたわけではない。六月まではきわめて慎重な態度で、六月一六日社説「改正条約の精神は如何」では、まだ公文を未見であると賛否を明らかにせず、七月四日社説「条約改正に就きて」でも、自らの態度表明は留保している。

外務省情報を入手

この間、実際には杉浦重剛らは小村《こむら》寿《じゅ》太郎《たろう》を通して外務省情報をある程度入手していたが、それを記事にすることを憚って英国新聞の紹介記事を掲げていたといわれる。杉浦・羯南が新条約の問題点はほぼ把握し疑念をもちながら、反対論まで踏み切らなかったのは、谷干城らとの間で方針合意ができていなかったためと考えられる。

反対方針を決定

「谷干城日記」によれば、七月七日に「晩に杉浦、高橋、福富、陸、弘田、佐々、小野氏等来る新条約に対する意見を定むる為なり確乎反対と定む」とある。谷干城を中心に乾坤社メンバー、羯南らが集まり、断固反対方針を決定したのである。これをうけて『日本』は条約改正反対論を明確に打ち出すことになった。重要問題に関する『日本』の言論が、谷干城を中心とする合意で定められていたことを示している。

反対運動の展開

反対運動に乗り出した『日本』の活動は、三つの方向に向かった。第一は、言論・報道活動であり、第二には、演説会・懇親会等口頭メディアによる輿論活動、第三に谷・浅野らによる政界工作である。『日本』は事実上運動拠点となり、古島一雄によれば、三浦悟楼・頭山《とうやま》満《みつる》らが編集室に入り浸り、編集実務に支障が出るほどであったという。

賛成派新聞との論争

演説会等記事に羯南の名前は登場しないことから、彼の活動舞台が新聞言論と政界工作であったことがうかがえる。特に『日本』社説は、七月一六日から一〇回連載した

「報知新聞の条約改正論」をはじめ、賛成派新聞と果敢な論争を展開したのである。無論、新聞間の論争は民撰議院設立問題以来何度も行われてきたが、独立新聞の言論は、たんに意見を主張し論敵を攻撃することではなく、他の意見と論議論争し、論点を深め、理を明らかにしていくことにある。羯南は、彼の理想とする論争を実践する意気込みであった。

論争の規範

羯南は、まず「改正条約を是とする者を視て売国不忠の者流と做すは、是れ固《もと》より暴論の徒なり。改正条約を非とする者を視て直に鎖国無智の者流と做すも、亦た豈《あ》に妄説たるを免れんや。暴論と妄説と相ひ争ふときは、其の極唯だ罵詈嘲笑」（「先づ正当に両論派を見よ（二）」）に陥ると警告した。論争当事者が互いにその立場を認めあう論争の規範を形成しようとしたのである。

『報知新聞』との論争

『日本』の改正案批判も決して党派的動機にもとづくものではなく、「吾輩の言ふ所は決して夫の改進党を攻撃するが為にはあらずして、只だ日本国民前途の為めに聊《いささ》か衷情を吐露して識者の教を乞ふに過ぎざるのみ」と、あくまで「日本国民前途」のための言論であるという。それと同時に、『報知新聞』が「其議論の周到、其の記事の精確、其の風儀の政良、目下日本の新聞紙中第一位の品位を占むる」ことを高く評価し、この新聞が賛成論を唱えるのも、「党利心の為めなり、外務大臣の為め」ではないないはずだと（七月一六日「報知新聞の条約改正論」）、予防線をはっている。

論争の闘技場

これは、決して論争相手に対する社交儀礼や皮肉ではない。党派や私利を超えて独立した新聞が互いに言論によって理を闘わせる論争の闘技場（アリーナ）＝公共的言論空間を形成しようとしたのである。私心のない言論が純理をもって闘う闘技場があって初めて『日本』の掲げる「新聞紙たるの職分」も有効性を持ち得る。『日本』にとって、条約改正論争は外交の問題というだけではなく、新聞言論が機能する規範を形成しようとする運動、論争を政治における最も重要な手段としようとする運動であったのである。これにたいし、『郵便報知新聞』も「条約改正は国家問題なるぞ党派心の為に愛国心を失ふは不忠不義の最も大なる者」（七月七日「条約改正問答」）などと応え、論争規範への合意形成がまったくなかったわけではない。

利害得失を論点

しかし、論争は、羯南の期待した通りには進まない。詳しい争点には立ち入れないが、最初は、新条約の得失を個々具体的に比較考量する「得失論」であった。賛成派の『郵便報知新聞』は、「条約改正問題は本と名義論と云はんより寧しろ得失論と認むへきものなり」（『郵便報知新聞』七月二七日社説）と、ナショナリスティックな「名義論」ではなく、

名議論に論点を移行

利害得失を考量すべきだと提起したのである。『日本』も具体的な「得失」を論じ、新条約が不十分なことを綿密な論理で主張していた。かつての言い方では、互いに〈利〉を比較考量する「相関的議論」を実践したのである。それは、羯南の目指した論争の一つのあり方である。しかし、「得失」論だけでは論争の優劣は容易に決しがたかった。

そこで、次第に、争点は、「得失論」から外国人法官任用を「憲法違反」「内治干渉」とする「名義論」、「道理論」に移行していった。目先の「得失」ではなく、国家にとっての「名義」「道理」を争う議論である。物事の〈理〉〈道理〉を明らかにしていくことも、羯南の目指す論争のあり方であった。不平等条約の屈辱感にたった論議となると、反対派優勢となり、『日本』も「初めは利害得失研究の点に就き大に輿論の沸騰を来し、一時は勝負何れとも定まらざりしが、賛成論者の防御は反対論者の鋭鋒に敵する能はず、遂に道理研究の点に於て其論拠を失ひ、言ふ所皆支離滅裂ならざるはなし」(「当局者の覚悟如何」一〇月一六日)と述べている。

しかし、実際政治の場において、〈理〉をめぐる論争は、かつて「空漠の議論」と否定した国事奔走壮士言論に傾斜しがちでもあった。「名義論」による論争は、次第に感情的な言葉のやりとりとなり、それが壮士等の演説会活動と連動して世論を一層激昂させたのである。

反対派の中枢組織

日本新聞社は反対派の中枢組織となり、熊本紫溟会《しめいかい》、福岡玄洋社《げんようしゃ》等の壮士の集会所と化した。さらに、八月一五日、反対派の総結集として大同倶楽部、大同協和会、保守中正派、熊本紫溟会等九州連合、『日本』・『日本人』からなる五団体連合が成立した。当日は、前記五団体から三名、『日本』、『政論』、『東京新報』、『東京公論』、『都』、『絵入自由』、『保守新論』、『東京朝日』、『日本人』の各紙から一名の委員が出席し、大懇親会や演説会の開催などを決議した。

日本倶楽部の結成

さらに、八月二二日には、杉浦重剛・柴四朗・飯山正秀《まさひで》・佐々《さつさ》友房《ともふさ》らを中心に日本倶楽部が組織された。バックにいたのは、谷干城である。非政社団体とした関係上、倶楽部規約では、「学術」をうたっているが、事実上反対運動の拠点であった。この間、谷干城・三浦梧楼・浅野長勲らは、大隈重信はじめ要路に反対論を説いてまわっていた。

政党派との類似

これまで旧自由民権派を批判してきた『日本』は彼らと連合組織を結成し、また「社会的結合」である新聞社が「政治的結合」である大同倶楽部等と連合した。これが、奇異であることを『日本』も認めてはいた。だが、「国民問題なればこそ、平生に在りては単に社会的の結合をなせる人々も進んで此連合」に加入したと合理化したのである

（八月二三日「条約及輿論」）。「政論派（スクール）」であるはずの『日本』は、実際の政治運動のなかで「政党派（パーチー）」と類似していった。

谷干城の政党結成の動き

反対運動のなかから政党結成の動きも生じてきた。三浦悟楼は、「谷はこの条約改正問題を道具に使い、条約改正反対という大傘下へ大勢のものを集めて、一政党を組織しようという下心」（『観樹《かんじゅ》将軍回顧録』）があったと述べている。非党派性を自負していた『日本』も党派と無縁ではいられなくなったのである。

条約改正論争も、実際政治のなかで、羯南が期待したように論争によって理を明らかにするという方向には進んでいかなかった。「論戦の闌なるに及んでは何時しか殆ど党派問題」（一〇月九日社説「条約問題、警官と演説」）となったのである。『日本』は「国家問題を党派問題に変成せしめたるは改進党自身の所為」（前掲社説）と非難していたが、『日本』自体も党派的になったことも否めないところである。

大隈重信暗殺未遂事件

しかし、表面的には反対運動はますます高揚していった。政府部内からも反対論が表れ、一〇月一一日には伊藤博文が枢密院《すうみついん》議長を辞職するなど反対派にとってきわめて有利な状況となっていった。そこに突然起きたのが、大隈重信暗殺未遂事件である。一〇月一八日、玄洋社員が大隈重信に爆弾を投擲《とうてき》し、大隈が重傷を負ったのである。国事奔走壮士の過激行動によって事実上大隈外相の条約改正交渉は頓挫した。

事件に対する沈黙

事件の翌日の『日本』は、二面に「刺客大隈伯を要撃す」という事件の事実を報じた一二行の記事、関連する記事で二段を埋めただけできわめて小さな扱いである。これだけの大事件であり、『郵便報知新聞』などが「暗殺狙撃の悪風の日本に与ふる所の害毒」と激しい批判を高唱したにもかかわらず、『日本』社説は、一切取りあげなかった。

暗殺への心情的理解

この沈黙は、暗殺未遂事件が、『日本』にとってきわめて論じにくい問題であったことをうかがわせる。『日本』関係者の間に、暗殺に心情的理解を示す雰囲気があったことは間違いない。一〇月一八日の「谷干城日記」は、狙撃を「輿論」「天意」の表れとして礼賛する『毎日新聞』記事を長く引用し、「頑冥者少しく戒むる所あらん哉」と暗に肯定するかのごとき感想を記している。また、『日本』の「刺客の流行を嘆く」という雑報記事は、「其の赤心の程は充分察し得らる、も吾々は太《はなは》た其の方法の穏ならざるを慨嘆」し、「吾々は国家の問題に付き飽くまで自己の論旨を貫かんことを欲すれども手段は必す法度の内に在らんことを欲す」と弁明の一文を書き添えているのは、かえって暗殺事件を一概に切り捨てられないディレンマの心情の表明にもとれる。

条約改正の頓挫と反対派の分裂

暗殺未遂事件によって外交交渉は頓挫し、表面的には反対派は凱歌をあげたようにみえた。しかし、政局は一挙に流動化し、同床異夢であった反対運動は目標を失った。一〇月三一日、五団体連合は解散となり、急速に党派に分解してしまう。新条約賛成論の『国民之友』明治二二年一一月三日社説は、「大同団結派は保守派と関係を断てり、自由主義を抱持せる者と明言せり」と大同派と保守派の分裂を歓迎していた。保守派のなかでも、谷干城・浅野長勲・三浦悟楼らの意見が合わず、日本倶楽部も解散となった。谷干城の新党計画も頓挫した。「国民的運動」であったはずの反対運動は霧散してしまった。

谷の国民主義者結集

こうした状況に対して谷干城は、大同派等の広範な連合は諦めるにしても、「国民主義者」の結集を維持しようとした。「谷干城日記」一二月二五日には「夜三浦、浅野氏等を始め杉浦、高橋健三、中村弥六、柴、古荘、国友、国府寺、千頭、宮崎、福富、陸氏等来会各地の国民主義者の為目標を建つるのことに評議す篤《とく》と評議の上明年一月十日頃迄に決することと為す」とある。翌年の選挙をにらんでいたことはいうまでもないが、その後これは成果をあげるにはいたらなかった。

羯南の批評精神

この段階の羯南は、党派結成には消極的な考えで、『日本』は「輿論」の役割を「批評」に限定する主張を掲げている。「輿論の声は批評の声なり、検査の声なり。決して統治の声にあらず。輿論なる者は敢為の力にあらず、又た創成の力にあらず。故に輿論に向つて汝の計画を示せよと言ふは輿論の何たるを知らざるもの、妄言なり」（「輿論の解、条約問題」一〇月一九日）と唱えた。これは、対案を提示せず、ただ反対を唱えるだけという新聞批判に対する反論だが、政府の政策に対して「批評」・諾否を明確にする対抗的機能があってこそ政治が成立するという主張である。新聞は、政策を掲げて政権を争う政党とは異なるのであり、〈理〉にたった「批評」こそ独自機能なのである。それは、反対運動から政党結成に向かう谷干城等との路線の違いでもあった。

第四　「新聞紙の職分」と「道理」の発揮

一　「独立新聞」と「国民主義」の体系化

『日本』の抱えた負債

大隈外相の条約改正交渉を挫折させたことは、『日本』関係者の意気を大いに高めた。だが、反面、犠牲も伴っていた。谷干城《たてき》は「条約改正論の為五千金を抛《なげう》つ（中略）殆と一貧洗ふか如し」（「谷干城日記」明治二三年一月二八日）という窮境に陥った。「谷干城日記」三月二五日には、「留守へ三浦氏来り書状を差置く新聞の負債処分」とあり、『日本』が大きな負債を抱え、谷・三浦等がその返済に苦慮していたことがうかがえる。

政治路線の相違が表面化

それに加えて、政治路線の違いが表面化し、同志的関係が次第に緩んできたのである。谷干城は新党を計画し、この年の秋以後も「国民主義者」の結集をはかろうとしていた。他方、浅野長勲《ながこと》は谷の主導に不満を持ち、三浦悟楼《ごろう》も谷の新党計画を批判していた。杉浦重剛《じゅうごう》達乾坤社《けんこんしゃ》メンバーは、新聞活動への熱意を次第に失っていった。こうした動きは『日本』の運営体制に波及し、「谷干城日記」では明治二二年一一月頃から翌年春にかけて、谷・浅野・三浦・杉浦・羯南などが盛んに往来し、「新聞の事」を話し合っている。

発言権を得る好機

しかし、これは、陸羯南からすれば、社内での発言権を広げる好機であった。三月四日付けの品川弥二郎《やじろう》宛書簡に、「今此二一城アリ、主将ハ在ラズシテ、大手口の部将

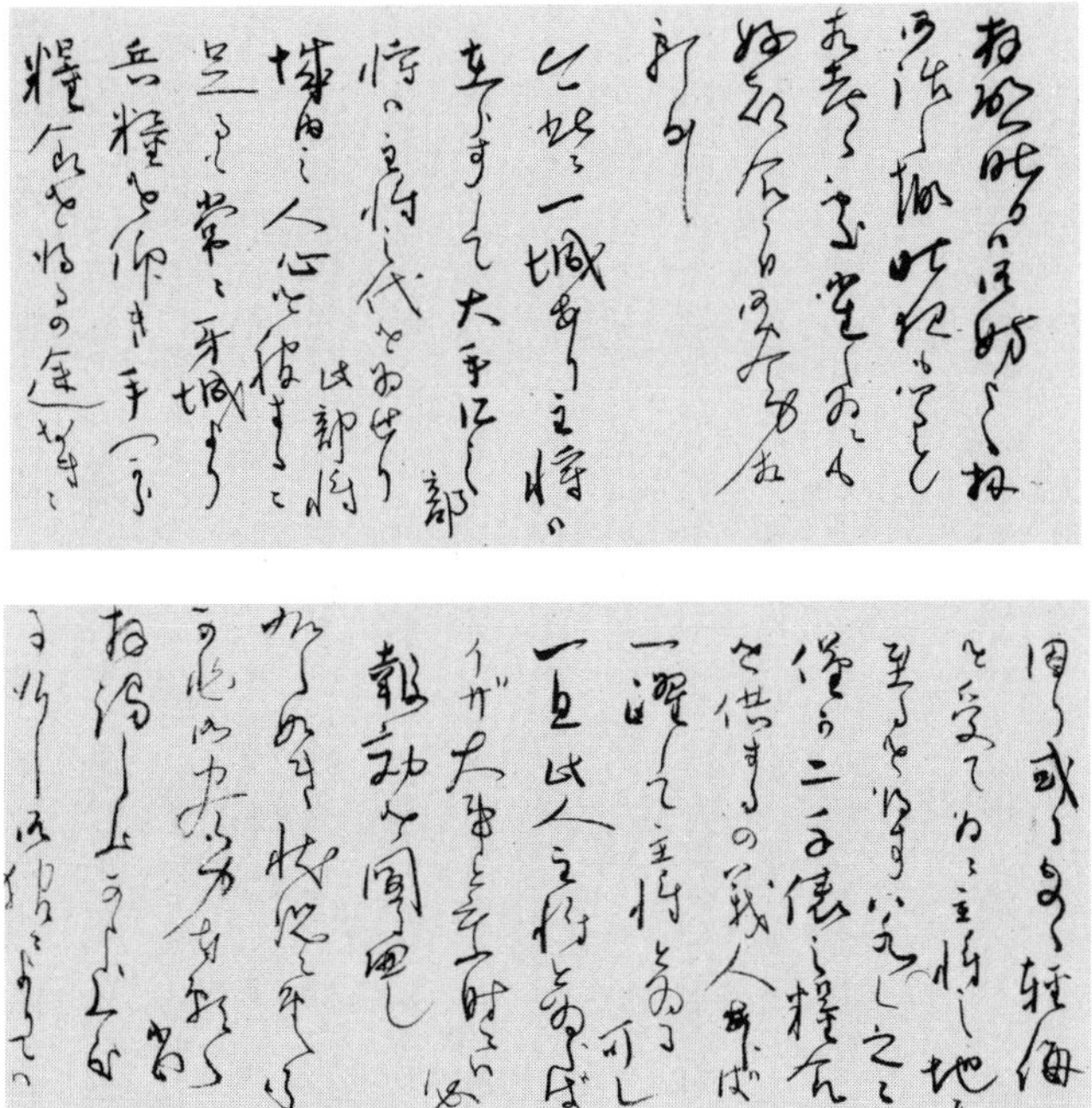

品川弥二郎宛書簡（明治23年３月４日，国立国会図書館憲政資料室蔵）

ハ主将の代を為せり。此部将城内の人心を服するに足るも、常ニ牙城より兵糧を仰き、手つから糧食を得るの途なきに因り、或るものの軽侮を受けて、為に主将の地ニ至るを得ず。若シ之に僅か二千俵の糧食を供するの義人あらば、一躍して主将と為る可シ。一旦此人主将と為らば、イザ大事と云ふ時ニハ必報効を図るべし」とある（『全集』第一〇巻）。「主将」代理の「大手口の部将」とは羯南自身のことを指す。対外的には「独立記者」を自認する羯南も、資金調達力不足のため、社内では、「軽侮」を受ける弱い立場であった。これを打開するため、羯南は自己の人脈で資金調達をはかろうとし、品川弥二郎に資金援助を依頼したのである。彼が「主将」となれば大事の時には品川のために働くことまで約束しているのであるから、彼としても相当の覚悟であった。

品川弥二郎に資金援助を依頼

結局、明治二三年三月頃に、喧嘩別れではなかったようだが、浅野長勲は手を引き、杉浦重剛等乾坤社メンバーは退社した。これ以後は、羯南は谷干城の半公然としたバックアップを受けながら、品川の援助も得て『日本』を主宰することができるようになった。

『日本』を主宰

羯南は、五月一七日付の品川弥二郎宛書簡で、「社ハ帰京後大ニ改正を行ひ、結果甚宜敷候間、御安心被成下度候」と報告している。社内主導権を拡大した羯南は、社内組織を改めたのであろう。同年一一月五日の品川宛書簡でも、「新聞も御陰ニテ好結果ヲ得候。三年の苦労始テ其功を奏シタル心地、実に客月中の模様ニテ聊カ東京中の新聞を凌駕セシ位に相成候」と、品川に社勢を報じている。

資金源をめぐる誤報

『日本』と谷干城や乾坤社との関係は、「国民主義」の同志としてこれまでも他新聞でも報道されていたが、長州藩閥の品川弥二郎との関係はまったく秘密にされていた。しかし、五月初旬、『読売新聞』『朝野新聞』は相次いで、これまで『日本』に資金を提供してきた浅野・谷をはじめその他の将軍が手を引き、重立った記者両三人も退社し、今後は三浦悟楼が一手に引き受け、資金は三井の益田《ますだ》孝《たかし》が出すことになったと報じている。谷・浅野は直ちに正誤を申し込み、『日本』も事実無根と否定する記事を掲げたうえ、このニュース源が河島醇《あつし》であるとして河島に真相を問いただす記事まで載せている（五月四日）。三浦悟楼が一手に引き受けたことはなく、その点では誤報であるが、三浦が携わった負債処理のもとをただせば益田孝に何らかの関係があった可能性はなくはない。

濡衣の由縁

また、先の品川弥二郎宛書簡で、羯南は「駆紳商檄五篇を草し候処、芋連より非常の嫌忌を受け、遂に思はぬ濡衣を被せられたるは可笑事に御座候」と書き送っている。当時『日本』は、「実業社会の薩摩人士」「実業者と官吏との関係」、「駆紳商檄」などの社説で、名指しで薩摩系「紳商」を激しく攻撃していた。これが三井の指金と解釈され、益田孝援助の「濡衣」を招いたというのである。この益田孝援助説の真相は不明だが、こうした噂が流れること自体、当時の政界・新聞界では、『日本』の運営体制の変化について様々な疑念が生じ、憶測が飛んだことを示している。

運営体制への臆測

発行部数の堅調

羯南の社内主導権にとって好都合であったのは、この頃の『日本』の発行部数が比較的堅調であったこともある。明治二〇年代については、「警視庁事務年表」「警視庁統計書」等に各新聞の部数の記載がある。これは、おそらく各新聞社の申告部数で信憑性に疑問はあるが、一応の目安にはなるので、表に掲げた。創刊年の『日本』の部数は約八〇〇〇で、主要新聞のなかでは低位だが、翌二三年

東京朝日新聞	萬朝報	毎日新聞	都新聞
17,992	——	10,974	8,491
23,547	——	13,367	14,909
42,991	3,360	12,723	36,890
56,199	47,539	13,990	34,874
49,512	82,550	15,333	34,640
45,740	78,644	11,766	36,059
39,847	87,428	15,864	31,583
44,023	92,867	23,572	32,944
51,263	95,876	31,000	30,931

24年・25年は不掲載.

には約一万五〇〇〇部に伸び、主要紙のなかでは五位につけている。二倍近く急増にしたことになる。これには様々な要因があろうが、条約改正反対運動の盛りあがりのなかで、最強硬な態度をとったこともプラスであったろう。

社説「新聞記者」

『日本』は、明治二三年一〇月二二日から二六日まで「新聞記者」と題する社説を五回連載した。これまでも『日本』創刊社説等で新聞のあり方を論じていたが、この時点で、羯南が、自分の理想とする新聞記者論・新聞論を体系化して掲げたのは、新聞社内における彼の主導権の安定と自信の表明であろう。

記者生活の覚悟

と同時に、この頃、羯南は新聞記者と

東京各新聞の一日発行部数

	日　本	東京日日新聞	郵便報知新聞	時事新報	国民新聞
明治22年	8,352	12,990	19,428	11,775	——
明治23年	15,342	12,234	20,568	12,744	8,804
明治26年	18,872	16,219	25,530	15,271	11,330
明治27年	20,137	17,001	22,906	19,286	16,750
明治28年	21,124	18,065	21,125	18,409	27,125
明治29年	15,779	18,269	21,596	22,313	36,126
明治30年	13,751	19,025	21,748	38,057	31,225
明治31年	12,798	19,071	23,402	47,433	33,653
明治32年	11,521	16,777	31,000	86,279	30,176

『警視庁事務年表』掲載の年間発行部数をもとに，発行回数から一日部数を算出．明治

して生きる最終的覚悟を定めたとみられる。明治二四年二月、フランスから帰国した親友加藤恒忠《つねただ》に対して、「君が今から新聞記者になれば屹と成功するだろう。しかしやる以上は一生やる気でなければいかぬが、日本の新聞は誠に頼少ないものであるから、君に我慢ができまい」と、「僕は乗掛た船だから新聞で終るが、君は外交官でやらないか」といったという。加藤は、「彼自身も始より新聞記者で一生を終る積でなく、大に飛躍の志があつた様であるが、中年悟る所ありて新聞に身を埋めたのである」と羯南の心境を観察している（『拓川日記』、『拓川集・随筆編』（上））。

総選挙出馬を否定

また、笹森《ささもり》儀助《ぎすけ》の書簡で、第二回総選挙への立候補の噂を否定し、「殊に金ヲ費シテ議員ヲ争フナド、ハ思ひも不寄存候。先ツ筆先キニテ世の中ヲ動シ居候方、利身ニ被考候」と述べている。

津軽を出て以来、司法省法学校中退、北海道、翻訳下請けと明治社会の周辺を彷徨してきた羯南は、三四歳になっていたが、ようやく自己の活動すべき場所として新聞記者を定めたのである。それは、彼の明治国家への適応でもある。

新聞記者の職分確立を企図

ただ、彼は、現に今ある新聞記者に満足し適合しようとしたのではない。新聞記者の「職分」、即ち他から独立した独自の機能としての新聞記者を構築することによって明治国家における彼の使命を確立しようとしたのである。憲法発布、議会制等、国家機構の整備が進む過程で、新聞・新聞記者という「職分」を画定していくことは、時代の要請であったが、羯南はその要請に最も自覚的であり、またそれが彼自身の自己形成でもあったのである。

新聞記者は「天職」

社説「新聞記者」の論旨は、基本的には前年の創刊の辞を体系化し、徹底化したものである。まず、「新聞記者の職分」は「公職」であるという。しかも、この「公職」は「而して官の命を蒙ぶるにあらず、又た民の託を受くるにあらず。然らば新聞記者の職は一の天職なりと云ふべし」という。新聞記者は、「官の命」でもなく、「民の託」でもなく、「天」から与えられた「天職」なのである。

国家への献身と重合

「天」は儒学における超越的な概念であり、「天」と直結した新聞記者は党派や私益から超然とするばかりでなく、地上の権力である「国家」をも相対化する位置に立つことになる。しかし、羯南の論では、「眼中に国家を置き自ら進んで其の犠牲と為るの覚悟あらざれば不可なり」と、「天」の超越性は徹底されず、「国家」への献身に短絡されている。それは、儒学思想としては不徹底である。だが、反面、「天職」と国家への献身とが重合することで、彼の新聞記者使命感は倍加され、藩閥・官僚・政党等の他の勢力に対抗し得る独自の地位を確保できたのである。

道理の徹底

新聞記者の独自性は、「道理」に徹することであった。「独立的記者の頭上に在るものは唯だ道理のみ、唯だ其の信ずる所の道理のみ、唯だ国に対する公義心のみ。其他に牽制を受くべきものあらざるなり」。「道理」に徹することで、党派・営利を越え、さらに自己を「輿論」「時勢」「大勢」の代表者に仮託する擬制は全否定される。「是れ世界の大勢なり、是れ社会の風潮なり、是れ全国多数の輿望なりとて、理非邪正の如何を問はずに大勢又は風潮又は輿望と云ふ事実を第一の盾に取ることは新聞記者の常習なれども、是れ記者白ら其の本来の位置を忘れたるものなり。大勢風潮輿望の如きは道理を確むるの一具なれども、決して道理其の物にはあらざるなり。道理は道理なり事実は事実なり」。記者が代表し得るのはただ自分だけ、自分の信じている「道理」だけである。しかし、それは「大勢」「輿論」を無視した独善論ではない。事実としての「大勢風潮輿望」を観察し、自らの「道理」を考える材料とする。だが、「事実」と「道理」は峻別しなければならず、「事実」に妥協することは許されないのである。

事実と道理の峻別

独立記者の任務

いうまでもなく、現実は、決して「道理」の通りには進行しない。そこに敢えて「道理」を主張し、その実現をはかろうとするのが「独立的記者」の任務である。

しかも、「道理」を貫いていくということは、記者が現実に対し第三者的観察者であることを許さない。「独立的記者」は、言論・報道によって現実に介入するのは無論だが、それだけでなく、実際政治活動によって「道理」を実現していくことも当然視されていた。言行一致の規範である。

しかし、現実の渦中にあって遺憾なく「道理」を発揮するためには峻厳な自己規律が求められる。記者は自己の内面から「道理」以外の雑念を排除するために不断の自己点検を自己に課さなければならない。

「独立新聞」論

しかも、それは記者個人の倫理だけではなく、新聞社という組織においても実現されていかなければならない。「独立新聞」を実践する新聞社組織論・経営論が必要とされるのである。羯南の「独立新聞」論では、「記者自身は即ち新聞事業の主宰たらざるを得ず」と、新聞が「道理」を遺憾なく発揮するためには、記者が社長として社の全権を持つべきだとされた。それが、「独立新聞」論の根幹である。だが、羯南は、それ以上の新聞社組織論・経営論を語ることはなかった。彼の「独立新聞」論からは、新聞の下部構造への論及は排除され、それゆえに理念としての峻厳さを保っているのである。

下部構造を排除

経営の採算性

排除され、外部化された新聞の経済活動は、当然採算性にたつことはない。そして、採算性を考えない新聞を長期的に維持することは難しく、結局政治家（パトロン）谷干城による秘密の資金提供が非採算性を補填するという経済外的条件によって新聞活動が維持されることになったのである。

『日本』の抱える危険性

『日本』では、下部構造を外部化し、隠蔽することによって、さらにはパトロンの保護によって純「道理」的言論報道が可能になった。だが、反面自らの社会経済的被拘束性を直視しないことによって、自らの現実を踏まえない、身の丈以上の偽善的空論に陥る危険性もあった。さらに、隠蔽化されているにしても、政治家との関係は、新聞の「独立」理念を裏面から空洞化させる危険性を常にはらんでいたのである。

こうした『日本』の矛盾は、すべて新聞の主宰者である羯南が一身に担っていた。彼は、一方で「独立」理念を語り、一方で政治家から援助を引き出すという二重の役割を果たし、理念と現実との狭間での苦闘が彼の新聞活動の宿命になったのである。

『近時政論考』

新聞記者が「独立記者」であるためには、「一定の義」をもたなければならない。羯南にあっては、それは、これまで述べてきた「国民主義」であるが、これは明治二四年六月に刊行された『近時政論考』において体系化され、彼の文名も高まった。『近時政論考』は、前年八月九月の病臥中に書き始め、『日本』紙上に連載したものを一書としてまとめた著作で、巻頭の「例言」で、「著述の体を具へたるものは本篇を以て始めと為す」と自負している通り、羯南としては最初の体系的著作である。

政論の変遷を追及

その論旨の詳細を論ずることはできないが、『近時政論考』は題名通り明治維新から現代までの政治史を「政論の変遷」という視角から論じたものである。政治集団の表面上の離合集散の底に「政論」の「変遷」があるはずだし、逆に「政論」に基づいて政治家達は行動すべきだというのが、彼の基本的な政治観である。

泰西風諸論派を批判

彼は、明治維新以来の「政論の沿革変遷」を整理し、憲法制定推進者である伊藤博文《ひろぶみ》、それに対抗する「自由論派」、「改進論派」などはいずれも、それぞれ模範国をドイツ、フランス、イギリスに求めた「所謂る欧化主義に於ては皆な同一」であるとする。

国民論派を提唱

この「欧化主義」の「流勢に逆ひ」登場したのが「国民論派」である。しかし、「国民論派」は、決して攘夷論ではなく、また欧化主義の否定でもない。これまでの泰西風諸論派が、「文明」の名のもとに「自由」や「進歩」を説き、「流行的理論を趁ひて軽々しく政体其他の変改を主張」したにすぎないのに比し、「国民論派」は「泰西近時の政治は国民的政治」であることを見抜き、それを日本においても実現しようとするのである。むしろ、「国民論派」こそ泰西の「最新政論派」だという。すなわち「国民論派」

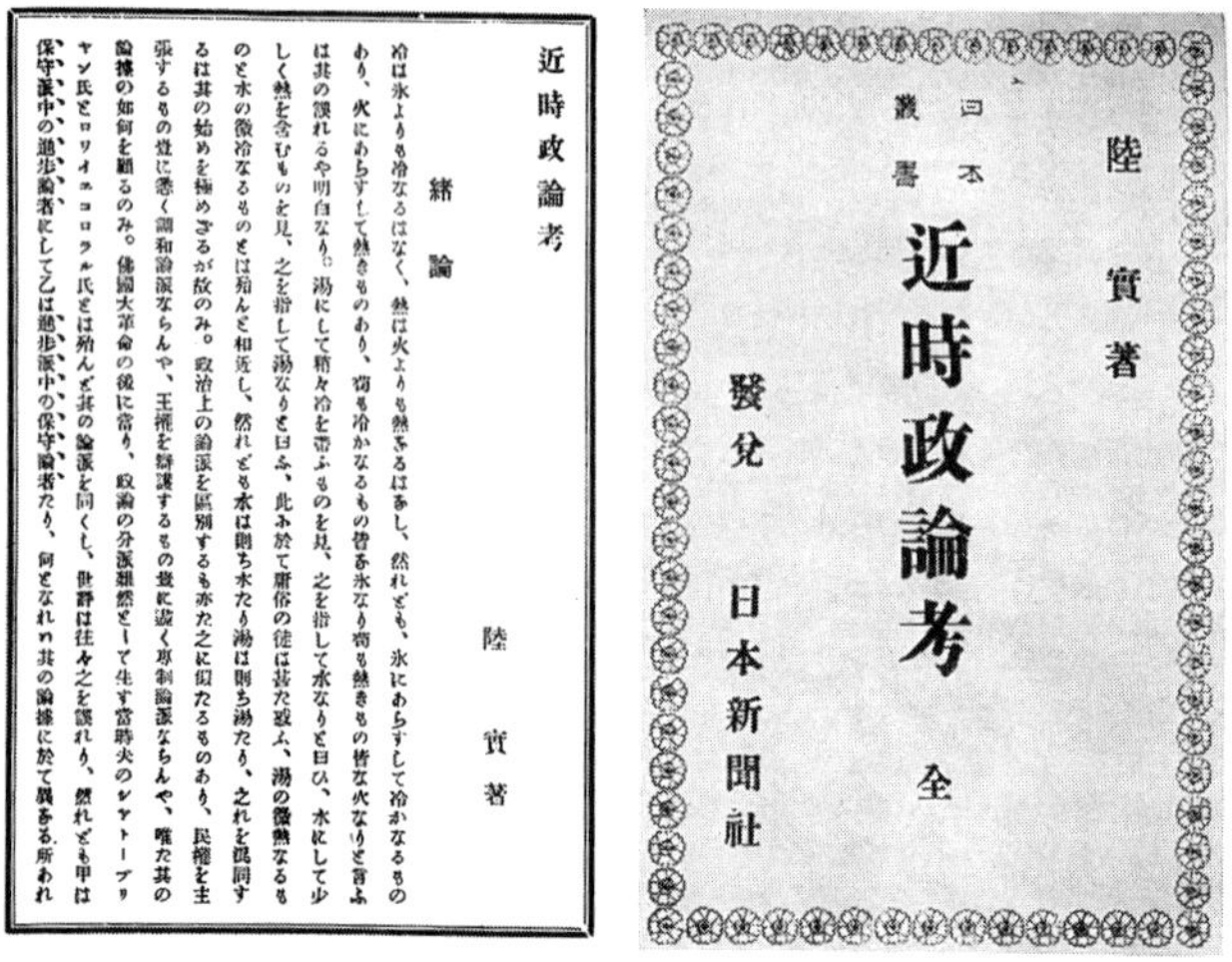

陸　實著

日本叢書

近時政論考　全

發兌　日本新聞社

近時政論考

緒論

陸　實著

冷は氷よりも冷なるはなく、熱は火よりも熱なるはなし、然れども、氷にあらずして冷かなるものあり、火にあらずして熱きものあり、苟も冷かなるもの皆な氷なり苟も熱きもの皆な火なりと言ふは其の謬れるや明白なり。湯にして稍々冷を帯ぶるものを見、之を指して水なりと曰ひ、水にして少しく熱を含むものを見、之を指して湯なりと曰ふ、此に於て庸俗の徒は甚だ惑ふ、湯の微熱なるものと水の微冷なるものとは殆んど相近し、然れども水は則ち水たり湯は則ち湯たり、之れを混同するは其の始めを極めざるが故のみ。政治上の論派を區別するも亦た之に似たるものあり、民權を主張するもの豈に悉く調和論派ならんや、王權を辯護するもの豈に盡く專制論派ならんや、唯だ其の論據の如何を顧るのみ。佛國大革命の後に當り、政論の分派雜然として生す當時夫のシヤトーブリヤン氏とロワイエコロラル氏とは殆んど其の論派を同くし、世評は往々之を誤れり、然れども甲は保守派中の進歩論者にして乙は進歩派中の保守論者たり、何となれば其の論據に於て異なる所あれ

『近時政論考』（明治24年6月）

は、西欧的国民国家を実現しようとする「欧化主義」そのものなのである。

「国民論派」のめざすところは「国民的政治」、すなわち「外に対して国民的特立、及び内に向つて国民的統一」である。すべては、この「国民的特立」と「国民的統一」という現実的課題への貢献によって評価される。立憲政体が採用されるのは、それが文明的政体であるからではなく、国民全般に「国民的任務」を尽くさせるために適した政体だからである。また、「自由の義」「平等の義を確認」するが、「自由」「平等」それ自体に価値があるのではなく、それらによって「国民的

政治」を完全なものにすることができるからである。

欧化風潮への反動

「国民論派」は、「欧化主義」でありながら、あえて欧化風潮への反動であることをことさらに自称・強調する。それは、ドイツやイタリアの「国民的精神」が「軍事的変遷」すなわちナポレオンの圧制への反動によって自覚・拡張されたことを学び、とうと押し寄せる「欧州の文化に向って伏拝」している日本の現状において、「欧州の文化」に反発し、反動の潮流を引き起こすことを「国民的精神」形成の契機としようとするためである。西欧的概念である「国民的精神」を造形するためには欧化風潮への反発を動員しなければならない。羯南は、西欧的国民国家形成論者として、欧化実現のために、いったん欧化反動論者とならなければならなかったのである。

歴史と文化の共有意識

既に述べたように、国家形成期において国家構成員をどのような概念で包括し、その精神的機軸を何に求めるかは、朝野を問わず、当時最大の課題であったが、羯南は、「国民的精神」の基軸を歴史的に形成されてきた日本独自の文化に求めていた。しかし、独自の歴史と文化の共有意識が自然に発生するわけではない。そこでは、自然さの作為、時には虚構をともなった「伝統」の創出が必要であり、羯南は、この「国民」形成における作為性を十分自覚していた。

重野安繹の『太平記』批判に反発

例えば、明治二三年の史学会において、太政官《だいじょうかん》直属の修史館《しゅうしかん》編修官重野安繹《しげのやすつぐ》が厳密な史料批判にもとづく実証的研究によって、それまで南朝の忠臣とされてきた児島高徳《たかのり》の実在を否定し、『太平記《たいへいき》』作者創作の架空の人物であると断じた。これに対して『日本』は激しく反発し、「祖先の史蹟は吾人の将来に関すること少からず。歴史上の回顧は国民的精神、国民的徳性の消長に関すること実に多し」と、歴史を回顧することは、「国民的精神、国民的徳性」の育成に深く関係していると述べる。そして、児島高徳など「此等の史伝は所謂日本魂を振作せしこと如何ぞや。然るに今重野博士は一演説一文章筆以て之を抹殺し去らんとす」と、重野研究発表が「日本魂を振作」してきた「史伝」を抹殺するものだと激しく非難したのである（明治二三年三月一二日～一四日「歴史家及考証」）。

国光発揚は歴史家の努め

羯南は、「国民の史蹟中に於て吾人の光輝となすべき模範となすべきものならば、其記する所縦令《たとい》多少の誇大に過ぎる所あるも、史家たる者は宜く力《つと》めて之を庇保して吾人の国光を発揚せざるべからず。然るに今日本歴史中に於て比類なき忠臣孝子の遺跡を穿《せん》鑿《さく》（而も断簡零墨に拠り）して其虚伝なるを摘発し、揚々得色あるが如きも愛国心ある日本国人の為すべき所為る歟」と、歴史家は多少の誇張を伴っても「国光を発揚」に努むべきであって、考証によって「忠臣孝子」を否定するなどはもってのほかであるというのである。

羯南にとっての歴史

彼にとっては、歴史は「国民」を「国民」として成立させるための集合的記憶であって、厳密な意味での史実である必要はない。作為あるいは虚構であっても、「国民的精神、国民的徳性」のために語られるべきなのである。

羯南自身は、かつて欧化への同調と反感にゆれるなかで、南朝の忠臣や会津藩に自己を仮託することで自己のアイデンティティーを成立させようとした。今やそれは拡大され、「国民」のアイデンティティーを形成するために南朝の忠臣というフィクション、作為された記憶を動員しようとしたのである。

「国民」形成の矛盾

このように羯南自身においては、「国民」形成がきわめて作為的な営為であることが十分自覚されていたにしても、「愛国心」を振りかざして歴史考証を押さえつけ、忠君愛国の公的記憶を制定していく『日本』の言説は、作為性を隠蔽し、「忠君孝子」を事実化していくことである。そして、当然、彼自身もその言説のなかに閉じこめられていく危険性をともなっていた。「国民」形成は、矛盾をはらんだ運動であったのである。

二　大津事件と新聞紙条例問題

羯南の苦境

明治二〇年代半ば、羯南は、大津《おおつ》事件による緊急勅令《ちょくれい》という深刻な言論報道統制に直面した。しかも、困ったことに、大恩ある品川弥二郎が松方《まつかた》内閣の内務大臣に就任し、言論報道取締りの当事者となったのである。また、ほとんど同時期に別な問題で新聞紙条例の朝憲紊乱《ちょうけんびんらん》罪に問われ、大審院《だいしんいん》まで争うという苦境に陥った。

大津事件と緊急勅令

明治二四年五月一一日、来日中のロシア皇太子ニコラス・アレクサンドロヴィッチが、滋賀県大津において警備の巡査津田三蔵《つださんぞう》から斬りつけられた大津事件は、明治天皇や政府、さらに当時の社会全体に大変な衝撃を与えたが、特に諸新聞にとって事件の衝撃以上に大問題となったのは、政府が事件から五日後の五月一六日に帝国憲法第八条第一項にもとづき緊急勅令（勅令第四六号）を公布し、新聞雑誌等が「外交ニ係ル事件ヲ記載スル」場合、事前に草稿を提出させ、検閲によって記載を禁止する権限を内務大臣に認めたことである。

事前検閲を義務化

翌一七日には内務省令第四号が出され、東京の新聞は内務省、他地方は所轄官庁に検閲用原稿の提出が命じられた。東京の場合、各新聞社は午前八時から一二時までの受付時間中に記事原稿を内務省に提出し、検閲を受けた後発行しなければならないこととなった（『東京朝日』五月一八日）。この手続きでは、不許可になった場合の差し替え原稿の再提出は時間的に難しく、各紙とも削除跡や伏字のかたちのままの発行とならざるをえない。

乱暴な取締

明治初期以来言論報道統制は厳しく統制されてきたが、原則的に事後検閲であって、平時に事前検閲が実施されたのは前代未聞である。しかも、「外交ニ係ル事件」ときわめて曖昧で広範な基準で、かつ司法手続きをともなわない行政処分というきわめて乱暴な取締であった。また、緊急勅令とは別に、新聞紙条例による内務大臣の発行停止も行われるから、各新聞社の活動は二重三重に厳しく縛られたのである。

心外な事態

『日本』も含めた各新聞は、事件の一報以来、条約改正交渉などへの悪影響を恐れ、犯行を「狂人」の異常事と見なし、日本国民の排外意識を極力否定する言論報道を展開していた。その点では、新聞は政府と同調しており、苛酷な統制は新聞からすれば極めて心外であり、憤懣は大きかった。

保守派への批判

その上、『日本』には、もう一つ心外な事態が生じた。一部の新聞雑誌が、攘夷《じょうい》主義を煽ってきたとして、保守論者・国粋論者の責任を追及したのである。例えば、『国民新聞』五月一三日社説「三十年前の旧夢を呼び起す勿《なか》れ」は、今回の犯人は「その実深く保守的の気焔に感化せられ」たものとみなし、これまでの暗殺者の心情に同情してきた保守論者を非難した。名指しこそしていないが、『日本』等を非難したのである。

泰西派と保守派の対立

これに『日本』は直接反論しなかったが、『東京朝日』が社説「白痴漢あり」（五月二四日）で国粋論者・保守論者攻撃に激しく反論するなど、事件の責任をめぐって泰西派と保守派との対立が浮上したのである。

政府統制と対峙

『日本』は、政府の統制に正面から対峙する態度を鮮明にした。事前検閲初日の五月一七日付第一面の「重助物語」は二五行ほど削除の跡が残ったまま発刊され、この日発刊の号外に検閲を経ずに掲載した記事が二項あったという理由で、内務省の告発を受けた。これは、検閲を故意に無視したのではなく、「外交」関係記事と認識していなかったからだと後に弁明したが、全国新聞紙中緊急勅令違犯の嚆矢とされる（『東京朝日』五月一九日）。

記事の大量削除

一八日紙面は削除の跡はないが、五月一九日は第一面社説「緊急勅令及新聞紙」はじめ、矯々生「巡査と内務大臣」は題名以外全文削除、雑報欄「兇徒津田三蔵」「警部免官」もほとんど削除という無惨な紙面となった。他の新聞も削除の跡が残った紙面となっているが、これほど多くの削除を蒙った新聞はない。

抗議の意思表示

おそらく削除覚悟で敢えて「外交」問題を論じ、予期通り削除となると、そのまま発刊したのである。削除跡が残る紙面は、言論報道抑圧への抗議の意思表示である。しかも、羯南は抗議を貫くため、新聞の自主的休刊まで覚悟した。その事情は、一九日に、羯南が品川弥二郎に出した書簡によって知ることができる。これによれば、前夜、羯南は新聞の前途につき品川に相談し、むざむざ発行停止処分を受けるより、自主的に休刊

休刊の覚悟

する覚悟を決め、休刊の社告まで印刷した。しかし、「友人」が社に来て反対したので、それに従い、新たに社説を書き直し、検閲係に提出したところ、小松原英太郎警保局長

警保局長の出頭命令

に出頭を命じられ、社説は外交に関わりはないが、緊急勅令への批判が過ぎる旨の注意があった。社に帰り、発行停止処分の通知を待っていたところ、何の通知もなく、新聞を発刊できたというのである。

休刊を思いとどまらせた「友人」というのは、谷干城であろう。また、この異例の事態を相談したのが、約二週間後に内務大臣に就任する品川弥二郎であり、小松原英太郎警保局長自らが羯南を呼び出し注意したというのは、『日本』と取締当局との複雑な関

取締当局との複雑な関係

係をうかがわせる。

政府を皮肉る紙面

しかし、羯南自身は、その主張を譲るつもりはまったくなかった。一九日以降も連日、削除跡が各所に残る新聞を発行し続けたのである。特に二二日は社説「主観論」の約半分、二面の雑報の一段全部、同じく「罪三族に及ふ」の七行と大幅な削除のまま発刊したうえで、「抹殺報告」と題する社告を掲げ、筆紙墨の「亡霊」を弔うかたちで、政府の取締の理不尽を辛辣に皮肉っている。さらに読者からの投書として、黒白斑々たる紙面を憐れむ狂歌、このまま文字のない紙面になれば印刷費不要で新聞社にとって「金儲けの時節到来」という戯文を掲載した。「社告」によれば、十七日より二十日に至る四日間に抹殺された件数は、論説三件、雑報二十七件だという。

発行停止処分

この翌日二三日、『日本』は発行停止処分を受け、解停となったのは六月一五日、二三日間という異例の長期間の停止である。他紙にはこれほど長期にわたる発行停止はない。この間の六月一日に品川弥二郎が内務大臣に就任したが、『日本』への処分が緩和されることはなかった。羯南と昵懇である品川は、羯南の強い抵抗意志を承知していて、敢えて緩和措置をとらなかったのであろう。

津田三蔵の罪名

政府の言論封殺が強硬であった一つの理由は、津田三蔵に適用すべき罪名がきわめてデリケートな問題となっていたからである。皇室罪《こうしつざい》によって死刑にしようとする政府の

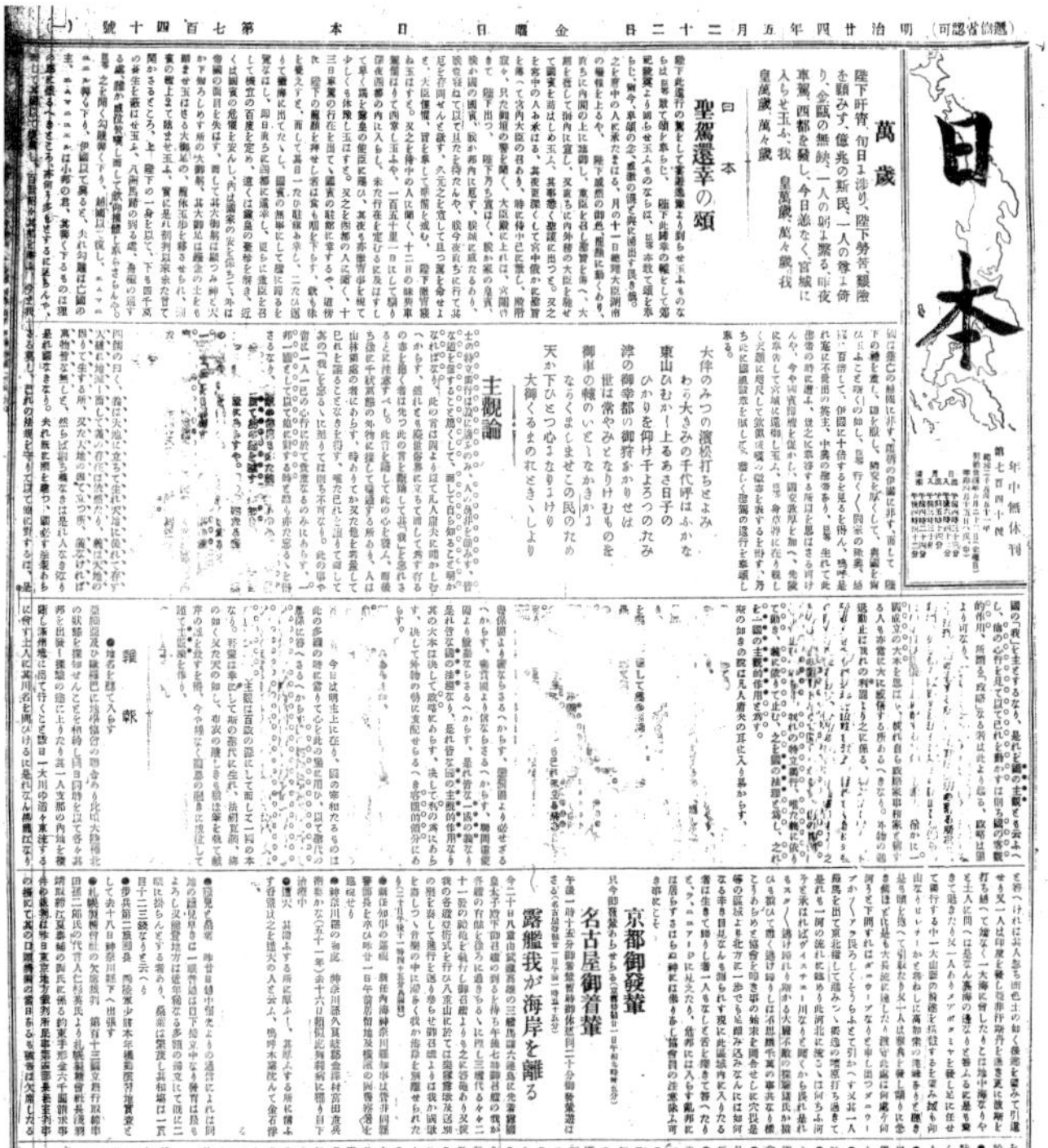

日本

萬歳

聖駕還幸の頌

主觀論

京都御發輦

名古屋御着輦

露艦我が海岸を離る

削除跡の残る『日本』紙面（明治24年5月22日）

圧力に対し、外国人への皇室罪適用に反対した大審院の抵抗については、よく知られている。

皇室罪適用に反対

この問題について『日本』が正面から論じた社説はない。論じたのは、五月一七日掲載の矯々生と署名された論説「兇人と刑法」だけだが、「国法の一歩も曲く可からさるは道理世界の共に承諾する所にして、（中略）故に吾輩が司法官に望む所は只一直線に我成法を守りて、毫末も他の事情に顧慮する所無からんこと是れなり」と明確に皇室罪適用に反対している。羯南もほぼ同意見であったことは間違いない。

谷干城との意見対立

この問題をめぐって羯南と谷干城との間で意見対立も生じていた。六月四日付羯南宛書簡で谷干城は、自分はロシアを恐れるわけではないが「如何ニモ非常絶無ノ大変ト考フレハ又非常絶無之所為ヲ為サルベカラスト考フ（中略）、決テ今般ノ事ヲ尋常一様ノ律ヲ以テ断スル不可ナルヲ信スルナリ。故貴諭ノ論ニハ到底従フ不能ナリ」と、羯南の意見に反対している。谷は、外交関係への配慮から皇室罪適用を主張し、羯南は先の矯々生の論文と同じく、「国法の一歩も曲く可からさる」と主張していたのである。

羯南は、他方で政府の検閲や発行停止を受けながら、他方では谷干城と意見が食い違うなど非常に苦しい立場に陥ったのである。ただ、羯南が、自説を曲げた様子はない。

自らの信ずる「道理」を貫くことこそ「新聞紙の職分」であると考えていたのであろう。

もう一つの言論取締

ところが、このちょうど同じ時期、『日本』は、もう一つ厳しい言論取締を受けていた。これは、余り知られていない事件であり、その結末の不明なところがあるが、『日本』としては大審院まで争った重大事件であった。

「山県総理大臣に奉るの書」

発端は、前年の明治二三年九月一五日の『日本』第一面が「関西会の結果」という記事中に「山県《やまがた》総理大臣に奉るの書」を掲載したことにある。これは関西の旧民権派グループの作成した文書を報道した記事で、『日本』の意見表明ではない。ところが、これが新聞紙条例第三二条違犯朝憲紊乱罪に問われ、『日本』が起訴された。朝憲紊乱罪はそれだけで発行人・編輯人・印刷人が罰せられる重罪であるが、さらに大きな問題は新聞紙条例第三二条第二項に「本条ヲ犯ス者ハ其犯罪ノ用ニ供シタル器械ヲ没収ス」とあることである。

大審院判決は有罪

裁判の詳しい経過は略さざるをえないが、最終的に明治二四年九月五日に大審院の判決があり、『日本』の上告は棄却され、新聞紙条例第三二条違犯として発行人・印刷人・編集人禁錮一ヵ月、罰金二五円、「犯罪用に供したる器械没収」が確定した。

当時の『日本』は自社の印刷工場をもたず、委託印刷であったと推定されるが、印刷機械没収は新聞の発行そのものに大打撃である。羯南は、一〇月三日に当時内務大臣であった品川弥二郎に書簡を送り、「禁錮罰金及器械没収との宣告とハ何事之告発ニ出逢ひし事か、合点ニ行き不申候。一報御洩らし可被下候」と、判決の裏事情を問い合わせている。

印刷機械没収は妥協か

大審院判決が出た以上、司法的には決着したはずだが、内相との間で政治的な打開を期待していたのかもしれない。紙面には大審院判決後の事態に関する記事はなく、詳細は不明だが、新聞発行は大過なく継続されたので、発行人・編集人等への処罰は行われたが、印刷機械の没収についてはなんらか妥協的解決をみた可能性がある。

言論統制への各紙の反応

緊急勅令や発行停止の連発という厳しい言論報道統制に対し、『日本』に限らず諸新聞は様々な論法で反論を加えていた。例えば、『国民新聞』は、ミルトンの「アレオパヂチカ」を高橋五郎抄訳「彌耳敦《ミルトン》氏出版自由論」と題して連載し、言論の自由を訴えた（五月二九日）。泰西派を自認する徳富《とくとみ》蘇峰《そほう》らしい方法だが、一般読者には高踏的すぎたろう。

発行停止を批判

これに対し、羯南は、「言論の自由を奪ひ、及び事業に損害を及ぼす所の二重の厳罰」である新聞紙条例の発行停止条項の廃止を執拗に要求した。大津事件による発行停止が解除された直後の六月二五日「夜須美録」五で、理由も期間も示されないまま濫用される発行停止を批判したのを手始めに、繰り返し発行停止の不当を論じた。一一月二三日、発行停止に備えた代替紙として『大日本』を発刊した際には、「是れ予一己の私案にして、予の社中にも不同意ある位」と断りながら、新聞紙条例の改定案まで提案したのである。

羯南の新聞紙条例改正案

それによれば、羯南は、発行停止を絶対的に否定はしないが、刑罰として性格を明確にし、濫用を防止する改正を唱えている。羯南の改定案の要点は、内務大臣の発行停止権限を定めた新聞紙条例第一九条を削除し、代わって「治安ヲ妨害シ又ハ風俗ヲ害スルモノト認ムル新聞紙ハ、内務大臣ニ於テ其ノ発売頒布ヲ禁止シ及ビ之ヲ差押フルコトヲ得」と、内務大臣の発売頒布権、差押え権を認める条項を置く。また未発予防のために「外務大臣内務大臣ハ国安ヲ保ツ為ニ必要ト認ムルトキハ、特ニ命令ヲ発シテ事項ヲ限リ若干日間其記載及論述ヲ禁ズルコトヲ得」と、これまで陸海軍大臣に認められていた掲載禁止権を外務大臣内務大臣にまで拡大するというものである。

言論の自由から逆行

これは、発行停止撤廃の代償として、かえって取締当局の権限拡大を認める改正案である。さらに現行第二二条（軍事記載の犯）、第三二条（朝憲紊乱の罰）、第三三条（猥褻新聞の罰）は「当然の罰則」と認め、追加第三四条を新設し「第二十二条第三十二条第三十三条を犯す者は発行届の効を失ふ」と、発行禁止規定の新設まで提案している。言論の自由からすると逆行であることは否めない。

朝憲紊乱・猥褻淫風の記事

何故こうした考えが出てくるからというと、「斯《かか》る禁を犯すものは吾人当業者中に在りても既に擯斥《ひんせき》するに足る者なり。之に最重の罰を加ふる、必ずしも不当と為すべからざるのみならず、予は此の罰と共に其の新聞紙の発行権を奪ふも可なりと思ふ」というのである。羯南にとって「正式特令の禁止を犯し、朝憲紊乱の暴論を吐き、又は猥褻淫風の記載を為すものは、吾人操觚《そうこ》社会の面目を汚すもの」であるのである。

公義心による新聞は保護

羯南は、「国に対する公義心」にもとづく新聞とそうでない新聞との間に明確な一線を引き、「国に対する公義心」をもつ新聞に加えられる発行停止の撤廃のみを求めていたのである。逆に、「朝憲紊乱の暴論を吐き、又は猥褻淫風の記載」する新聞は、新聞の名に価せず、発行禁止などで取り締まられるのは当然ということになる。

新聞紙の職分意識

この時期、前述したように、『日本』自身が当時「山県総理大臣に奉るの書」の記事で朝憲紊乱に問われる大きな危機を体験していた。それにもかかわらず、「朝憲紊乱」への厳罰を認めたのは、「国に対する公義心」をもつものだけを新聞とする彼の「新聞紙の職分」意識がいかに強固であったのか示している。羯南にあっては、先の緊急勅令への抵抗ごとき政治権力への強い対抗を生み出しているのは、言論報道の自由の思想というより、自己の「公義心」への強烈な自負、「新聞紙の職分」意識であったのである。

経営への打撃

岩崎家からの借金

度重なる長期間の発行停止は、『日本』の経営に深刻な打撃をあたえていた。「谷干城日記」に明治二四年六月一八日には佐佐木高行《たかゆき》を訪れ、「新聞の事」を相談したとあり、翌々日の二〇日「高美氏来る昨日父岩崎に行く承諾の由に付き明後二十二日行かれたらば宜しかるべしと云ふ」とある。佐佐木高行に新聞資金を相談し、佐佐木の仲介で岩崎が出すことになったのであろう。二二日、谷が「岩崎家に行く快く承諾す同日沢村を遣り二千円受取る三浦連名にて借用するなり」とあるから、三浦悟楼と連名で新聞資金二〇〇〇〇円を借り入れたのである。『日本』は、谷干城の奔走で三菱の岩崎家から借金することで、ようやく維持していた。

新聞販売網の混乱

しかも、この頃、東京の新聞界は、『東京朝日新聞』が引き起こした販売拡張戦によって売捌店網が大きな混乱に陥り、羯南は新聞経営者として、この難問にも向かわなければならなかったのである。当時の新聞販売は直売や郵送もあったが、多くは問屋的機能を果たす大売捌店を通して小売店である売捌所に流れ、読者に販売されるシステムであった。大売捌店・売捌店とも特定新聞の専売ではなく、多数の新聞を同時に販売する合売を基本としていた。この大売捌店・売捌店システムによって、各新聞社は独自の販売網をもつ必要はなく、新規発刊は比較的容易であったし、発行停止にも耐えらることができたのである。

売捌所の争奪戦

だが、反面、販売拡張は大売捌店・売捌店に委ねざるを得ず、積極的な拡張を目指す新聞社にとっては足かせでもあった。当時の東京には、良明堂《りょうめいどう》・東海堂《とうかいどう》・信文堂《しんぶんどう》・巌々堂《がんがんどう》・指金堂《しきんどう》という五つの大売捌店があったが、良明堂が倒産したことからバランスが崩れ、東京朝日新聞社は信文堂・巌々堂・指金堂の三つを系列下におこうとし、対抗上他の一八の新聞社は、三堂との取り引きを中止し、東海堂とだけ取引きを行う措置をとった。

東京新聞社組合同盟

『日本』は一八新聞社同盟に参加し、明治二四年八月九月の紙面には、信文堂・巌々堂・指金堂との取引き中止、東海堂の一手扱いを告知する社告、他紙を押し売りする販売業者に惑わされないよう訴える社告を頻繁に掲載している。『日本』など一七新聞社は、八月二五日、東京新聞社組合同盟を結成し、東海堂・東京新聞売捌会社・眞誠堂《しんせいどう》・

地方への拡大

双栄堂《そうえいどう》・萬宇堂《まんうどう》・萬文堂《まんぶんどう》・弘文堂《こうぶんどう》を売捌所とすることを大々的に宣伝した。この販売戦は、地方にも拡大し、東京新聞社組合同盟と東京朝日新聞社とは売捌所争奪を各地で激しく展開することになった。

広告掲載拒絶

両者の対立は泥仕合といった様相もおび、『日本』が『東京朝日新聞』系列の『国会』に広告掲載を申し込んだところ拒絶にあうという紛争まで起きた。『国会』の編集長はかねてから「交誼上の関係ある」志賀重昂《しげたか》であるので、『日本』の社員が志賀を訪ねたところ、志賀は広告から東海堂一手扱いの一文を削除すれば掲載すると答えたという（『日本』二四年八月二七日）。思想的同志関係も激しい販売戦には通用しなかったのである。

月曜休刊問題

売捌店問題は、各新聞の月曜休刊問題とも結びつき、一層の混乱を招いた。この年七月、『時事新報』は紙面改革を実施したが、これに多額の費用を要することを理由に月曜日休刊を打ち出した。これは他紙にも波及し、売捌所も月曜休刊を希望するようになった。これに対し、これまで無休刊を売り物にしていた『日本』は七月六日第一面冒頭に社告を掲げ、「新聞売捌業者よりの勧告を受け無休刊制の存廃に一考を費したるに社員一同の意見を以て」無休刊制度維持を宣言した。

無休刊体制維持

月曜休刊は、「社の経済に利する所あり然れども新聞紙は単純の商品に非す」なのである。ここにも羯南の「新聞紙の職分」論が貫かれている。

しかし、他紙が月曜休刊している以上、新聞紙取次業者が月曜日に『日本』だけを配達することはなく、月曜日の『日本』は一日遅れとならざるをえなかった。それでも、新聞の使命を掲げて無休刊を維持するのであるから、経営が苦しいのは当然である。

三　条約励行運動

民党対藩閥政府

開設された議会が、「政費節減・民力休養」を要求する民党と藩閥政府との全面対決となり、激しい政争が繰り広げられたことはよく知られている。しかし、民党・藩閥のどちらにも批判的な羯南は、民党対藩閥政府という対立図式のなかでは、埋もれがちであった。

北方への関心

羯南としては、国内問題もさることながら、対外問題への関心を提起していこうとしていた。彼の対外的関心の一つの方向は、北方である。明治二四年五月八日、社員岩田宗晴《むねはる》（羊北《ようほく》）を北海道に派遣し、彼の「北海道巡覧」を六月一六日から連載し始めた。羯南の北海道への関心は、「位置の強隣に接」していることと「土地の開物を待つ」という二点にあった（社説「北海道」二五年四月二日）。「強隣」とは無論ロシアを指し、北海道はロシアへの備えとして、また今後の拓殖《たくしょく》を待つ未開の大地として意識されていたのである。谷干城も明治二六年七月に視察旅行に出かけ、社説でもたびたび北海道開拓を論じた。

南方への関心

もう一つの関心は、逆に南方に向かった。羯南は、「東南洋地諸地に係る地理、商況、兵制、殖民、国交、歴史、統計等探知講究する目的」で設立された東邦協会《とうほうきょうかい》に、明治二四年五月の発起から深く関係し、七月七日の第一回総会では、後藤象二郎《しょうじろう》・近衛篤麿《このえあつまろ》・小村寿太郎《こむらじゅたろう》・中江兆民《ちょうみん》・三宅雪嶺《せつれい》・志賀重昂らとともに評議員に選出されている。

東アジアにおける日本の位置

北方・南方への視圏の広がりは、東アジアにおける日本の地政学的位置を強く意識するようになったということである。この明治二四年一月七日、羯南は「東洋の局面」という社説を掲げた。これは、『日本』の社説題名で「東洋」という言葉を使った最初である。同論文において、羯南は、世人が「東洋」を論じながら、「東洋」の実況への認識が乏しいことを慨嘆した。しかし、この段階では彼自身の「東洋」論を具体的に提示するには至らなかった。

『東邦策』の啓示

そこに大きな啓示となったのが、この年に刊行された稲垣満次郎の『東方策《とうほうさく》』第一篇

第二篇である。稲垣は、ケンブリッジ大学で英国の帝国主義的な拡大を論じたシーリーに学び、彼の影響のもとに膨張する英国・ロシアの二大強国が東アジアで衝突する地政学的な必然性とそれに対応した日本の対外策の必要性を『東方策』で論じたのである。稲垣が東洋の局面転換として特に重視したのがシベリア鉄道の建設であり、この年一〇月には『西比利亜《シベリア》鉄道論』も刊行している。

稲垣満次郎

羯南は、この『東方策』にいち早く着目し、七月一八日から三回にわたって「読東方策」という社説を掲げた。さらに、稲垣満次郎に『日本』の論説執筆の機会もあたえたほか、雑誌『出版月評』に載った稲垣満次郎の「『東方策』著述の事歴」を『日本』紙上に転載するなど稲垣とその著作を世に広めることに力を尽くしている。

羯南が『東方策』を高く評価したのは、シベリア鉄道着工などを日本の危機とみるのではなく、むしろその積極的利用や東洋から西洋に至る郵便路を占有できる日本の利点などをスケールの大きな地政学から説いていたことにあった（「読東方策」七月二一日）。巨視的地政学による膨張的対外政略論のヒントをこの書から得たことは間違いない。

東洋問題の啓端時代

のちの明治二七年一一月になって、羯南は「我東洋問題の起因」を論じ、「明治廿四年は実に我東洋問題の動き始めたる時代」であったと回顧し、この年に起きたロシア皇太子来日、大津事件、東邦協会、『東方策』刊行などそれぞれ理由を異にするが、「国民の対外心を鼓舞」することになり、「東洋問題」の「啓端時代」となったしている。

確かに、これらは、羯南の視野を広げ、後の「東洋問題」の伏線になった。ただ、この時点においては「東洋問題」で眼前の政治を動かすことは難しく、当面の対外問題として浮上したのは、条約励行論である。

条約励行論

内地雑居を争点

条約励行論は、羯南が提起したものではない。明治二五年五月、自由党員・改進党員を中心とする条約改正研究会によって実際上内地雑居を容認する条約改正上奏案が衆議院に提出され、これに対抗する安部井磐根《あべいいわね》・神鞭知常《こうむちともつね》ら内地雑居反対派が六月一二日に内地雑居講究会を結成したことから内地雑居是非が争点として浮かんできたのである。その後、明治二六年七月八日の閣議で、内地雑居を容認したうえで、領事裁判権廃棄・関税率改定の方針で条約改正交渉にのぞむことを決定されるや、内地雑居是非が大問題となってきた。

現行条約厳格実施論

『日本』明治二五年八月一五日社説「内治対外策」は、世人は「対外策」といえば「直ちに東洋問題又は南洋事件の如く感ずるが」、そうした「漠大の計画」だけが対外策ではなく、また小手先の「細作主義の外政」も「有害無益」である。現在必要なのは

「公明正大の外政」であると論じた。それは、「専ら我が国権及民利を標準として更らに条約の明文を厳行し、開港場及居留地に対する行政の活動を一振するのみ」とする、現行条約厳格実施論である。これは、すでに政治問題化している内地雑居問題への直接的言及を慎重に避けながら、より幅広い勢力を結集できるであろう条約励行を論点化しようとしたのである。

内地雑居尚早論

その後、内地雑居講究会を発展させた大日本協会が設立され、内地雑居尚早論を唱える情勢になるや、『日本』は、九月から一一月の社説で、条約励行論・内地雑居尚早論を主張していった。ただ、この時点では、先行きの見通しがたっていたわけではない。

徳富蘇峰との提携

そこに大きな転機となったのが、これまで思想の上でも、新聞の上でも対抗関係にあった徳富蘇峰との提携であった。明治二七年一月九日、徳富蘇峰は羯南を訪問し、「座談一日の三分二」におよぶ話し合いをおこなった。翌日腹心の阿部充家《みついえ》に宛てた書簡で、「彼等も愈《いよいよ》以て藩閥打破に同感を表し、攻撃同盟には差支なき事と存候。伊藤内閣の不人望も絶頂に達し申候」と、その模様を報告している（小宮一夫『条約改正と国内政治』）。

さらに一月二八日にも蘇峰は羯南と面談し、同じく阿部充家宛書簡で、「伊藤内閣には彼等も満腹の反対也。それ迄は、同盟軍を作りて大にやる約束致し候。励行論さへやれば、尚早論は撤回する方に尽力可致との事に候。撰挙前には、各派共通の成功を論述す可しと約束致し候」と、蘇峰と羯南が共同戦線で合意したと書き送っている。

伊藤内閣打倒で合意

合意は、伊藤藩閥内閣打破と条約励行である。蘇峰は羯南のほうが「藩閥打破」に接近し、同時に雑居尚早論を撤回し、条約励行論を掲げることで話がついたという認識のようである。確かに、羯南は、それまで伊藤内閣にも政党にも批判的で、「藩閥打破」一本槍というわけではなかったところを「藩閥打破」に踏み切った。だが、対外問題では、羯南のほうが一貫しており、それまで雑居を肯定していた泰西派の蘇峰のほうが妥協したが、雑居尚早論とまでは言い切れず、条約励行という表現で合意したのである。

藩閥攻撃＝条約励行の戦略

徳富蘇峰肖像

条約励行のためには対外軟の藩閥政府を打倒しなければならず、藩閥攻撃のためには条約励行論を手段とするという、対内問題と対外問題をセットとした戦略である。それは、これまで少なくも表面的には改進党・国民協会と距離を置いていた羯南が両者と提携し、伊藤内閣とそれに連繫する自由党との対立関係に入るということである。これまで、眼前の政争への「傍観」を自負してきた羯南は、政争の渦中に入ることになった。

政争の渦中へ

二人の合意は『日本』紙面に早速反映され、二月二四日社説「国民的感情」は、「一方に条約厲行、而して他の一方には責任内閣論」、この二問題に反対する者は「国民的感情の共敵」であると断じている。

対外硬派を鼓舞

しかし、三月一日の総選挙は、対外硬派の中心人物である安部井磐根が落選し、自由党が依然として多数を占めるなど、羯南や蘇峰の期待を裏切る結果となった。だが、羯南の意気は盛んで、選挙後の三月八日、社説「一大快事」を掲げ、「地方的利害又は職業的損益に関する問題を以て乱撃混闘するよりは、寧《むし》ろ政府党及外国人に逆ひて隊伍を整へ、対外問題といへる大戦場に正々堂々の陣を鼓するは、豈《あ》に政界近時の一大快事にあらずや。一時の勝敗は必ずしも意とするに足らず。唯だ志気の強堅を要するのみ。志気にして強堅ならば敗る丶亦た醜にあらず」と、対外硬派を鼓舞した。

責任内閣成立の決議

「時勢急迫」とみなす府下主要新聞社記者は、明治二七年三月二八日、集会を持ち、衆議院解散の不当、条約励行、条約改正急成、国民の対外自主精神の発揮、これら精神に一致する責任内閣の成立の五項目の意見一致を確認し、決議をおこなった。出席者は、徳富蘇峰、竹越與三郎《たけこしよさぶろう》（以上国民新聞）、栗原武三太《ぶさんた》（国民之友）、陸羯南、三浦篤次郎《あつじろう》（以上日本新聞）、尾崎行雄、酒井雄三郎（以上報知新聞）、鈴木力（二六）、川崎三郎（中央）、市島謙吉、加来《かく》昌之《まさゆき》（以上読売）、肥塚龍《こいづかりゅう》（毎日）、川村惇（新朝野）である。この集会は、ライバル視されていた蘇峰と羯南の提携を誇示するとともに、新聞記者が政党や議員を督励し条約励行・伊藤内閣打倒の政治運動を引き起こそうとする宣言であったのである。

責任内閣の意味

ただ、新聞記者の運動目標のなかで、条約励行、藩閥内閣打倒はそれなりに明確であったが、実現すべき目標である責任内閣とは何かは必ずしもはっきりしていなかった。『日本』の社説・論説でも、「重もに人民に対する責任」といったり、「議会に対しても責任を有する内閣」といったりしている。これらからすると、政党内閣制ともとれるが、慨世子の署名がある『日本』論説は、「多数愚民の歓心を買ふの策に汲々たる制度」と政党内閣制を真向から否定している。蘇峰の唱える「責任内閣」は、彼との合意形成によって『日本』にも輸入されたが、『日本』のなかでも十分な合意はなく、蘇峰と羯南の提携のスローガンの域をでなかったのである。

運動方針を協議

蘇峰・羯南たち記者は、四月六日にも懇親会をもち、親交を深めるとともに、全国の新聞社に呼びかけ、全国的な記者組織を作ることと、中立系議員に働きかけ、議会内で

対外硬派の連合が実現

対外硬論を多数派とすることなど運動の進め方を協議した。四月二二日には、芝紅葉館《こうようかん》において貴族院三曜会・懇話会・改進党・国民協会・公同倶楽部・旧大日本協会・政務調査所・同盟新聞記者の対外硬八派の連合懇親会が開催された。参加者は二七〇名にのぼり、貴族院議員・衆議院議員・新聞記者の連合が実現したのである。

新聞記者同盟

　集会では五月上旬を期して大規模な対外硬派の懇親会を開会することを決議し、準備委員を選出したが、新聞記者同盟からは陸羯南・徳富猪一郎・末広重恭・肥塚龍・大橋佐平が選ばれた。この追い風に乗って、羯南をはじめ新聞記者たちは中立系議員への工作を強め、個別に面談し条約励行賛同を求める活動を展開した。警察探聞資料によれば、記者は難易度をランク付けした文書まで作成して説得にあたり、その面談の模様は、『日本』紙面に「去就進退」として連日報道された。さらに、五月四日には、院内対外硬六派の交渉会が開かれ、現条約厳施履行を要求する建議案を提出する手順などを協議した。

全国大懇親会

　対外硬派の全国大懇親会は、五月八日、警察の干渉で会場が変更されるトラブルはあったが、浅草中村楼で開催された。『日本』記事の総員四六〇〇余人は誇張にしても超満員の会場は、発起人総代谷干城の挨拶、志賀重昂の演説などで大いに盛りあがり、気勢をあげたという。対外硬派の一大総決起集会であったのである。

五月一二日に第六議会が招集されるや、新聞記者は議員督励を一層強め、五月一三日に七六新聞雑誌社一五三名の記者たちが集会し、全国同志新聞記者大懇親会が開催された。席上、志賀重昂の提案によって「自主的対外政略を執り責任内閣の完成を期す」ことを目的とし、「第五議会解散の不当条約励行千島艦事件」を取りあげ、政府の責任を追及する議員を支援することを満場一致決議した。

新聞紙条例改正問題

ただ注目されるのは、出席した各地新聞記者から発行停止の非理不当を訴える意見が相継ぎ、新聞紙条例改正問題が浮上してきたことである。もとより羯南にしろ蘇峰にしろ新聞紙条例改正は年来の主張であったが、同志記者会幹部は、対外問題に焦点をしぼって内閣・自由党と対決する戦略を優先し、自由党も賛成する発行停止問題を取りあげて対立点がぼけることを警戒していたのである。記者会幹部の政治主義は、下部から突きあげられるかたちとなり、発行停止廃止運動が急遽起こされることになった。

条例改正を働きかけ

五月一九日に東京府下各新聞社代表が交詢社《こうじゅんしゃ》に集会をもち、新聞紙条例改正の緊急動議提出を各党に働きかけることを決議し、直ちに自由党・改進党・立憲革新党との交渉に入った（『日本』五月二〇日）。この記者たちは、自由党とも交渉するなどからみて、同志記者会とは別の動きであったようだが、同志記者会のほうも、新聞紙条例改正運動を具体化し、五月二〇日、三〇数社から各二名の代表者が出て、衆貴両院に条例改正を働きかけることを協議した。

衆議院で改正案可決

衆議院では、五月二一日、発行停止条項削除を骨子とする立憲革新党の改正案がほぼ満場一致で可決され、貴族院に送付された。これをうけて、五月二二日、全国新聞九九社は連名で、貴族院に新聞紙条例改正に関する陳情書を提出した。日本新聞社、小日本新聞社も陳情書に名を連ね、『日本』五月二四日社説「発行停止」は撤廃を強く主張している。

貴族院で否決

しかし、五月二六日、貴族院は僅差であったが新聞紙条例改正案を否決し、両院協議会に回された。五月三一日両院協議会では、衆議院の修正案が通り、直ちに衆議院は満場一致これを可決したが、貴族院は否決してしまった。新聞記者運動にもかかわらず、発行停止処分廃止は結局実現しなかったのである。

内閣不信任上奏案

対外硬派は、条約励行論で政府・自由党に対して攻勢をかけていった。五月一七日、対外硬派が提出した前議会解散の責任、条約励行等を骨子とする上奏案は自由党の反対で否決されたが、その後も両派は様々なかけひきを繰り返し、結局五月三一日、自由党提出の上奏案に対外硬派が内閣弾劾の文言を付加修正した内閣不信任上奏案が一五三対一三九で可決成立し、対外硬派は凱歌をあげるかたちとなった。しかし、政府は、六月二日、衆議院を解散し、対外硬派の内閣打倒の試みは失敗に終わったのである。

記者政治運動の中心

この間、『日本』紙面は連日関連記事で埋め尽くされ、羯南は記者政治運動の中心にいた。徳富蘇峰は、「新聞雑誌方面に於ては、表立つては専ら志賀重昂氏等が常任幹事として骨折つたが、内輪の画策は専ら、日本新聞社長陸實氏がやつてゐた」、「君は善き意味に於て、なかなか謀を好む策士であつた。而して君の手は政界の裏面には、なかなかよく動いた。而して余の事は兎も角、政治上に就いては、可成り融通も利いて居た」（『蘇峰自伝』二八四頁）と述べている。

裏舞台での活躍

羯南は、この間の政談演説会に登壇したことはほとんどなく、蘇峰の言う通り、彼の活動は裏舞台にあった。もともと改進党とは余り付き合いはなかったが、貴族院の谷干城、近衛篤麿、国民協会の品川弥二郎などとは、かねての昵懇であったから、彼らの間を斡旋し、対外硬派のまとめ役を果たしたのであろう。

新聞記者運動の背景

全国の新聞記者が、新聞記者という職業を単位として政治運動を起こすことは、これまで例がない。そもそも自由民権期には、新聞記者という職業と政治家という職業は区別がなかったから、新聞記者の全国的運動は成立しなかった。この時期に、全国同志新聞記者の運動が起こったというのは、新聞記者という独自の職業意識と政治的使命感が生成してきたことを示している。羯南の峻厳な「独立記者」像がそのまま広く共有されたわけではないが、それが新聞記者理念の一つの純粋型として新聞記者の職業意識と使命感を形成させる重要な契機となったことは間違いない。

新聞記者の職業規範

しかし、記者同盟の活動を危険視する政府は、新聞記者を別な鋳型を押しつけようとする。新聞同盟が実質的に政治結社であると認定し、集会及政社法違犯としてその解散を命じようとした芳川顕正《よしかわあきまさ》内務大臣代理宛園田安賢《そのだやすかた》警視総監伺いは、「抑《そもそ》モ新聞紙ナルモノハ各其意見ヲ公表シテ社会ニ唱道スルモノニシテ、所謂文明ノ利器タルト同時ニ、又各其独立ヲ保持スルヲ要スベシ。然ルヲ今マ新聞同盟ナルモノヲ設ケ、一規約ノ下ニ各新聞ノ意見ヲ結束シテ感情ニ由リテ集ル処ノ党派ノ声援ヲ為シ」という。ここにも羯南の愛用する「独立」という言葉が使われているが、政府側が記者政治活動を禁ずる新聞職業規範を定めようとしているのである。

新聞記者同盟の解散

これは、直接的には集会及政社法の規定する政治団体にあたるか否かの法解釈ではあるが、新聞記者という職業規範をめぐって記者と政府とがせめぎ合っていたのである。

結局、新聞記者同盟は、七月二〇日に解散を命じられ、「当初の状態に復し全く精神上の結合を保つ」こととして法に従い自主的に解散することとして記者の運動は終わった（「新聞同盟会解散の報告」）。

『小日本』発刊

条約励行論で騒然としていた明治二七年二月一一日、羯南は『日本』の別働隊として『小日本』を新たに発刊した。これは、社会的問題への一つの対応であったと考えられる。『日本』雑報欄掲載の宣伝には、「親子兄弟家居団欒の間に読ましめ、以て間接に世の風教に益する所あらんとするものなり、従て其の記事は雑報小説を始め市井の瑣聞《さぶん》に至るまで勉めて之を精選し、絵画の如きも優美なるもの奇警なるものを掲載し、読者の目を悦ばしむると同時に諷世《ふうせ》嘲俗《ちょうぞく》の一端と為さんとす」とある。簡単にいえば、絵入り振り仮名付きの小新聞《こしんぶん》で、『日本』とは正反対のタイプの新聞である。

絵入り振り仮名付き新聞

明治二〇年代後半、人々の好奇心を刺激する醜聞記事を派手に掲げた、黒岩周六《くろいわしゅうろく》の『萬朝報《よろずちょうほう》』（明治二五年一一月創刊）などが登場した。そうした三面記事新聞は、社会や家庭に「害毒」を流すとして一部識者の顰蹙《ひんしゅく》をかってもいたが、部数を大きく伸ばしていたのである。この営業的小新聞隆盛に対し、『小日本』は、「絵入振仮名の新聞なりと雖も、徒《いたずら》に世の卑猥なる記事を借りて営利の具に供するものと同じからず」と宣言し

家庭的新聞を目指す

た。社会風潮に敢えて逆らい、「卑猥なる記事」は掲げず、「営利」も目指さない小新聞を創出する計画であったのである。これに携わった古島一雄《こじまかずお》によれば、「今までどこを見渡しても家庭的な新聞がないから、一家揃って読めるような、本当の家庭新聞をこしらえよう」としたのだという（古島一雄『一老政治家の回想』）。

『日本』の代替新聞をもねらう

こうした新聞の発刊は、突然の思いつきではなかった。もともと羯南は急激な社会変動が引き起こす「風教」の乱れを重大視しており、家庭団欒《だんらん》の模範的新聞を提供することで「間接に世の風教に益する」方向を考えたのである。また、『日本』の発行停止に備えた代替新聞を用意しておく狙いもあった。明治二四年にも、『大日本』を発刊したことはあるが、十分代替紙としての役割を果たせず、短命に終わっていた。今回は「家庭的な」新聞であるから発行停止などを受ける危険性は少なく、さらに新しい読者市場の開拓ができればを経営的安定も得られるはずであった。

問題は、「家庭的」な新聞を具体化する編集方針とそれを実現できる人材であった。古島一雄の語るところでは、経営は後に日本銀行に入った仙田重邦《せんだしげくに》という、いくらか勘定に明るい人物に任せ、論説は古島自身が書くとして、編集には正岡子規《まさおかしき》を推挙した。しかし、「陸は正岡は編集を全部委せるわけには行かんと危ぶんだが、他に人がいな

正岡子規

い」ので正岡を編集長とすることとしたという（前掲『一老政治家の回想』）。

東京帝大国文科の学生であった子規は、明治二五年、叔父加藤恒忠《つねただ》の縁で羯南の隣に転居し、この年の一二月一日から日本新聞社員として出社していた。俳句欄や「獺祭書屋日記《だっさいしょおく》」を連載するなど彼の得意とする文学関係記事を担当していたが、当時、二七歳の青年で、無論家庭をもっていたわけではない。しかし、家庭的新聞の編集長に抜擢された子規は大張り切りで、叔父大原恒徳《つねのり》に洋服新調費を頼んだり、翌日の附録のために一二時まで居残り、家に帰ると一時、それから夜食をとると一時半などと忙しさを書き送っている。

家庭的な編集の困難

『小日本』創刊号は、「『小日本』を興すの旨趣」と題する社説を掲げ、『日本魂』こそ新聞の精神と謳い、「月の都」（卯の花舎＝正岡子規）、「弓矢神」（作者不詳）、「貴公子遠征」（霞城山人）といった挿絵入り連載小説、劇評などを載せている。第二号からは、小説、和歌俳句募集の社告があるなど「家庭」というより、書生向きの文学新聞といった趣である。雑報記事から猥雑さを排除した家庭的新聞の具体化は、難しかったのである。

対外硬運動の影響

しかも、ちょうど、羯南や徳富蘇峰が率先する対外硬運動が盛りあがっていく時期にあたっていた。正岡子規や古島一雄など若い記者たちがその影響をうけていくのは必然

発行停止処分

的で、『小日本』三月二一日は「無頼の外人を国外に放逐せよ」という社説を掲げ、条約励行論を過激に主張した。以後、「外人取締条例を設くへし」「頼母敷国民、頼母敷からぬ政府」などと題名だけでも刺激的な主張を続け、四月一二日には「条約励行の気炎」と『日本』以上に気炎をあげ、発行停止処分を受けた。こうなると、どちらが代替紙なのか分からない有様である。以後もほぼ『日本』と同様の議会記事、対外硬運動を連日載せ、家庭団欒の小新聞という当初の狙いからは大きくはずれてしまった。

五ヵ月で廃刊

それでも、創刊からほぼ一ヵ月半経った四月一日からは、六ページ建てに増頁、月二回冊子附録発行を発表するなど拡大をはかったものの、正岡子規が、七月八日付の五百《いお》木《き》良三《りょうぞう》宛書簡で「『小日本』は経済上の一点より本月十五日を以てあへなく最後を遂ぐる事と相成申候」と述べている通り、わずか五ヵ月ほどで廃刊となった。「家庭団欒」新聞という狙いを具体化する紙面作りの方向をつかめないまま、文学新聞に傾斜し、しかも対外硬の政治熱に浮かされて政治新聞化してしまい、当初の狙いは不発に終わったのである。

羯南の誤算

『小日本』の失敗は、羯南にとって大きな誤算であった。『日本』自体が度々の発行停止処分によって経営的に大きな打撃を受けている時期に、資金を投入して新読者市場開拓と代替紙刊行という意欲的計画であったにもかかわらず、どちらの期待も裏切られる結果になった。

第五　ディレンマの狭間で

一　日清戦争と『日本』

日清関係の険悪化

『日本』など対外硬派の新聞が伊藤内閣攻撃を強めていた時期、朝鮮半島をめぐる日清関係は次第に険悪化していた。清国に対する『日本』の意識は、かなり複雑であった。一面では、西欧化のライバルとして清国の西欧化を評価し、北洋艦隊の威容に脅威も感じていた。だが、その反面で、清国との関係を西欧的基準で評価しようとし、清国がそれとは異なる態度、これまで日清韓の共有文化であった中華的天下論にもとづく態度を示すと、日本への軽侮とか、非文明的態度などと感情的反感をあらわにしたのである。

ナショナリズムの鉾先

いうまでもなく、対外関係において最も屈辱的だと感じていたのは、不平等条約を押しつけられている欧米列強との関係である。しかし、『日本』のナショナリズムの鉾先が欧米列強攻撃に直接向けられることはなく、鉾先は内向きに屈折して軟弱な日本政府に向けられた。しかし、清国・韓国との関係では、軟弱政府批判もあるが、むしろ外に向かい清国・韓国への直接的な攻撃になることが多かった。ナショナリズムの発現が、対欧米と対清国・韓国とで二重基準になっており、無意識的にせよ使い分けられているのである。

清国への威嚇的態度

清国の華夷《かい》的秩序観と対抗する国際関係観は、力の優劣関係である。それは、欧米列強の国際関係ルールでもあるから、日本もアヘン戦争などを参考に、「彼をして我の畏る可く、弁せて我の頼る可きを知らしめ」などと自国の弱みを見せず、威嚇的態度をとることの必要性を主唱していたのである（二六年六月九日「対清策如何」（下））。

東学党指導の農民運動

しかし、日清両国関係、東アジアにおける欧米列強の現実的力関係の認識から対外策を割り出そうとする力の国際関係観は、必ずしも単純な対清国強硬論に直結したのではない。明治二七年六月頃からの東学党《とうがくとう》指導の農民運動を契機とする日清関係緊張においては、居留民保護を名目とする派兵までは賛成していたが、「過大の物議」をたてることには反対で（二七年六月一二日）、慎重な態度であった。それは、谷干城《たてき》も同意見で、「斯る事は軍国の方より見れは一常事に過きす、一二三艘の軍艦を派遣すれは足れり」と大兵派遣に反対していた（「谷子爵の時事談」『日本』明治二七年七月五日）。むしろ、『日本』はじめ

条約励行論への懸念

対外硬派は、日清関係によって条約励行論議がそらされてしまうことを警戒していたのである。改進党系の『郵便報知新聞』も社説で「徒《いたず》らに人心をして外に転せしむる勿《なか》れ」（六月一二日）と論じたほどである。

政府の強硬姿勢

しかし、政府は清国に強硬な態度でのぞみ、日本軍の京城《けいじょう》占領、豊島沖《ほうとうおき》での清国軍艦との交戦と事態は拡大していく。さらに七月一六日、日英通商航海条約を調印し、領事裁判権廃止・関税率引き上げを実現する。軟弱政府を攻撃してきたはずの対外硬派は、情勢に追い越され、引きずられていくことになったのである。

各紙の報道競争

しかも、陸羯南にとって厄介であったのは、彼が社説で慎重論を唱えていても、外地の事件は絶好のニュースであり、『日本』をふくめた各新聞社は一斉に朝鮮問題・日清問題の報道競争に走り出したことである。六月上旬から、『東京朝日新聞』『郵便報知新聞』『時事新報』などが競って紙面改良と朝鮮半島への記者特派を発表し、『日本』も桜田大我を京城に特派した。特派員の現地報告が戦争熱を高めていったことは無論である。

日清開戦と記者特派

結局、開戦となると、各新聞社は、その浮沈をかけた報道戦を展開することになった。外地の戦況報道には、多数の記者特派が必要で、『日本』明治二八年一月三日号をみると、国分高胤《こくぶたかたね》、末永純一郎、桜田文吾、鳥居赫雄《てるお》、末永節《みさお》、五百木《いおぎ》生、原田生、馬淵生、楠本生の九名が従軍中につき年賀欠礼の挨拶が掲載されており、この時点で九名の特派記者をだしていたことが分かる。二〇数名の記者を特派した大阪朝日新聞社などには到底及ばないが、いずれも筆のたつ記者を戦地に送り、記事の質で対抗しようとしたのであろう。

正岡子規の従軍

ちなみに、この年の四月、従軍を熱望していた正岡子規《まさおかしき》も、ようやく近衛《このえ》連隊《れんたい》付記者として金州《きんしゅう》に渡った。しかし、報道統制や拙劣な軍の待遇のために思うように取材できず、結核を悪化させて帰国したことは、彼の「従軍記事」「陣中日記」などに描かれている。

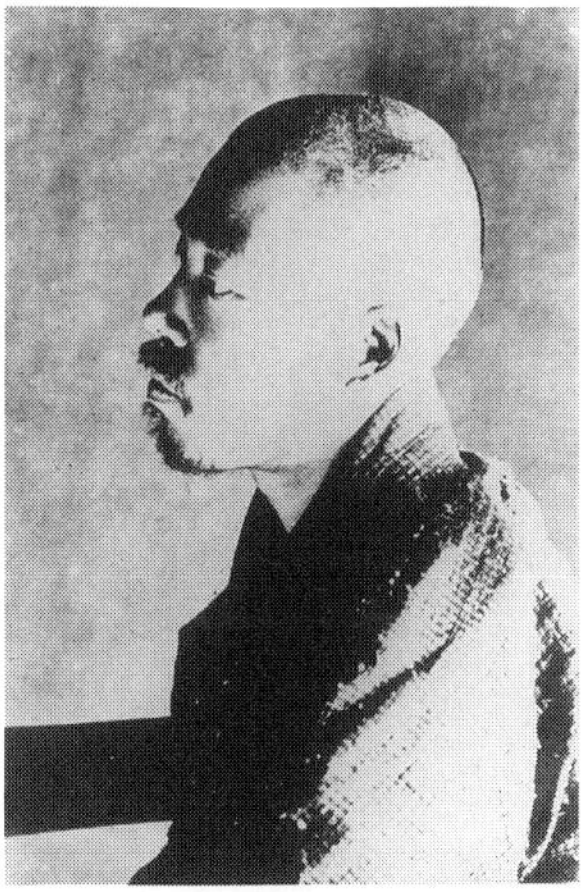

正岡子規肖像

発行部数の急増

全般的には、連戦連勝を煽る戦況報道は読者に歓迎され、各新聞の発行部数を増加させた。政府統計による『日本』発行部数も、明治二七年、二八年と上昇している。しかし、大規模な報道競争は多大の経費を必要とし、資力をもつ新聞社が有利であることは言うまでもない。外地に優秀な記者

手薄な国内の体制

を送った『日本』は、国内の体制が手薄になり、外地の鳥居素川《とりいそせん》に「一騎当千の武者何れも外出、留守師団甚振はず。願くば帰れ」と呼び戻さざるをえなくなっているほどである（『全集』第一〇巻）。部数は増加しても、新聞企業の格差を拡大化し、『日本』の経営的負担は大きくなったと考えられる。

対外観の変化

戦勝は、羯南の対外観に変化をもたらすことになった。一つは、華夷的国際秩序を否定した次の段階として「日清韓は唇歯輔車の関係を以て成るの国」と称し、欧州諸邦に対し「東洋」として「相ひ結託」する論が浮上してきたことである。

清韓両国との結託

清韓両国に対し、日本は欧州諸国と同列の「文明国」として「国際公法の理」を掲げる。しかし、半面「列国的干渉なるものは、其の名こそ世界の平和を維持するに在れ、其の実は強者相結びて弱者を制するの悪手段」であることを清国に説き、欧州列強の干渉を排し、「日清韓の唇歯輔車の関係」を主唱するのである。日本は、対清韓に「文明国」と「東洋の一国」という二重の役割を果たすことになる。

欧米の野蛮性を指弾

また、欧州列強に対しては、一方で日本は今や欧米と同じ「文明国」の一員であるという。しかし、また一方で欧米列強の野蛮な侵略性を批判するのである。その一例が、明治二七年一一月、旅順《りょじゅん》占領の日本軍の残虐行為を報じた外電への憤激である。明治二七年一二月一四日社説「自称文明国人の無道（英国の行ひたる暴行実例）」は、日本軍の行為を清国兵の残虐行為への「天誅」と正当化し、「理に於ては或は穏当を欠く所ありと雖も情に於ては恕すべき所あり」とする。その上で、インドやオーストラリアでの英国の残虐行為を毒々しく暴きたてた。さらに一六日の社説「支那人種を根絶せんと勉める文明国」では、英国人が中国でアヘンを販売していることを挙げ、「此れ文明国人の真相なり」と、自らを顧みない「自称文明国人」の野蛮を激しく攻撃したのである。

文明国の二面性

これまで、羯南がこれほど激昂して欧米列強の侵略の非道さを非難したことはない。日本の「文明国」化をめざす彼は、欧州列強が裏面でもつ野蛮さを承知しながら、それを筆にするのを抑制してきた。だが、日本が清国に対して「文明国」として振る舞っていると自負しているところに、「自称文明国人」によって日本の残虐を国際的に報道され、一挙に憤慨が噴出したのである。欧米の「文明」に追いつきたいという願望と「文明」が裏面にもつ理不尽な残虐さへの憤慨という相矛盾した感情の爆発である。そこにも「文明」意識と「東洋」意識が二重に存在している。

矛盾した感情の爆発

二重の理念的役割

羯南のなかで、「文明国」と「東洋の一国」という日本が果たすべき二重の理念的役割が強く意識された。「文明国」としては、欧米列強と同様に、清韓に対し「文明」の理を掲げて接し、進出をはかる。「東洋の一国」としては、欧米列強に対抗し、「日清韓の唇歯輔車の関係」を追求する。この対欧米、対清韓それぞれに対する両義的態度は、現実的には両立させることはきわめて難しく、大きなディレンマが生ずることは避けられない。

困難な対外策の構想

こうした二律背反のディレンマからは、現実的な対外策を構想することは非常に困難である。そこで、羯南は、「文明」「東洋」を理念としては論じながら、対外策ではいったん棚上げにして、力の論理が支配する国際政治という認識から現実主義的な対外政策を案出しようとした。しかし、現実を理念からまったく別次元に隔離してしまうこともまた難しく、時に現実に理念が招来され、ディレンマが生ずることも不可避であった。

「北守南進」論

羯南が、現実主義的対外策として日清戦争中から打ち出したのが、「北守南進」論である。「北守南進」論とは、「帝国自然の向背は北方に於て防守的なるべく南方に於て進取的なるべし」という対外策である（明治二七年一〇月一七日「外政策」七回連載）。これは、「東洋の将来は英露両国の角力場たらんとす。角力場に列坐する日清韓の諸国は此二大力士に向ひて如何せんとするか」という問題意識にたち、南方から進出してくる英国、北方から進出してくる露西亜《ロシア》の両勢力のはざまにある日本は、その地政学的位置から北方には防守し、南方への経済的進出をはかるべきだというのである。

朝鮮問題とシベリア鉄道

当面の焦点は、日清間の争点となった朝鮮問題だが、日本の主導による朝鮮の独立を確保し、さらにロシアの敷設するシベリア鉄道を「亜欧間の国際的公路に転用する」などして隣接するロシアとの共存をはかるという策である。この「北守南進」は、英露および清国の国力を冷静に測定して割り出し、力の「均勢」をはかる対外策であって、英国・ロシアなどの「文明」への幻想はない。北方でロシアとの共存が可能なのも、ロシアの実勢がさしあたり日本にとって大きな脅威ではないという判断からであった。

当然、羯南の講和条約に対する期待は、「南進の路を開け」（明治二七年一一月二二日社説）ということにあり、戦争末期には台湾の早期占領を谷干城を通じて伊藤博文《ひろぶみ》に働きかけ、「台湾占取ノ急務ヲ説ク」という意見書を作成していた（『全集』第一〇巻）。

欧米列強への警戒感

彼が、強い危惧を抱いていたのは、日本の戦勝によって東アジアでの欧米列国の力関係が変動し、その干渉を招くことであった。このため、英仏の新聞論調などに十分注意をはらい、池辺吉太郎《いけべきちたろう》が「鉄崑崙」の名でローマやパリから欧州列強の動きを報じた「巴里通信」を明治二七年一一月一八日から『日本』紙上に連載したのも、欧州列強の動きへの警戒感からであった。

羯南からすれば、日本政府が遼東《りようとう》半島割譲を求めたのは愚策にすぎず、それが案の定、独・露・仏三国の干渉を引き起こした。干渉の報に接するや、四月三〇日、羯南は、谷干城邸で谷と意見交換した後、直ちに、当時京都滞在中の天皇、伊藤首相の意向を探るべく京都に赴いた。

伊藤博文の意向を探る

谷干城宛書簡によれば、伊藤首相等は、いずれも「一切面会謝絶」で面会ははたせなかったが、「三国同盟之干渉ハ専ラ排英主義ニ在リテ、日本ヲ仇トスルニ非ルコト。英国ハ我ト同盟スル考ニアラス、又我モ彼ト同盟シテ恃ムヘキニ非ルコト」の二ヵ条を議員等や当局者に吹き込み、特に神鞭知常《こうむちともつね》を通じて松方《まつかた》に伝えたという（『全集』第一〇巻所収）。東アジア情勢をロシアと英国との対立を軸に理解する羯南は、三国干渉を「排英主義」の表れと判断し、干渉への反発から日英同盟論が台頭することを警戒したのである。

日英同盟論台頭を懸念

羯南は五月中旬まで京都にあったようで、遼東還付に関する新聞社説「遼東還地の事局に対する私議」が掲載されたのは、五月二七日になってからである。これは、「叙言」から始まる五つの節で構成された長大な論文で、伊藤博文首相の過ちと責任を厳しく追及した堂々たる意見書である。彼は、「国際の事は時に力を以て裁すべく、唯だ理

伊藤首相を追及した意見書

を以て争ふべからず」と、国際関係は力と力との関係であり、それに基づいて行動しなければならないという。政府の誤りは、東アジアでの国際力学を読み誤って、安易な講和条約を結び、かえって日本の「面目」を汚したことにある。

今となっては、いたずらに三国に憤慨をぶつけるより、せめてもの善後策をたてなければならない。彼の考える善後策は、日本の承諾なしに他国に遼東半島を割譲しないことなど五項目を清国に約束させることであった。そして、最後に今回の失態を招いた政府の責任を明らかにすることを求め、伊藤首相の引責を要求した。

伊藤擁護の朝比奈知泉と論戦

国際政治が「力を以て裁」さなければならない冷酷な現実だけに、そのなかで列国と対抗する政府は国際力学を測定する判断力をもたなければならず、その責任を明確にしていかねばならないのである。羯南は、その後も、伊藤を弁護する『東京日日新聞』主筆朝比奈知泉《あさひなちせん》と四回に渡って激しく論争しあった。

二　松方内閣への接近と新聞紙条例改正案

松方正義に接近

日清戦争中から、羯南は薩摩閥の松方正義《まさよし》に接近していった。これまで条約改正運動、条約励行運動など政治活動に奔走してきたが、それらは、対外硬政治集団との連携、谷干城や近衛篤麿《このえあつまろ》ら非主流有力政治家を媒介にした工作など、いわば政権の外側からの活動であったが、それにあきたらず、藩閥の内側に入って政治活動を行おうとしたのである。

長州閥への対抗戦略

それは、松方・薩摩閥を利用して、伊藤博文・長州閥に対抗し、政治の「均勢」をはかる高等戦術であったと考えられる。この時期、羯南に限らず、旧条約励行派は松方正義に期待をかけていた。徳富蘇峰《とくとみそほう》『蘇峰自伝』によれば、「松方公の周辺には、寧《むし》ろアンチ伊藤とも云ふべき者が、尠《すくな》からず集つて居た。例へば東方策士の稲垣満次郎、神鞭知常、高橋健三等」である。蘇峰自身も、戦争中から松方との「政治的関係は濃厚となり。松方公の意見書等は、悉くとは云はぬが、予の手に成つたものも、尠くなかつた」という。

高橋健三の仲介

羯南と松方の関係を最初に仲介したのは、高橋健三のようで、明治二八年三月二四日付羯南宛書簡で、当時大阪朝日新聞に在社していた高橋健三は、大蔵大臣に就任予定の松方に面談した際、「将来陸と共力して応分の事為すへしと返答致置候。内々御含置可被下候」と松方への協力を依頼している。その後、羯南は松方と親交を深めた。松方内閣には高橋健三と神鞭知常がそれぞれ内閣書記官長、法制局長官として入閣したが、いずれも羯南の推薦によるとされる（神鞭知常「逸事」『自恃言行録』）。

松方に利用価値を見出す

羯南は、伊藤博文・自由党提携関係への強力な対抗勢力となり得るとして松方内閣に期待したのではない。むしろ、「吾輩は松隈内閣を逆境内閣微弱内閣として之れに同情を表するを吝《おし》まず」と（明治二九年九月二四日「松隈内閣の前途」）、基盤が弱体であるが故に、利用可能であるとみなしていたのである。

内閣政綱起草への関与

松方内閣の政綱起草は主に高橋健三があたったが（前掲神鞭「逸事」）、羯南が政綱作成にも関与したことを示す文書も残っており（梅溪昇「陸羯南宛犬養毅《いぬかいつよし》・井上毅《こわし》・近衛篤麿・内藤鳴雪《めいせつ》の書簡」『日本歴史』一九九三年一〇月号）、おそらく高橋が羯南の意見を聞いたのである。

政綱への論評

責任内閣制

政綱への『日本』の論評は、一〇月一三日社説「所謂る施政の方針」として発表されたが、彼自身が政綱作成に関与したことはおくびにも出さず、「時弊に適中する者意外に少きが如きは、遺憾ながら失望の嘆を発せざるを得ず」と述べている。ただ、失望を表しながらも、これまでの内閣に比し、評価できる点としていくつかあげているのは、第一に、政綱に「帝国議会の協賛を完うをするを務め」という一句があることである。これは、責任内閣制への前進であるという。だが、実は、先の梅溪紹介の文書によれば、この一句は羯南自身が原案に加筆したものであって、松方の抱負というより、羯南の主張なのである。

言論の自由尊重

政綱で、もう一つ評価しているのは、言論の自由拡大に言及したことである。「言論出版集会等憲法上人民の享有すべき権利自由は政府厚く之を尊重し」という表現は、「甚だ不満足の感」があるが、それでも、今まで言論の自由尊重を言った内閣はないことからすれば大きな成果である。

実は、この部分に、羯南は「尚立憲政体ノ精神ニ基キテ」という一句を加筆していた。言論の自由が「立憲政体」に根ざすことを強調し、その実現をだめ押しするつもりであったのであろう。しかし、それは採用されなかった。「不満足」表明は、それへの抗議の意味である。しかも、政綱には発行停止条項廃止は明記されていないのだが、「新聞紙発行停止の条を削除する」ことを約束したと強引な解釈を加えている。

政綱実行を迫る

このように、羯南が松方内閣政綱の長所と敢えて強調している責任内閣制・言論の自由は、読者への松方内閣弁護論であると同時に、その鉾先は暗に松方にも向けられていて、政綱実行を迫っているのである。

松方内閣において最重要の政治問題となったのは、新聞紙条例改正、すなわち新聞発

『二十六世紀』事件

論説「宮内大臣」が政府を刺激

父中田謙斎の死により弘前へ

行禁停止である。この問題は、閣内・閣外の複雑なせめぎ合いとなったが、その前哨戦が『二十六世紀』事件であった。『二十六世紀』事件とは、大阪の二十六世紀発行所から発刊されていた雑誌『二十六世紀』第二二号（明治二九年一〇月二五日）掲載の「宮内大臣」と題する論説を一一月九日の『日本』が転載し、論評を加えたことが政治問題化した事件である。雑誌『二十六世紀』は、大阪朝日新聞社の系列下にあり、明治二七年二月一一日の創刊時には大阪朝日新聞主筆の高橋健三が主宰し、川那邉《かわなべ》貞太郎が編集にあたっていた。明治二九年の時点では高橋は内閣書記官長就任のためすでに退社していたが、高橋との関係が事件の伏線であったことは間違いない。

論説「宮内大臣」は、土方久元《ひじかたひさもと》宮内大臣が、伊藤博文一派と結託して不明朗な宮内行政を行っているという内容で、それだけでも刺激的だが、『日本』はその転載にあたって、より疑惑を増幅する論評を付け加え、一段と伊藤と土方への攻撃色を強めていた。これが、土方らを刺激し、大問題となったのである。土方大臣は『二十六世紀』と『日本』への厳罰を求め、閣内では野村靖《やすし》逓信大臣がこれに呼応して両紙への行政処分を主張した。

ちょうどこの一〇月の時期、羯南は、一〇月三一日に父中田謙斎《けんさい》が八〇歳で没し、一一月中旬まで弘前に滞在していた。したがって、論説「宮内大臣」を転載し、伊藤系の『東京日日新聞』との論戦に火をつけたのは、留守を預かった編集陣と考えられる。

発行停止処分

政府内部では野村らの発行停止論と樺山資紀《かばやますけのり》らの反対論が対立したが、結局、一一月一四日に雑誌『二十六世紀』は発行禁止、『日本』は九日にさかのぼって発行停止処分と決定した。廃止が議題にのぼっている発行禁停止が実行されたのである。

反攻を強化

新聞は二二日に解停となったが、二二日の紙面は発行停止解停を告げる社告を一面冒頭に置き、以下社説「宮内省の清粛」「非大不敬論」「混同惑乱の上」「混同惑乱の下」「彼の胡言を斥く」「臣道を明にし宮内大臣の失職を辞す」、雑報「宮相事件と輿論」、論説「土方事件」雪嶺、雑報「宮相事件の顛末」と宮内省を批判する記事を満載している。急ぎ帰社した羯南は、留守中の編集方針を支持し、土方と伊藤への攻撃を強めたのである。

新聞紙条例改正に動く

『二十六世紀』事件は、松方内閣内部の保守派、それと提携する長州閥、国権派勢力の根強さを浮かびあがらせた。羯南は、態勢を整えて新聞紙条例改正運動に取り組まねばならなかった。運動は紙面キャンペーン、記者同盟の組織化などの方法で進められたが、今回がそれまでの運動と大きく異なり、結果的には複雑となったのは、羯南が内閣内部と太いパイプをもっていることである。

閣内工作の役割

『日本』の社説・論説・コラム・報道記事などは、読者輿論への働きかけであると同時に閣内工作という性格ももつことになった。例えば、羯南は、弘前滞在中の一〇月二二日、高橋健三からの書簡で、「内相は発行停止全廃之決意之模様ニ相見受申候。是は今暫く内密ニ致置候必要有之候間、左様御了知可被下候」との情報を得ていた。したがって、『日本』の記事は、樺山の後退を封じ、他の閣僚に圧力をかける方向で作られたのである。

新聞発行禁停止全廃同盟

また、『日本』は禁停止を求める新聞記者運動の中心となった。一二月一二日、府下主要新聞社代表が新聞発行禁停止全廃同盟を結成し、日本新聞社・読売新聞社・国民新聞社・帝国通信社を総代に選出した。総代は、具体的な活動方針を協議し、これに基づき、一四日、総代四社員が樺山内相を官邸に訪問し、行政処分による発行禁止・停止制度の全廃を申入れた。四人は「発行禁停止の非理不法の理由」と題する「手控」を参考として内相に手渡したの対し、内相は「或ハ諸君の希望を満足せしむるに至らざるやも知れず」と消極的な返答に終始し、発行禁止全廃、発行停止存続の内務省案が首相に提出されているとの情報を得た記者がその真偽を質しても、明言を避けた（『読売新聞』一二

樺山内相の消極的態度

月一八日「新聞同盟運動の顚末」)。

記者たちの運動強化

発行停止全廃を「決意」しているはずの内相も、内務省内部、内閣内部の反対論・慎重論に足を引っ張られ、見通しがもてなかったからである。これに対し、記者たちは一層運動を強め、一二月一五日、府下主要新聞社の社長主筆クラスの記者たちが、新聞紙条例改正問題を協議した。出席したのは、田口卯吉《うきち》(経済)、箕浦勝人《みのうらかつんど》(報知)、三宅雄二郎(日本人)、肥塚龍《こいづかりゆう》(毎日)、陸羯南(日本)、志賀重昂《しげたか》(日本人)、人見一太郎(国民)、北川禮弼(時事)、西村時彦(朝日)などである(『日本』一二月一八日)。一六日、これら記者たちは、手分けをして松方首相、樺山内相ら政府要人、各政党代表を訪問して発行禁停止全廃を訴えるなど運動を展開した。さらに犬養毅に書簡を送った志賀重昂は「政府にして停止全廃案を提出せずんば全国の同盟新聞雑誌は一斉に反対すべく、又進歩党中にも少くも十名の代議士脱党者あらん」と圧力を加えていた(『大隈重信関係文書』第一巻)。

政府批判の声

発行禁停止全廃に踏み切れない政府に対する不信感は次第に強まり、新聞の間からは政府批判の声があがってきた。『読売新聞』一二月一六日社説「発行禁止を濫用せんとするか」は、「松方伯、大隈伯、樺山伯等、皆是れ平昔より禁停止処分の無用を公言したる人、然るに今や相率ゐて政府の要路に立ち、輙《たちま》ち其平昔を没了して、天下を欺き、独自を欺き、以て区々の俗論に殉せんと欲するか」と激励半分、批判半分の主張を唱えている。

廃止反対派との妥協を模索

松方への失望

こうした状勢に対し、『日本』は微妙な舵取りを余儀なくされ、廃止反対派との間で現実的妥協点を見出す方向を模索していこうとした。また、羯南が全廃一本槍でいけない一つの条件は、影の支援者である品川弥二郎《やじろう》が国民協会の代表として発行禁停止全廃に強く反対していることにあった。佐々友房《さっさともふさ》宛品川弥二郎書簡（一二月九日付）によれば、久しぶりに品川を訪問した羯南は「トンダ馬鹿ヲ見ました。カ、ル弱き人々とハ真ニシラサリシ、何カ好事ヲ一二遣ラセ度ト思ひシカ殆絶念仕候。議会マデ持テレバヨイガ」と語ったという（「佐々友房文書」国会図書館憲政資料室）。これは、松方の優柔不断への失望だが、それを品川に弁明しているところに彼の苦境がうかがえる。

風俗紊乱記事の規制

政論新聞と小新聞を区別

妥協点は、一つは風俗紊乱《びんらん》記事への処分であり、もう一つは限定的発行停止の容認であった。前述したように、もともと羯南は、発行停止廃止を強硬に要求しながら、風俗紊乱記事については発行禁止規定新設案を提示するなど、政論新聞と小新聞とを法的に区別しようとしていた。この考えは、この時期にも主張され、一〇月二九日国友重章《くにともしげあき》（随軒《ずいけん》）の論説「言論の自由と新聞同盟」は、「吾輩は政治新聞の記事論説に於いては政府をして言論の自由を束縛するの口実を有せしめざるを信すと雖ども、所謂小新聞なるものに於て、往々は之を保する能はず」と、政治新聞の言論自由は当然だが、その自由を小新聞にそのまま享受させることはできない。その上で、「政論の異同を問はず、新聞雑誌の徳義及品位を保つの目的を同くするの制規」を定める新聞同盟を設立し、「互に注意し、互に戒愼し、以て反対者をして讒誣《ざんぶ》の口実を失はしめ、以て政府をして安心して言論の自由の束縛を廃せしむる」ことを提案している。この場合の新聞同盟は、発行禁停止全廃の新聞同盟とは別物で、新聞倫理を自主規制する業界団体である。風俗紊乱記事横行を理由とする禁停止全廃反対論に対し、業界の自主規制実施で「安心」させようとしたのである。

発行停止の存置案

もう一つの妥協は、禁停止全廃が閣内合意を得られないのであれば、発行停止を一定の条件のもとで存置させる案である。これは内務省・樺山内相の案に近い。一二月二一日『日本』社説「理想の譲歩?」は、発行停止存続の政府案について「理想界の問題は現実界に入りて多少の譲歩を容認せざるべからず。吾輩は諸党の為めに之を言ひ、又た藩閥諸老の為めに之を言ふ。政界は本と学説の争にあらず」と妥協を認めた。

新聞同盟内からの批判

こうした『日本』の言論は、新聞同盟の他新聞から厳しい批判を招くことになった。

『読売新聞』は、一二月二三日記事「日本新聞の軟化変節」において、伝えられる政府案が発行停止存続であるにもかかわらず、「独り日本新聞のみ平生の持論に似もやらず極めて平静を装ひ」、社説「理想の譲歩」では「譲歩」の必要を説き、「形式の改正にて満足せんと云ふ」と『日本』を激しく攻撃し、「『日本』を新聞同盟より除名せよ」とまで唱えた。

新聞同盟の分裂

これに対し、『日本』は翌日反論し、新聞同盟は発行禁停止全廃のみを目的とする団体であって、政府案に不満であるとしても、政府反対運動に向かうのは間違いであると主張した。しかし、この論争によって新聞同盟は事実上空中分解し、肝心の政府案が成案を見た段階で、新聞同盟は何の意見表明もできなくなったのである。

政府案の修正に期待

結局、政府案は、行政処分としての発行禁止を廃止したが、内務大臣と拓殖大臣による一週間以内の発行停止権限は存続させたもので、かえって『東京日日新聞』のように発行禁停止全廃反対論の新聞が「毫も今日と異なるなかるべき」と歓迎する事態となった。『日本』も「頗る不完全」と報道したが、一二月二七日社説「新聞紙法改正案（発行禁停止の全廃及非全廃）」は、政府案を「稍々進歩せしものなり」と評価し、今後「願くは修正を加へて、更らに一層其完全なるを図らん」と将来の修正に先送りする論を唱えた。

閣内廃止派への配慮

高橋・神鞭ら閣内廃止派の努力を熟知する羯南は、政府案をむげに否定できず、議会での修正という迂回路線をとろうとしたのである。新聞紙条例改正が議会審議に入るや、『日本』は衆議院特別委員会で修正がなされた場合、政府は「成るべく譲歩し同法案をして兎に角本年の議会を通過せしむる意向」などと政府の意向を代弁する記事を載せている。

修正案の可決

しかし、衆議院特別委員会において進歩党の箕浦勝人らを中心に修正案作成が開始され、さらに衆議院・貴族院での審議が進むと、『日本』にかぎらず各新聞とも修正案賛成の論調ではあるが、社説等での積極的な意見提示は乏しくなっていった。結局、二月二七日の衆議院で特別委員会修正案が可決、ついで三月一七日の貴族院でも可決され、長年の願望であった新聞紙条例の改正は実現した。改正案は、内務大臣・拓殖務大臣の発売頒布禁止・差押え権は削除され、告発の場合のみ内務大臣による一週間以内の発行停止権限を認めるもので、『日本』は「憲法実施以来の最大盛事」と大歓迎を表明している。

『日本』の不面目

しかし、それまで執拗に発行停止廃止を要求してきた『日本』とすれば、肝心の時点で他紙から「軟化」の批判を浴び、『日本』が「進歩的」と評価した政府案より実際に成立した改正案のほうが発行停止権限を限定するなど「進歩的」であるというのは、不面目な事態であった。羯南が松方内閣に深入りし、閣内事情に配慮したために、言論報道が精彩を欠くことになってしまったのである。

松方内閣から離反

結局、羯南は、明治三〇年一〇月頃には、松方内閣との縁を切ったと見られる。伊藤博文等との「均勢」をはかるつもりで松方内閣に接近したのものの、閣内は内紛が絶えず、進歩党との関係もぎくしゃくし、肝心の財政整理等の政策はほとんど実現しない状況に嫌気がさしたのであろう。一〇月五日『日本』社説「施政方針再読」は、前年の施政方針を読み直してみるに、弱体な松方内閣に「構成的事効の成就」は無理で、「唯だ宿弊に対する破壊的改革」こそを任務とすべきであることを勧告している。これは、「破壊的方法」をとらない松方内閣への事実上の決別宣言であり、一〇月八日には盟友である高橋健三・神鞭知常はそれぞれ書記官長・法制局長官を辞職した。

芋の腐敗と番人逃亡

一〇月一七日、羯南が品川弥二郎に送った書簡に、「昨年より偶然のハヅミにて芋畑の番人ニ手伝仕候処、芋ハ存外ニ腐敗、番人等も最早呆れはて、病ニ托して逃去り申候。此上ハ小生も別段手伝の必要も無之、一年間の尻押も全く無駄ニ相成申候」とある。「番人」とはおそらく高橋健三を指し、彼が辞職した以上、松方内閣支持を撤回したと報告しているのである。

羯南と蘇峰の相違

羯南のライバルである徳富蘇峰は松方内閣成立時には外遊中で、帰国後に松方内閣を急ぎ支持し、進歩党の内閣絶縁後も、松方を支持し続けたため「変節」の非難を浴び、苦境に陥った。これに比し、早くから支持した羯南は見きわめも早く、結果的に声望を大きく傷つけずにすんだが、彼の政治プログラムは不首尾に終わったのである。

三　戦後経営批判と東亜問題

社説の掲載本数

日清戦争後の、『日本』紙面を通覧して気がつくのは、無署名の社説が減少していることである。『日本』掲載の社説をすべて収録した『全集』をもとに、社説本数を算出すると、表のように社説の本数は、明治二八年から低下しはじめ、二九年、三〇年と低水準になっている。通常、社説はすべて羯南執筆とは限らないが、ほとんどは彼の執筆のはずで、社説減少は羯南の言論活動への集中低下を示している。

身辺の不幸

これには、いくつかの理由があろうが、一つは、この時期、羯南にとって個人的な不幸が続き、社説執筆への集中をそがれた事情がある。明治二九年五月、故郷の父中田謙

父の死

齋が病に倒れ、その見舞いのために帰郷した。父は、この時には持ち直したようだが、この年の一〇月に再び悪化し、羯南は看病のために弘前に帰り、看病にあたったが、三一日に父は永眠した。幼くして母を亡くした羯南にとって父の死は、耐え難い悲嘆であったろう。

高橋健三の死

また、明治三一年七月二二日、かねて病気療養中であった高橋健三が没した。高橋は、官報局の上司というだけでなく、また思想的同志でもあり、互いに敬親する間柄であった。羯南は、高橋健三を悼む『自恃言行録』に「自恃庵の書束」を寄せ、高橋からの来簡を紹介するとともに、彼との交情を語っている。

長男乾一の死

明治三二年四月二三日、待望久しい長男が生まれ、乾一《かんいち》と名付けたのは喜ばしいことであった。しかし、翌年の二月九日、この長男を亡くした。羯南はこの痛哭について語

『日本』掲載論文数
（『陸羯南全集』による）

明治21年	194
明治22年	249
明治23年	329
明治24年	241
明治25年	225
明治26年	260
明治27年	265
明治28年	205
明治29年	147
明治30年	117
明治31年	131
明治32年	158
明治33年	151
明治34年	234
明治35年	209
明治36年	168
明治37年	275
明治38年	240
明治39年	103

ることはなかったが、正岡子規「竹乃里歌」に「羯南子男子を失へるに」として、「淵にすむ龍のあきとの白玉を手に取ると見し夢はさめけり」という一句がある。

言論活動から政治活動へ

こうした私的な不幸が、言論への集中を衰えさせたことは間違いない。しかし、痛手を打ち払うかのように、羯南は実際政治に深入りした。前述のように日清戦争前後の政党・政派関係の流動化状況のなかで、条約励行の新聞記者同盟から松方内閣に関与した。さらに松方との関係を切った後も、後述する東亜同文会をはじめ東亜問題関係の団体に参画するなど、彼の活動は活発である。言論活動以外に彼のエネルギーが向けられ、社説執筆が減少することになったのであろう。

三宅雪嶺

社説掲載は減っているが、全体として『日本』の言論活動が衰弱した印象はない。それは、政教社《せいきょうしゃ》の三宅雪嶺《せつれい》はじめ、書名入り論説が定期的に掲載され、言論に生彩をあたえているためである。特に、三宅雪嶺の役割は大きい。

『日本人』

言うまでもなく政教社の『日本人』は、創刊以来、『日本』とは人的にも思想的にも密接な関係のもとに活動していたが、同人意識の拡散や度重なる発行停止などで紆余曲折を繰り返し、明治二六年一〇月一〇日発刊の第二次『日本人』からは三宅雪嶺と志賀重昂の二人が主宰する体制になった。しかし、その志賀重昂が松隈内閣での農商務省山林局長就任など実際政治に参加したことから、事実上政教社から離れ、明治二八年七月五日に第三次『日本人』が発刊された際には、三宅雪嶺一人が主筆を務める体制になった。

日本新聞社との関係強化

雪嶺としては、新聞『日本』との関係強化で政教社復興をはかっていく道を選び、政教社事務所も、『日本人』第七〇号（明治三一年七月五日）から神田雉子町《きじちょう》三二番地の日本新聞社社屋に移転し、「政教社は日本新聞社の楼上の片隅」にあるかたちとなった（丸山幹治《かんじ》「三宅雪嶺論」『日本評論』昭和一一年六月号）。この時期、『日本人』のライバルであった民友社の『国民之友』も廃刊となるなど、明治二〇年代に青年層を魅了した雑誌は曲がり角に達し、戦線縮小を余儀なくされていたのである。

雪嶺に論文執筆を依頼

羯南のほうでも、雪嶺の助力を必要としていた。明治二八年一二月二八日付書簡で、「「日本」の論説起草日割ハ左之如く　日曜—陸　月曜—三宅　火曜—福本　水曜—陸　木曜—三宅　金曜—福本　土曜—陸　と相定め、即貴兄ハ必ず一週間ニ月木之両日ニ原稿御廻し被下候様相願度」と、雪嶺に定期的論文執筆を依頼し、見返りに羯南が『日本人』に論文を出すことを約束している（『全集』第一〇巻）。実際の紙面を見ると、すべてこの分担通りになったわけではないが、羯南執筆の無署名社説が週二回か三回、残りを雪嶺等の署名入り論説の掲載というローテイションでほぼ言論欄が埋められている。

その後も、羯南は、遅筆の雪嶺に手を焼きながらも、論説執筆に頼っていた。明治三一年、福本誠が欧米巡遊出発すると、「従来之御礼之外ニ猶三十円斗は差上可得と存候間、何卒此上ハ当社員と思召し、一層御尽力被成度願上候」（『全集』第一〇巻）と、一層の協力を求めた。

明確な言論

社説執筆は減ったものの、羯南の言論の方向性は明確であった。第一は、国内政治論として「国家主義の濫用」など戦後経営が作りだす趨勢を批判し「均勢」を保とうとする論議、第二には東アジアにおける列国の力の「均勢」のはざまで非軍事的な「北守南進」をはかろうとする対外論である。国内における「国家主義」批判と対外論としての「北守南進」論とは、分かちがたく結節されており、力の「均勢」という発想から立論されている。もともと、「国民主義」も「欧化」に対抗する「均勢」論として提唱されていたように羯南には、動に対抗する反動によって「均勢」をはかるという力学的思考

力の均勢

が存在したが、戦後の社会・思想潮流、国際動向のなかで一層鮮明にでてきたのである。また、大勢を批判し「均勢」をはかるのが新聞の使命とみなす彼の新聞観も力学的思考を昂進させた。

社説「国家主義の濫用」

明治二九年三月二三日、社説「国家主義の濫用」は、直接的には「国家」という「偽造の錦旗」を掲げて積極主義をとる自由党への批判であるが、かつては「国家主義を講じて以て輿論を誘導」してきたと自負する羯南が、「凡そ事物は其の極端に至れば皆な弊あるを免れず」と、「国家主義の濫用」の時勢を厳しく批判し、「世の所謂る個人主義をも再び喚び起すの必要あるを見る」と論じたのである。日清戦争後、対外硬・国家主義論が時流になったとき、彼はそれに敢えて逆行し、批判する立場にたった。

現在の国家主義を批判

彼に言わせれば、現在の「国家主義」と称するものは、「政府の権勢を尚ぶ」というだけの「政府主義」であり、その「所謂る国家は、『人民』を取除きての国家」である。「国家権威の外伸」のためには、人民も政府も苦痛を忍ばなければならなかったときもあったが、戦勝の今になっても、政府のみが「権勢」をふるい、「人民の休戚」が忘却されているというのである。

三国干渉への認識

こうした事態をもたらしたのは、三国干渉への誤った認識である。干渉への憤激が「臥薪嘗胆」のスローガンによって一層煽られ、軍備拡張論の大勢となった。しかし、羯南からすれば、三国干渉は冷酷な国際政治への認識を欠いた伊藤首相の失敗以外の何ものでもなく、それを軍備不足にすり替えて、軍備拡張に邁進する戦後経営は、「臥薪嘗胆といふ嘘から出た誠」にすぎなかったのである（「軍備拡張と行政」(上)二九年一〇月九日)。

臥薪嘗胆

もともと「臥薪嘗胆」という言葉を最初に使ったのは、『日本』五月一五日に三宅雪嶺が発表した論説「嘗胆臥薪」(上)である。雪嶺はロシアに対する敵愾心を煽る意味で使ったのではないのだが、それがロシアへの敵愾心、軍備拡張を煽る流行語に転じてしまったのである。このため雪嶺は上中下連載を予定していた論文を五月二七日の(中)で敢えて筆を折り、末尾に「『嘗胆臥薪』の語亦既に外政の失敗を帮助するの良口実と為り畢ぬ、吁其れ如何ぞ尚ほ斯語を累はして下篇を綴るに忍びんや」と書き添え、社会の風潮を慨嘆している。

軍国主義批判

羯南は政府の進める軍備拡張に正面から反対する。彼が求めるのは国力に相応しい軍備であり、「財政の余裕を伴はざる大軍備は、寧ろ非常準備の資を有する小軍備に如かざる」のである（「東洋近勢と軍備」三〇年一二月五日)。そして、「戦後の政界は国の膨張を叫びつゝ、何時の間にか知らず識らずの間に『軍国主義』を国是と認めざる可らずなりぬ」（「国是談（帝国主義＝軍国主義の価値)」明治三三年三月六日)と「軍国主義」を批判する。羯南のいう「軍国主義」とは、ロシアとの軍事的対決を暗黙の前提とした軍備拡張最優先の政策である。それは、外交政策として合理性を欠いているだけでなく、財政を圧迫し、社会や人心の疲弊・腐敗をもたらしているのである。

実業振興を重視

軍拡の代わりに、必要なのは、行財政整理、実業教育をはじめとする実業振興である。当然、伊藤内閣・山県《やまがた》内閣の提案する地租増徴には反対である。明治三一年一二月の山県内閣による地租増徴法案には谷干城らの地租増徴反対同盟と共同歩調をとり、反対のキャンペーンを展開した。

地租増徴論争の双方に誌面提供

しかし、羯南はただ反対論を唱えただけでなく、地租増徴賛成論の田口卯吉にも紙面を提供し、『日本』を谷干城の反対論との論争の場としていった。さらに谷と田口との論争をまとめ『地租増否論』『続地租増否論』として日本新聞社から刊行した。前述のように、論争当事者がそれぞれの「理」を争う論議論争こそ新聞の最も重要な機能であり、論争の規範と場を自ら形成しようとしたのである。

対立意見の均衡確保

彼にとっては、二つの対立的意見の「均勢」の喪失こそ最悪の病理現象であった。「自由論派の対面には保守論派なきを得ず」、また「保守論派」の対面には「自由論派」がなければならない。「国家主義」「軍国主義」が旺盛をきわめる状況に対しては、「真の国家主義を抱く者」は、「匡済者《きょうさいしゃ》」として「新自由論の発生」（「政界の趨勢を観て新自由論の発生を促す」（一八年一二月二三日）を促し、また「世の所謂る個人主義をも再び喚び起すの必要あるを見る」（「国家主義の濫用」一九年三月二三日）のである。

国家社会主義の必要性

しかし、彼は、「自由主義」を金科玉条とするわけではない。「自由」を説きながら、同時に自由放任の弊害をも指摘し、「国家社会主義」の必要を唱える。明治三〇年三月二二日から「国家的社会主義」と題する社説を七回連載し、欧州での社会主義運動・労働運動の動向から眼前の足尾鉱毒問題までを視野にいれ、「吾が国家は自然の状態に放任するの自由主義にあらずして、反《かえ》つて人為的に不平等を増進せしむるをや。其の弊たる復た多言を費して説明するの必要なし。国家的社会主義は国家をして社会経済の弊を匡救《きょうきゅう》せしむといふに在り」（「国家的社会主義（一）」明治三〇年三月二二日）と、「自由主義」が「不平等」を増進させる弊害を指摘し、国家が「社会経済の弊を匡救」する「国家的社会主義」を唱えていたのである。

論鋒の変更

かつて「地租増徴」に賛成し、「自由主義」「個人主義」を批判してきた羯南は、日清戦後の「臥薪嘗胆」の風潮のなかで、「国家主義」「軍国主義」を批判し「自由主義」「個人主義」を擁護するという逆転した役割を果たしていた。しかし、「凡そ政論壇上に立つ者は時の政弊を匡すの目的に於て、其の論鋒を変更する可なり。論鋒の変更は是れ主義の変更に非ず」（「政界の趨勢を観て新自由論の発生を促す」二八年一二月二三日）と述べている通り、彼の「主義」が変更したのではない。

時の政弊を見る

もともと、「自由主義は個人の賦能を発達して国民実力の進歩を図るに必要なり。平等主義は国家の安寧を保持して国民多数の志望を充たすに必要なり」（『近時政論考』）と主張されていたように、羯南の「国民主義」にあっては「自由主義」「平等主義」は重要な構成要素であった。だが、「時の政弊」が「自由主義」の過剰にある時には、「国家主義」を唱えてきた。逆に、「国家主義の濫用」が「時の政弊」となった際には、「自由主義」を前面に押し出したのである。彼は、「抽象的原則を神聖にしてこれを崇拝する者」ではなく、「国民の任務を確認してこれに要用なる者を採択し、以て国政上の大旨を定むる者」であって、常に「時の政弊」が何であるかを看取し、それを匡し「均勢」させることこそ新聞の使命であったのである。

均勢の発想

そうした「均勢」的発想は、羯南の言論のもう一つのテーマである対外問題においても一貫していた。前述のように彼は、軍備拡張に反対していたが、「抽象的原則」として平和主義を奉じて軍備拡張に反対しているのではない。当面の国際状況や日本の国力からみて軍備拡張は「要用」ではないと主張しているのである。

国際情勢への認識

彼の東アジア状勢認識は決して楽観的なものではなかった。むしろ、「日清戦争以後の欧州列国は、漸く外交上の侵略主義を取るの傾き」である（「東亜の列国近状（一）」三一年四月三日）のが彼の認識であり、「今日、欧州列国が、其の以外の地に向ひて侵略的獣心を用ひんと欲せば、支那朝鮮及び日本之が犠牲たらん」という危機感さえ抱いていたのである。

帝国主義への疑念

それは、当時流行しだした「帝国主義」という言葉への疑念にもつながっていた。『国民新聞』社説「帝国主義」が「帝国主義は平和的膨張主義」と主張したのに対し、「帝国主義は種々の形式に於てする侵略主義なり、又た或る方法を以てする独占主義なり」と欧米諸国を例に「帝国主義」が結局は軍事的侵略主義であると反論し、蘇峰のような著名な記者が「帝国主義」を唱道すれば、「軍人的政略家の為に最好の口実を造るもの」と、軽々な「帝国主義」呼号の危険性を指摘している（「帝国主義の解（国民記者の説を読む）」明治三二年三月二五日）。

現実主義的対外政策

国際政治に対する甘い幻想を厳しく否定した羯南にとって、東アジアの国際関係は、欧州列国の「侵略的獣心」が跋扈《ばっこ》する世界であり、中途半端な軍備拡張や安易な「帝国主義」論こそ、かえって現実を踏まえない危険な選択にすぎないのである。彼の非軍事的な「北守南進」論は、冷酷な国際的力の「均勢」を観察した現実主義的な外政策であった。

東邦協会

羯南は、言論活動だけではなく、東アジア情勢についての関心をもつ政治家・知識人等と連携し、対外問題への啓発に積極的に取り組んでいった。その早期のものが、先に触れた明治二四年五月九日に結成された東邦協会への参加である。その後の日清戦争期、東アジア問題への関心は一層高まり、荒尾精《あらおせい》、日本新聞社員、政教社同人等によって度々会合がもたれていたが、明治二八年三月、従軍記者として渡清する『日本』記者福本誠の送別会が牛込清風亭《せいふうてい》に開かれた席上、集まった三宅雄二郎・陸羯南・池辺吉太郎をはじめ帝大・早大生など数十名のなかから団体結成の案が出て、直ちに政教社に集会し井上雅二《まさじ》・香川悦次《えつじ》を幹事とする団体が結成された。これが、明治三〇年、平岡浩太郎・江藤新作らの一派と合同することとなり、日本橋偕楽園《かいらくえん》に会同し東亜会の結成となった。集まったのは、羯南・三宅雄二郎・犬養毅・池辺吉太郎・平岡浩太郎・江藤新作・安藤俊明・香川悦次・井上雅二の九名とされる（『支那』第二五巻第二号）。

東亜会結成

清国改革派と提携

東亜会は、機関誌発刊や時事問題研究の会合を計画したが、実際には目立った活動にまでは至らなかった。ただ、日本に亡命していた康有為《こうゆうい》・梁啓超《りょうけいちょう》らの入会を認めるなど、清国の改革派との提携を意図していたようだ。

同文会

東亜会とは別に明治三一年六月、近衛篤麿を中心に長岡護美・谷干城・岸田吟香《ぎんこう》・宗《むな》方《かた》小《こ》三郎《さぶろう》らによって「支那問題研究」等を掲げた同文会が結成された。同文会は、同文会館設立、新聞発刊等の具体的事業計画をもち、羯南ら東亜会メンバーも協力していたが（『東亜同文会史』）、政府からの補助金支給を機に東亜会と同文会は合同することになった。

東亜同文会に合同

両会は、明治三一年一〇月下旬から合同の会合を数度開き、会名を東亜同文会とすること、趣意書・規約起草にあたったが、趣意書作成は羯南に委ねられたという（『東亜時論』第一号）。東亜同文会の創立大会は、明治三一年一一月二日、萬世倶楽部において開かれた。羯南は、池辺吉太郎・田鍋安太郎・佐藤宏・井上雅二と共に幹事に選出された。

活動方針

会長は、近衛篤麿である。『近衛篤麿日記』には、事前に用意された「方針は世に発表するものとすれば穏当ならぬ処」があったため、池辺・三宅・田鍋を委員として修正を施したとある（第二巻一八四ページ）。東亜会側が清国改革を主張したのに対し、同文会側が清朝維持を唱え、対立したとされ、結局、近衛の指導で「支那保全」という表現でまとまった。「主意書」は、日清両国が「文化相通じ風教相同じ。情を以てすれば即ち兄弟の観あり、勢を以てすれば即ち唇歯の形あり」という特別の関係を有していることを強調し、「両国志太夫」が互いに交わり、両国の「盛強」をはかるとされた。

幹事長就任

続いて一一月二三日に同じく萬世倶楽部で開かれた東亜同文会大会では、会則の改正、予算の事、雑誌発刊等を決定した（『近衛篤麿日記』第二巻）。さらに翌三一年三月一四日の総会で、近衛の欧米旅行中の留守体制では、羯南は幹事長に選出されている（『東亜同文会史』）。羯南は、この年の六月、社務多忙を理由に幹事長を佐藤正に譲ったものの、中心的メンバーとして活動したのである。

近衛篤麿肖像

欧州列強の中国分割

東亜同文会の活動を促していたのは、予想以上に急速に進む欧州列強の中国分割への危機感である。明治三一年、イギリスは清国に揚子江沿岸地域の不割譲を約束させ、ロシアは大連《だいれん》・旅順《りよじゅん》の租借権と南満州鉄道の敷設権を獲得、ドイツは膠州湾《こうしゅうわん》の租借権を獲得、フランスは広州湾《こうしゅうわん》を占領、イギリスは九龍半島、威海衛《いかいえい》を租借するなど欧州の中国分割は、次々に進んだ。特に遼東《りょうとう》半島、満洲、さらに朝鮮半島へのロシアの進出は、「北守南進」論の前提を危うくするものであった。

対外同志会

こうした情勢に対し、明治三一年四月四日、貴衆両院議員其他有志三十余名が対外同志会と称して日本橋偕楽園に集会し、「清国ニ対スル露独ノ行為ニハ抗議」することを決議した。羯南は、これに加わるとともに、社説「対外同志の運動」（四月二〇日）で、「抗議不可ならば、更に均勢を保つの計に出でよと言ふは、辞固《もと》より穏かなりと雖ども、其の意を忖度《そんたく》するに、固より最後の決心を有する者なり」と論じた。「最後の決心」が何を意味するかは不明だが、欧州列強の進出に有効な策をもたない焦りが感じられる。

国内勢力結集の契機

対外同志会は、大演説会（四月一八日）・大懇親会（五月二〇日）を開催するなど活発に活動し、これは進歩党と自由党の合同を促進することとなった。対外問題は、それ自体の方向性を見出せないにしても、国内諸勢力結集の契機にはなったのである。羯南は、これら集会発起人に列し、さらに憲政党結成の準備会ともいうべき六月一六日の同志懇親会にも出席するなど民党合同に期待をかけ、憲政党を基盤に大隈重信《おおくましげのぶ》内閣が成立すると、好意的態度をとった。

羯南の対外論の障壁

しかし、羯南の対外論は、欧州列強の予想以上に露骨な侵略政策によって苦しくなっていった。そうなると、「東洋にも亦た一の欧化国ありて世界の公道を重んじ、決して獣力のみの前に屈服せざることを天下に知らしむるは、如何に日本国民の名誉なるよ」（三一年五月九日）と理念を掲げた欧米の自称文明国批判が前面に出てくるが、それをもって列国の中国分割を止めることはできない。

結局、彼が主張する現実策は、かつて「東亜の先進国を以て自任する日本」が韓国の「独立及改革を帮助」したのと同様に、清国の「独立及改革」を援助するということである（「対清策の要旨」三一年一〇月二三日）。清国を確固とさせることで力の「均勢」を作りだす狙いである。しかし、日本がかつての対韓国政策と同じような政治介入をおこなえば、列国が黙視するはずはなく、実際には現実的な策とはなりえなかった。

四　北清事変と国民同盟会

東アジアの情勢は彼が期待するような「均勢」には進まず、その対外論はさらに屈曲していくことになった。その契機となったのは、いわゆる北清事変である。北京周辺での義和団の活動をきっかけに、明治三三年五月、英仏露米伊日は公使館・居留民保護などを理由として北京に出兵した。この時点では、『日本』は、「其の容易に鎮定せらるべきは疑ふべからず、之を大事と云へば早計に失せん」などと重大視していなかった。「東洋多事の叫声」が、「財政膨張の計画者に格好の口実」（「現内閣と清韓事件」三三年五月三一日）に利用されていると、軍拡・戦後経営を批判したのである。

軍隊派遣を批判

だが、事態は沈静化せず、政府は七月六日の閣議で混成一個旅団の増派を決定した。その際にも、『日本』は、欧州列国と違い中国北部に格別の利権のない日本の軍隊派遣は公使館と居留民保護に限るべきで、「団匪征伐の如きは余計の事たり。列国との均勢を保たんが為めに、故《こと》らに《さ》多の軍隊を送るが如き亦無用のみ」と断じていた（「陸兵の送遣」三三年六月一七日）。ここまでの態度は、それまでの「軍国主義」批判の延長線上にある。

情勢の緊迫化

しかし、北京情勢緊急が報じられると、清国政府に事態収拾能力なしとして、「列国が相共に干渉的革命を行ひて、以て支那大陸の安寧《あんねい》開発を永遠に期するは已む得ざるなり」（「清廷を屠る必要（干渉的革命は已むを得じ）」三三年八月一日）と、出兵目的は「干渉的革命」に拡大してしまった。そして、ロシアが満洲各地に軍隊を送りこみ、事実上占領する事態になると、「支那保全」を高唱して対ロ強硬論に傾斜していったのである。

「支那保全」論

東亜同文会も、満洲情勢に強い危機感を抱き、八月一五日、臨時大会を開き、近衛篤麿会長が「支那保全」貫徹の声明文を朗読した。『日本』は直ちに賛意を表する社説を掲げ、内外の支那分割論を批判した（八月一七日社説「東亜同文会の宣明（支那保全論の真意）」）。

対露開戦論の台頭

この時期の「支那保全」論は、欧州列強の「支那分割」反対という意味であるが、それを実現するために近衛篤麿とその周辺では秘かに対露開戦論が台頭してきていた。近衛は、七月二五日に根津一《ねづはじめ》と「対露開戦の止を得ざる事を認めしむるの理由を造り出して、吾より挑戦するの方策を取らしむる事」を協議し、八月二三日に、谷干城・神鞭知常・柴四朗《しばしろう》・羯南などと懇談した際には、「余（近衛）は保守派の会合なれば、将来における処分案は甚だ優柔不断ならんと思ひしに、案外にも活発なる議論先づ谷子の口より出で、皆々賛同したるは意外なりし。方策としては余等の意見に反する点も多けれ共、是非此際露と戦ふの決心を要するといふに至りては、全く同論なりといふべし」（『近衛篤麿日記』第三巻）と、羯南も含め一同対露開戦論で一致したという。これをうけて近衛は、八月三一日に山県首相に面会し、「今日は戦ふの時期にあらずとせば、将来何れの日が最も我に利ならんか。是れ殆んど望むべからざる事の如し」と対露主戦論を主張した。

帝大教授グループの運動

これは、戸水寛人《とみずひろんど》・寺尾亨《とおる》ら帝大教授グループの運動にもつながっていった。彼らは、九月九日、会合し、山県首相に建議書を呈することにし、近衛篤麿の仲介によって羯南にその起草を托することとした（戸水寛水『回顧録』）。これを快諾した羯南は、三宅雪嶺と共に九月一二日の戸水・寺尾らの会合に参加し、「建議書ノ提出未タ以テ足レリトス可ラズ蓋《なん》ゾ各自ノ意見ヲ世間ニ発表セサルト」と建議書の公表まで提案したという。教授グループは、羯南作成案に若干の改訂を加え、九月二八日、山県首相に提出した。これに対し、山県は「日露戦争ハ到底避ク可ラズ然レトモ余ハ今之ヲ決行スル能ハズ他日日本ハ之ヲ決行スルノ好機有ラン」と、当面の対露戦回避を述べたという（前掲『回顧録』）。

羯南の裏面活動

この時期、『日本』紙面はロシアの満洲占領を伝える大庭柯公等の現地報道を連日掲載し、「東洋の危機」を訴えていたが、言論欄では、公然と対露開戦論を唱えたことはない。しかし、羯南が政界裏面での対露開戦工作に連座していたことは間違いない。

北守南進論の破綻

これは、三月の時点まで、ロシアの「侵略主義」を否定し、「対露戦争の風説」（三月三〇日）を根拠のない「軍国主義の一大弊習」と戒めていた羯南の大きな転向である。「獣力」の支配する国際関係から案出した「北守南進」は、事実上破綻したのである。そして、現実に追い越された現実主義対外策は、現実に追いつこうとして追い越し、一挙に開戦論になってしまった。力学的思考では、相手の力が強大だとの認識は、それに対する自己も強勢であろうとし、エスカレートする発想となりやすい。その結果、彼が、「軍国主義」と非難していた政府側から開戦論の非現実性を戒められるという逆の関係となってしまったのである。

国民同盟会運動

ただ、この時には、近衛篤磨・羯南らは開戦論からいったん後退し、より広範な勢力の結集をはかる国民同盟会の運動に進んでいった。八月三〇日東亜同文会幹事会において、「国民の輿論を喚起する」運動のための団体結成を決議した。「団体を仮に三箇に分ち、先輩等の一派、頭山《とうやま》を首領としたる青年者の一派と、新聞同盟の一派とする事」とし、運動目的に「朝鮮を独立扶植する事」を含める意見もあったが、近衛がかえっては、「是が為団体の弱くなる惧《おそれ》」があるとして反対し、「支那保全に反する行動ある国に対しては、我国は非常の決意を以て其野心を強圧する事」を盛りこんだ宣言案を起草するを決定した（『近衛篤磨日記』第三巻）。

発起の宣言

九月一一日に近衛篤磨・神鞭知常・犬養毅・羯南ら四〇余名による国民同盟会発起準備会が開催され、発表された「国民同盟会宣言案」では、「支那を保全し朝鮮を擁護するは独り我が国権国利を自衛するのみならず吾人既に東洋の平和を保ち世界の進運を資くるを我が日本国民の天職なりと自覚」と、「支那保全・朝鮮擁護」という表現で暗にロシアの脅威への対抗が主張された。国民同盟会は、九月二四日に百数名の出席のもとに発会式をあげ、近衛篤麿が発起の趣旨を演説した（国民同盟会編『国民同盟会始末』）。

『日本』は国民同盟会の代弁紙

羯南は近衛の側近として国民同盟会の中心メンバーであり、『日本』は事実上その代弁紙となった。九月一三日社説「聯合圜内の主動」は、国民同盟会発起の由縁を説明し、軍事的に「主動」的役割を果たした日本が清国との外交交渉も「主動」する「義務」があり、「万が一にも列国中此の騒乱に乗じて擅に兵を注入しつゝ、壌地の割取を準備するが如き者あらば、日本は其の挙動を以て列国の均勢を紊し、東亜の和平を傷つけ従つて聯合の目的に反する者と為し、列国に告げて之と共に抗拒」すべきであると、北清での発言権拡大、ロシアへの対抗を主張したのである。

軍備拡大を追認

そして、「吾輩は固より夫の戦後の経営てふものを是認せざりし者なり、夫の軍備大拡張を主眼とする積極的膨張論を是認せざり者なり、是認せざりしと雖ども、已《すで》に実行せられて国家の設備と為れる今日は、セメテは此の設備に相応する外交上の進為あらしめて、以て欠損を補はんことを希《ねが》ふ」と、これまで否定してきた戦後経営による軍備拡大という既成事実を追認した。「軍備の大拡張は、夫の甲冑的競争の風を東亜に招き致したる一点に於ても、已に大失計」であるが、「大失計の竟に遂行せられたる今日は、徒《いたず》らに其の既往を咎めて云為すべきに非ず」と、軍備拡張を活用した強硬対外政策を主張したのである（「所謂東亜の危機」明治三三年九月二一日）。

強硬対外策を主張

政府の「軍国主義」を批判しながら、「軍国主義」を貫徹して強硬外交をとれと政府に要求するのは、苦しい論理ではあるが、彼はこの方向に進んだ。一〇月二日、国民同盟会の中心を担う協議人に頭山満《とうやまみつる》・神鞭知常らと選任された（『近衛篤麿日記』）。また、国民同盟会の別働隊である新聞同盟の推進者となり、九月二一日、芝紅葉館に開催された全国新聞記者同盟では、読売新聞中井喜太郎、報知新聞箕浦勝人《みのうらかつんど》とならんで幹事の任についた。

国民同盟会運動の盛りあがり

明治三三年一〇月以降、国民同盟会の運動は、盛りあがっていった。全国同志大懇親会（一〇月二一日）、中央大会（一二月二〇日）と大集会が相継いで開催され、それに合わせて同志記者懇親会も開かれた。新聞記者同盟に加入した新聞社は一〇月一日現在で五〇社に達したという（国民同盟会の活動については、新聞『日本』、雑誌『東洋』、『近衛篤麿日記』などによる）。

力の国際政治論

当面の問題は、現実に進行する列強の中国分割、特にロシアの満洲占領に対して、どのような対外策を立てるかである。羯南の基本的発想は、列国を満洲問題に巻き込み、列国の「均勢」を作りだすという力の国際政治論であった。当初、彼は、ロシアの満洲占領を北京などと同様な「共同的占領に変ずる」ことを主張した（社説「共同的占領」三三年一〇月八日）。しかし、ロシアの居すわり状態が続くと、そこから派生して「北清一帯の水陸及人民を列国共治の下に置き、此処に一大中立国を建て、、夫の欧亜の大交通器たる西比利亜大鉄道を世界的に利用する」という満洲「中立」化を打ち出した（社説「北清時局の前途（二）（一大中立地の設置可也）」明治三三年一〇月二八日）。

満洲の中立化を提言

満洲解放論

さらに、明治三四年四月一一日創刊された事実上の国民同盟会機関誌『東洋』に近衛篤麿は「所謂満洲問題」と題する論文を掲げ、満洲開放論を唱えると、羯南もそれと軌を一にする社説「列国利益の交雑（上下）（満洲問題の解決に付き）」（明治三四年四月二四日、二八日）を掲げた。「利益の交雑」を作りだせば、満洲は「列国共同の保護下」に入り、その開発を促がすことができると主張した。満洲を開放し、列国の利益を「交雑」させることによって「平和」が維持されるというのである。

無論、満洲共同占領、満洲開放ということ自体、これまで彼が反対してきた分割論の変種といえるが、当面の満洲問題解決を優先しようとする羯南には、それはほとんど意識されなかった。むしろ、この時期、ロシアを掣肘する対抗力としての英国を次第に意識するようになったのである。

同盟会解散を求める

国民同盟会は、もともと発足当初から、「支那保全」という限定的目的への結集、あるいはおりからの政友会結成への対抗など様々な志向の寄合所帯であった。政府側からは政社法による規制を受け、明治三四年一月二三日に政社届を提出していたが(『東洋』第二号)、政治団体としての凝集は弱かった。それに対し、羯南は、いったん解散し、より強固な政治団体結成を志向するようになった。それと同一歩調をとったのが小川平吉で、小川は、四月二〇日に近衛篤麿を訪問し、「将来複雑の事は単に音声を以て解決し難きものあり」といったん解体を説いた(『小川平吉日記』Ⅰ)。この時は、それ以上議論は進まなかったが、六月になって近衛の北清視察旅行の話しが持ちあがったことから、解散説が再燃し、六月三日に近衛邸に小川平吉・羯南・神鞭知常が会合した際、三人は近衛の渡清に賛成するとともに国民同盟会解散を説いた(『小川平吉日記』Ⅰ)。

近衛篤麿

小川平吉は六月下旬度々近衛を訪問し解散を論じているが、羯南も六月二六日付の近衛宛書簡で、「兎に角今の同盟会は解散の必要有之、而して時勢の促す所自ら別に同志団体を造るの必要も可有之」(『全集』第一〇巻)と主張している。彼のいう「同志団体」の内容は不明だが、近衛を中心に政友会に対抗する政治結集を考えたのであろう。

近衛の視察旅行に同行

その後も、羯南らは再三解体論を唱えたが決着せず、国民同盟会は曖昧なかたちで存続することとなった。さらに、羯南は近衛に説得されて、近衛の清国・朝鮮視察旅行に同行することになった。彼は、「出無性之身且つ社用も忙しき折柄一応辞退」したが、近衛から「小生之外同行に適当者見出兼候など」と説得され、社内と相談の上、同行することとしたという（谷干城宛書簡『全集』第一〇巻）。

初の海外旅行

「出無性之身」と自認している通り、これが羯南の初めての海外旅行である。ただ、彼としても、北清を実際に見聞したいという意欲が強かったことは間違いない。また、この旅行を通じて近衛篤麿との親好が一段と深まり、旅行直後に、近衛の『日本』援助の話しが具体化したことは、その後の羯南にとって大きな意味をもつことになった。

『日本』の苦しい経営

明治三〇年前後、『日本』の経営は次第に苦しくなっていったと推定できる。官庁統計による発行部数を前掲表（一三二・一三三ページ参照）に掲げた。データの信頼性に疑問はあるにしても、全体として新聞部数は拡大し、読者底辺は大きくなり、『萬朝報《よろずちょうほう》』『時事新報』『東京朝日新聞』等は部数を伸ばし、一〇万部に届くものもでてきている。だが、『日本』の部数は明治二八年を頂点に減少し続けている。

新聞部数全体が膨張しているなかで、『日本』が部数を減らしたということは、たんに相対的位置が下がったというだけでなく、既存読者が離れつつあるということで、深刻な事態である。

部数減少の背景

『日本』の最大の売り物は、言うまでもなく、陸羯南の言論である。しかし、前述のように、この時期、羯南執筆の社説は減少していた。また、それまでは対外硬であったのが、「臥薪嘗胆」の社会風潮を批判し、実際に出兵となると強硬論というのは、政治思想的には説明できても、読者から見れば、一貫性が乏しい印象は否めないところであった。

羯南の社説とその主張の一貫性

さらに、『日本』は、言論中心から報道重視、特に三面記事を売り物にして発行部数を伸ばそうとする新聞界全体の趨勢に敢えて抵抗していた。例えば、明治二六年七月から、『萬朝報』をはじめ各紙が「相馬家毒殺騒動」などと競って扇情的に書きたてた相馬事件について『日本』は地味な報道であった。これにつき、『日本』は、新聞の援助者である浅野長勲《ながこと》が相馬家と縁戚であるために報道を控えたとの一部の批判に社説で反論し、「世の俗望に投ずべきものあれば全力を挙げて之に注ぎ、殊更に夸張して以て一時の人気を博せんとする」のは、新聞紙のなすべきことではない。「何となれば新聞紙

新聞界の流行に抵抗

たるものは元と普通の商品と異なればなり」（「向天而唾者」明治二六年八月一九日）と、一時の人気に迎合する新聞のあり方に痛烈な批判を加えている。

明治二八年六月一〇日から四ページの週刊附録「週報」を発刊し、一週間の諸事件の要約、文学関係記事、読者からの投書等を掲載するなど記事に多様性をもたせる努力を行っているが、時代の趨勢に意地をはって抵抗したのである。

第六 「独立新聞」の終焉

一 清国・韓国旅行から日英同盟

中国・韓国旅行

明治三四年七月一〇日、陸羯南は、中国・韓国旅行のため東京駅を出発した。翌一二日、近衛篤麿《このえあつまろ》一行も出発し、東京駅は入場券がすべて売り切れになるほどの大盛況であったという。一三日、近衛と羯南は神戸で合流、鉄道で宇品《うじな》まで赴き、そこから乗船した。一行は、近衛篤麿・陸羯南・松崎蔵之助・阪東宣雄・神谷卓男の五人である。旅程は、天津《てんしん》、北京《ペキン》、山海関、天津、営口、芝罘《チーフー》、旅順《りよじゆん》、大連《だいれん》等を視察、次いで朝鮮半島に移り、仁川《じんせん》、京城《けいじよう》、木浦、釜山《ぷさん》等を視察、八月二八日に長崎に帰着。三〇日に神戸港に到着した。

羯南の関心

一ヵ月半の旅行の有様は、『近衛篤麿日記』や鬼山（神谷卓男）が『日本』に載せた「燕来鴻信」、『日本』の報道記事などによって知ることができるが、羯南自身の旅行記

日本人と欧州人を比較

はない。ただ、九月一二日から「清韓に於ける日本人と欧州各国人」と題する社説を五回にわたって連載している。旅行後、最初に論じたテーマが中国・韓国の文物についての観察ではなく、現地での日本人と欧州人の活動の比較であるというのは、彼の関心の所在を端的に示している。

羯南は、欧州人がエジプトなどでの経験をもとに、「清韓の官民に対するや利を以て之を誘ひ威を以て之を嚇《おど》し、苟《いやし》くも我が実益を収むるに足れば、必ずしも正不正を選ばず」という態度で接しているという。これに比し、日本人は「殆ど同等国に対するが如く、努めて不正当不順序の手段を避くるの風」である。これは、「称賛」すべ

清国・韓国旅行

前列中央に近衛篤麿と陸羯南.

きかもしれないが、「宋襄の仁」ともいえるし、結果として中国・韓国における日本人の「実力の伸張」が欧州人に比較して劣っているのは「国として恥辱」であると主張するのである。

文明国に遅れる日本人

すでに指摘した通り、羯南は「文明国」と「東洋の一国」という二つの理念の間のディレンマで対外策に苦慮してきたのだが、彼が現地で見たのも「東洋の一国」に縛られて「文明国」との競争に遅れている日本人であった。彼はそれを切歯扼腕しているのだが、それは「東洋」を振り捨てようとして、そこまで踏み切れない彼自身の姿でもある。

露清密約の情報

国民同盟会の活動は、近衛篤麿や羯南の帰国後、再開された。特に神経を尖らせたのは、ロシアが清国と密約を結ぶことであった。第二露清密約の情報が入るや、国民同盟会は、一〇月二六日に協議会を開催し、近衛以下の出席者はロシアへの断固たる態度をとる方針を確認した。ただ、近衛は、「当局者ノ為スアルベキヲ信ジ、運動ノ必要ナキヲ論ジテ已《や》マズ」であったため、常務委員は「別ニ隠微的運動」を起こすことにしたという（国民同盟会『国民同盟会始末』）。

政府後援に転じる

一二月二二日の国民同盟会第二次委員総会でも、近衛がロシアの満州占領を非難する演説を行ったが、輿論に訴え、外から政府に圧力を加えるより、政府支援の運動に進むこととした。桂内閣の対露強硬方針もあって、国民同盟会は政府後援運動に転じていったのである。

日英同盟の成立

そこに伝えられたのが、日英同盟の成立である。この一報が入ると、諸政党・諸新聞は一斉に賛成した。なかでも国民同盟会は「吾人の首肯せる支那保全朝鮮擁護に至大鞏固なる基礎を定めた」として諸手をあげて歓迎し、明治三五年二月一六日付『日本』は、近衛篤麿の「日英同盟の成立」という論文を掲載するとともに、近衛の指示で一万部増刷し全国に配布した。同日、国民同盟会は芝三縁亭に日英同盟祝賀会を開催し、近衛は「我会の目的を八分まで貫徹した」と満足を表したのである。

同盟に賛同

羯南も、二月一三日に社説「日英同盟の成就」を掲げ、日英同盟に賛意を表している。彼の賛成論は、日英同盟が東アジアにもたらす「均勢」が「清帝国及韓帝国の独立と領土保全」などに有効だという国際政治力学論にある（「日英同盟と世論（賛成すべき点に賛成せよ）」明治三五年二月一六日）。当時広く見られた「文明国」としての英国との同盟を喜ぶ論議とは一線を画そうとしていたのである。

現実認識の転換

しかし、日英同盟賛成は、対露協調・対英警戒を基軸とした羯南の現実認識、それに立脚した「北守南進」論が誤りだったということになる。だが、認識の誤りを認める社説はない。もともと対露関係の緊張、南進の困難によって、「北守南進」論は実際上の有効性を失いつつあり、それに伴って羯南は近衛篤麿の対露強硬路線に同調していったのである。

対外論の転向

いわば、羯南の対外論の立ち往生であった。そこに天降り的に日英同盟が成立した。彼のこれまでの立論のなかには英国との同盟という発想はなかったにもかかわらず、即座に賛成を唱えることになった。「東亜時局に対する帝国の外政は、本同盟に因りて方向の一定」を得たという評価は、彼自身についてもあてはまる。方向を喪失しつつあった彼の外交論は、一八〇度向きを変え、「方向の一定」を得た。清廷から、日英同盟が「日露戦争の準備」あるいは「日英提携して支那内地の利益を襲断するの策」との声があがると、それを「猜疑」と斥け、これを機に「我が官民の益々対外進為」を鼓舞することになったのである（「対外平和事業」三五年二月五日）。この転向を可能にしたのは、「均勢」論、力学的国際政治観であった。

国民同盟会の解散

四月八日、ロシアは満洲還付の条約を清国と結び、当面の緊張は解消したかにみえた。『日本』はこれを日英同盟の「顕著の効験」（「満洲問題の落着」）と歓迎した。国民同盟会も、これを機に解散することとなり、二月二七日、芝紅葉館に全国大会を開催し、正式に解散した（『国民同盟会始末』）。

二　近衛篤麿の日本新聞社援助

谷干城との関係疎遠化

近衛篤麿と羯南の親交が深まるなかで、近衛による日本新聞社への資金援助の話しがもちあがった。新聞の経営難が深刻化していたのだが、品川弥二郎《やじろう》はすでに亡く、谷干《た》城《てき》との関係も疎遠になってきていた。羯南と谷は、明治三一年の地租増徴反対論まで共同歩調をとっていたが、羯南が北清事変出兵に賛成し、「支那保全」を唱える国民同盟会に深入りしていったのに比し、谷は出兵や日英同盟にも批判的態度を保持していたのである。

近衛篤麿の資金援助

羯南は、新たな援助者を必要としていた。『近衛篤麿日記』にこの問題が登場する最初は、明治三四年一〇月二日、「午後五時緑屋に赴く。佐佐木高美と共に、島津侯爵に日本新聞の事を協議するが為なり。公も熟考せらるる旨話あり」とある。近衛は、日本新聞社援助にあたって、同じ貴族院議員の島津忠済を仲間にしようとしたようである。

一〇月五日、近衛たちが先日の返答を聞くため、島津忠済邸を訪問したが、島津は「何分家事都合上望に応じがたき」だが、近衛に迷惑をかけるのであれば、「更に熟考すべし」と答えたという。これに対し、近衛は、金銭の問題ではなく「唯陸實に対する義侠心と、一には我同志の機関として同新聞を得るの機会なり」と説得した。

近衛の底意

「陸實に対する義侠心」というのは、経営難に苦しむ羯南への同情ということであろうが、「我同志の機関として同新聞を得る」といっていることからすると、近衛はたんに一時的に資金援助するのではなく、近衛の同志の機関紙とするつもりであったのである。それは、羯南の「独立新聞」理念の揺るがしかねない問題を伏在させていた。

羯南の認識

羯南も、一一月二二日付近衛宛の書簡で「表面はデットニ被成置、正式ニ証書を差入候外（御都合次第返済期限モ短ク致シ而宜敷候）、別ニ将来之為メ之一札差上置候而尋常之貸借ニアラヌ様、他之出金者へ御示し之材料ニ被成候ハヾ、彼人等之安心ニ相成候哉ト存」と述べており、「尋常之貸借」ではないことを十分承知していた。

援助策への合意

一一月下旬、神鞭知常《こうむちともつね》の仲介によって具体的な援助策について羯南と近衛との話し合いが進み、『近衛篤麿日記』の一二月一日所載の神鞭からの書簡で、神鞭と羯南の間でまとまった案が報じられている。それによれば、「一金三万円（利は可成低廉期限は一二ケ年）右金額公爵より陸に貸付け、日本新聞社の財産一切（大凡四万円位）を公爵に抵当に差入、期限迄に返済するの見込無之に於ては、社全体を公爵の所有に変替するか、又は合資組織にする事。利子は毎月支払の事。決算は毎月示す事。右の外に、追て社の所有を変換すべき大要の契約書を認め差入る丶事」となった。

厳しい返済条件

新聞社の財産一切を差し入れて借入し、返済できないときは日本新聞社を近衛の所有にするという条件であるから、これまで谷干城や品川弥二郎に資金援助を受けたのとはまったく異なる。羯南にとっては、まさに背水の陣で、彼の窮境がうかがえる。近衛側が、これだけ大きな資金を出すのであるから、機関紙化と考えたのも当然である。ただ、神鞭の説明では、出資金三万円はすべてを近衛が出すのではなく、他から出資者をつのり、名目上近衛から貸し付けるかたちとすることで、「世間体は却て目立不申候様」にし、また他の出資者は新聞社と直接関係をもたないこととするとされている。

出資交渉

しかし、この案を実行に移すとなると、これまでの日本新聞社の借金を整理し、他からの出資者を募り、さらに経営安定のために実質的な経営者を確保するなど多くの難問があり、複雑な経緯をたどることになった。

近衛と実業家とのつながり

一二月二日、神鞭知常が訪れ、前日の手紙の内容を説明し、近衛は三日、四日にそれぞれ来訪した早川周造・田辺為三郎に日本新聞社の顚末について話した。早川は岐阜県、田辺は岡山県の実業家で、彼らに新聞社のことを話したのは、無論出資をあおぐためである。

日本新聞社の負債問題

しかし、この間、羯南はせっぱ詰まった状態に陥った。一二月七日の近衛宛羯南書簡では、「帝国商業銀行の方到底延期不聞入、幾分か入金せば談もまとまり可申哉に御座候。(中略)何卒御相談一時も早く御まとめ願上候」とある。しかも、手形の期限は一〇日、公正証書は二〇日というのであるからまさに急を要する事態であった。同日、近衛は、日本新聞社のことを協議するため城南荘に赴いた。来会者は、野崎武吉郎・早川周造・橋本吉兵衛・最上広胖《こうはん》・高広次平・高橋徳右衛門・坂口平兵衛・五十嵐甚蔵らである。晩餐をともにしながら、近衛から、「日本新聞を機関とするに付、同社の負債を引受くる事にしたし、賛助を乞ふ」と述べたところ、事前に話しを通じていた最上・野崎・早川・橋本らより賛成の発言があり、他も基本的には同意したという。野崎は岡山の「塩田王」と呼ばれた富豪、橋本も尾道の豪商、坂口は米子の豪商といずれも地方の大実業家である。

実業家たちの意図

彼らが出資に応じたのは、羯南の言論活動に共鳴したからではなく、名門出身で将来を約束された政治家・近衛篤麿を後援するつもりであったと考えられる。彼らは近衛の「同志」とはなりえても、羯南の「同志」ではなく、新聞の独立を尊重する意識は薄い。

また、近衛としても自らの「機関」とする以上、記事に発言するのも当然である。

近衛の記事への介入

出資交渉中の一二月二一日、近衛は羯南に書簡を送り、当日の日本興業銀行・勧業銀行への批判的論説につき出資者より苦情があった旨注意している。折角、銀行から広告を得るため話している最中に「如此論説有之候而は、最早此義ハ絶望」であるし、借入金の処理も進まず、「日本新聞社ハ金が出来たれハ最早勝手次第との考えならんか抔《など》憶測し、出資者中不安の念を起し」、近衛を批判してきたというのである（『全集』第一〇巻）。

出資者の利害に配慮

その後、この問題は電話での往復があったようだが、一二三日、羯南は、社内の主な者に注意をあたえ、「御下付の原稿は寄書として掲出致候」と弁明の返書を近衛に送っている。二四日〈寄書〉欄には、「興業銀行の前途（国家の厄介物たらしめざるの途如何）」という一文が掲載されており、これが近衛から「御下付」の原稿であろう。以後、羯南たちが、出資者の利害に配慮せざるを得なくなったことは明らかである。

編集方針への介入

『東洋』の引受問題

近衛と羯南の交渉は新聞の編集方針にも立ち入っていった。近衛は、経緯社発行の国民同盟会機関誌『東洋』と編集者五百木《いおき》良三《りょうぞう》らを日本新聞社が引き受け、『日本週報』を『東洋』と改題するよう要求した。羯南は『日本週報』を『東洋』と改題するのは、「読者ニ唐突の感を与ふるのみならず、記事にも幾分の制限を加へらる、ことを免れす」と、『日本週報』を『日本附録』と改題し、八頁建てのうち四頁を『東洋』の領分とし、第一面巻頭に『東洋』の題字をそのまま取り入れた「東洋」という論文欄を置く、残りの四頁を『週報』領分とし、従来の記事を載せる。五百木らを引き受け、紙面改良するには月一〇〇円の経費増となるので、借金利子からその分を引くという妥協案を提示している。『日本週報』は文学記事や読者投書中心の編集で、これだけを購読する者が約一〇〇名いたというから、国民同盟会機関誌とするのには抵抗感があったのである。

出資契約を結ぶ

結局、近衛の出資契約は、何とかまとまり、『近衛篤麿日記』には翌三五年一月七日に日本新聞社員赤石定蔵が近衛邸を訪問、近衛と日本新聞社との「密約本書」を交換したとある。この「密約本書」は、他の書類と共に近衛家会計掛に保管させたとあるが、残念ながら『近衛篤麿日記』には収録されていない。雑誌『東洋』も、一月一三日から『日本週報』に合併され、『日本週報』巻頭に「東洋」欄が設置され、初号には近衛篤麿の論文「帝国今後の急務」が掲載された。

第二の契約も実現

近衛は、「密約本書」交換の翌日一月八日、早速に日本新聞社を訪れ、「執務の模様」を視察した。二月四日には、神鞭を同道して城南荘に赴き、羯南・赤石定蔵・三宅碩夫《ひろお》らと日本新聞社との第二の契約について協議し、「契約の残金壱万二千円（今朝嶋津公より三千円毎月会の側より九千円受取る）を渡し契約の事」を定めた。毎月会の実態は不明だが、要するに森村市左衛門以下三名が近衛に貸し付けるかたちをとったのである。ともかく、これで、第一次第二次の合わせて三万円出資は、ほぼ実現した。

創刊記念日の祝宴

『日本』創刊記念日二月一一日には、社員四〇余名による招宴が神田開花楼であり、近衛が出席し、谷干城も同席した。席上、羯南が、「同社設立の由来沿革より、今回余（引用注：近衛のこと）の関係の付きたる事抔を述べ、谷子に対して従来の尽力に謝し」、谷と近衛が挨拶したという（『近衛篤麿日記』第五巻）。日本新聞社の保護者が谷干城から近衛篤麿に交替したことを社員に示す儀式である。さらに三月一一日には、近衛は欠席したが、今回の出資者と羯南以下の日本新聞社員との懇談会があり、「能《よ》く打解けて談合、盛会」であったとされる。

経営方針について会合

三月以降、毎月の利子を近衛に支払ったが、日本新聞社の経営が安定したわけではなく、その後も複雑な交渉が続いた。近衛の日記からは、四月一八日、近衛と富田鉄之助、羯南が会合し、実質的な日本新聞社の印刷部門である成章堂を新聞社から独立採算化させ、次に日本新聞社の改革に取りかかる方針が論議され、富田も尽力を約束した。元日本銀行総裁の富田はかねて羯南と昵懇であり、経営の相談役として格好であった。

金策に奔走

五月八日、近衛・羯南・赤石定蔵・五十嵐敬止・五百木良三・神谷卓男らが集まり、「新聞の将来に付き種々話」があったが、具体策はでなかったようだ。五十嵐というのは、日本勧業銀行の重役で貴族院議員、先に記事に苦情を言ったというのは、彼のことかもしれない。羯南も、必死で金策に駆け回っていた。五月一三日に羯南は、彼の古い友人である千頭清臣の仲介で、千頭が面倒を見た金山主堀内某の事業に羯南が出資し、その見返りに堀内が新聞社に出資するという話しを近衛に持ちこんでいる。しかし、羯南には堀内に出資する資金がなく、近衛・富田・千頭・佐佐木・羯南で相談し、「日本新聞創立の際より関係浅からざりし」小《こ》村《むら》寿《じゅ》太郎《たろう》外相に依頼することとなった。千頭と佐佐木が小村外相に面会したところ、小村は好意的で、三〇〇〇円なら何とかするという返答であったという。外務省機密費から流用したのであろうか。別途、富田が、羯南と千頭の連名に近衛が保証するという条件で三〇〇〇円を用立て、合計六〇〇〇円を堀内に出資することになった。ただ、急なことで外務省の出金が間に合わず、近衛が東亜同文会の金で一時立て替えたという、綱渡りの金策である。

有能な経営者探し

また、金策とともに、もう一つの問題は、日本新聞社に有能な経営者を置くことであった。近衛は朝日新聞社の上野理一を候補者とし、上野の親戚である豊田隆吉に説得を依頼した。上野の名前が出たのは唐突だが、これ以前の明治三三年三月二九日、ある地方富豪が朝日新聞社買収を持ちかけところ、上野は了承したが、村山龍平が承諾せず失敗に終わったという情報を五百木良三が近衛にもたらしており（『近衛篤麿日記』第三巻）、近衛が朝日新聞社の内情に通じていた可能性がある。それにしても、典型的な営業的新聞である朝日新聞社の共同所有者・経営者である上野理一を、営業性を否定してきた日本新聞社の経営に据えるというのは、水と油の関係だが、事前に羯南の了承を得た形跡はない。

朝日新聞社の内情

　上野理一は、豊田の説得に対し、「陸氏の如きは同業者中親密の最も親密なるもの故、閣下の御懇命とあれば」、「顧問役」は引き受けるが、「公然顧問として名」をだすとなると、村山龍平と協議せねばならず、村山の「反対抗議」が予想される。さらに、朝日新聞社内の「日本派」は大賛成だが、「非日本派の悪感を惹起」し、「社内の統制上困難」をきたすので、「内実」には諮問に答えるが、「表面」に名を出すことはできないと

上野理一の辞退

鄭重に断った（『近衛篤麿日記』第五巻）。朝日新聞社は、村山龍平と上野理一の二人の所有・経営体制であるところに、高橋健三以来の縁故で入社した池辺吉太郎・鳥居赫雄《てるお》など『日本』出身記者とそれ以外の記者との派閥対立が生じ、複雑な内情であったのであ

る。

田辺為三郎の入社辞退

上野に断られた近衛は、六月二八日に田辺為三郎を呼び、「日本新聞社事務担当」就任を要請したが、田辺は固辞した。田辺は、前述のように岡山県の実業家で、野原家とも関係があり、また憲政本党代議士でもあった。七月一日、近衛は田辺を再度説得したが、田辺は入社困難な事情を陳弁し、結局、田辺は富田・神鞭・上野と共に日本新聞社経営再建の協議に加り、金主の側と社とのパイプ役となることは承諾した。

杉山孝平を推薦

田辺は帰県の途中、上野理一に面談し再度説得したが、上野は村山との関係で相談役として名前を出せない旨再び弁明し、経営担当者として杉山孝平を推挙した。杉山孝平は、倉敷出身の実業家で、ドイツ留学の経験もあり平田東助《とうすけ》と信用組合の普及に尽力し、前年まで大阪商船の重役を勤めていた人物である。七月一四日、近衛は田辺からの書簡で、杉山受諾の見込みと上野の電信を受けとった旨の報告を受けた。田辺は、さらに、上野から聞いた新聞経営の極意を伝えている。上野の新聞経営論とは次のごとくであった。

上野の新聞経営論

新聞は商売気を出し、屹度《きつと》利益を占める覚悟で営業せねば、身が入らぬから損が行きます。広告はいくら勉強しても、発売紙数が増加せねば申し込んで来る者でなし、紙数が増加すれば自然に広告は集る。

今後の経営は公爵より低利の金を貸与し、必要の時代に機関新聞の任務を尽くさすとして、平生は営業的に仕組み、主宰者たる担当人に、儲けたら随意処分せよ位に元気を付けて、大に尽力させずては成功せず

「独立新聞」理念との背反

これは、まさに政府の極秘出資を受けながら、表面は「中立を仮粧」し、営業的に成功していった朝日新聞社の経営そのものである。羯南が掲げてきた「独立新聞」理念とはまったく相反する。田辺は、書簡の末尾で羯南について言及し、「杉山君では陸翁との間如何と思候得共、改革は却て縁故浅き人の方適すべく奉存候。如何」と述べている（『近衛篤麿日記』第五巻）。

羯南棚上げ策

七月一六日、続いて、田辺為三郎は近衛に書簡を送り、「只今の処は極々秘密」だが、杉山が引き受ければ、「上野氏も勢ひ黒幕の当局者と可相成、自然に其責を負ひ可申被察候。先書にて申上候通り、営業は一切新手腕に御任かせ被為遊て、資本主の関係と陸翁をして不平なきだけの御調停位に御組織如何。只今の処にては手を着け得られ不申候得共、早晩投げ出す事は必定と奉存候。其時に於て杉山君を公然御推挙可然奉存候」としている。杉山に営業を委ねることにしても、当面は羯南の「不平」を適当に調停して

おけば、羯南のほうで「早晩投げ出す」だろうという予想である。羯南の知らぬところで、事実上の羯南棚上げ策が進行していたのである。

杉山の慎重な態度

しかし、杉山自身は、慎重であった。七月二一日、上京して近衛に直接面談した際は、「他日あるひは引受けざるにもあらざるも、他に相当の本務を有しての上ならでは、これに衣食する様にては面白からず」と言ったという。早急に日本新聞社経営に参与する意志は表明しなかったのである。これに対し、近衛も、「何れにしても今年末に至らずは、同人を煩はすや否は決し兼る事なれば、尚ほ熟考を望み置く」と、慎重な態度であった。

杉山は、もともとの経営難に加えて、様々な出資者が関係するようになった日本新聞社にいきなり参与するのに二の足をふんだのであろう。近衛が慎重であったのは、当面の資金難を乗り切らなければ、誰に委託するにしても、経営再建の見通しがたたなかったことがある。また、別の再建案を提案してくる者もいた。

大内暢三の改革案

七月一四日、東亜同文会の大内暢三は、改革意見書を近衛に送った（『近衛篤麿日記』第五巻）。大内は、「本社員と社外員との間に責任的連絡なきことが第一の欠点」として、「本社の資本家連は唯閣下を通じて投資し、事務上に関して敢て懸念することなく、本社（代表者の陸氏）は資本家の誰れ彼れを問ふことなく、唯閣下より其資を仰ぎたるものとせり（政略上最得策とす）」、その結果、互いに無責任を来している。さらに今回の出資も、羯南の債務なのか、近衛の投資なのか曖昧なままであるのも大問題と指摘している。

社内体制の分割

彼の改革案は、羯南・田辺為三郎（副社長常務主任）以下四名の事務相談役を新設し、田辺の下に赤石定蔵を配置し、日常的事務を担当させる。新聞社体制を大きく「編輯」と「社務に関する日常の内議」に分け、「編輯」は羯南が社長兼主筆、古島一《こじまかず》雄《お》が補佐役、古島の下に分科主任がつく。「社務に関する日常の内議」は近衛が全体を総括し、その下に羯南と田辺が並列するという体制である。この他、予算及び編集方針を審議する年一回の社員総会、資本家総会に決算予算を報告する事務相談会を置くことになっている。

これは、編集と経営を分化させようとしている点や社員総会を設置する点など新聞社組織としてユニークなものである。また、羯南の地位についても一定の配慮がうかがえる。しかし、これも羯南の「独立的記者」論からすれば受け容れ難かったろう。ただ、前述の通り田辺が新聞経営参加を断っていたので、実際にこの案が羯南に提示されることはなかったと推定される。

経営の難局

この間も、日本新聞社の経営は好転しなかった。出資者の一人、早川周造は、六月一七日に近衛に書簡を寄せ、「日本新聞の義月々損耗相生候由、窃《ひそか》に痛心罷在候処、頃日田辺より猶伝承仕候得ば同様の談話御座候」と、注意を喚起し、早急に対策をとらなければ、年末の出資者参会時に大問題となると主張している（『近衛篤麿日記』第五巻）。

小村寿太郎に援助を求める

近衛と羯南は、再び小村寿太郎外相に資金を依頼することとした。さらに、八月四日付近衛宛羯南書簡は、「又他より承候には、椿山荘《ちんざんそう》の老人に政事用の資金三十万程も有之由、御参考迄に申上候」とある。無論、「椿山荘の老人」とは、山県有朋《やまがたありとも》を指し、羯南は山県から資金援助を得ようと考えたのである。

外務省の援助を得る

山県の話しの行方は不明だが、外務省からの援助は得られたようで、九月九日、官舎に近衛を訪問した羯南から、「小村外相より再応日本新聞社に補助したりとの話」があったと近衛の日記にある。翌一〇日付の近衛宛の書簡で、羯南は「小村氏再度の好意一件は極秘密に可致様約束致候間、五百木、神谷、其他へは御漏らし無之様特に願出置候。万一にも知れ申候ては、小村非常に困る趣に御座候」と、念押ししている。おそらく外務省機密費から援助金が出たのである。

資金調達に苦心

羯南としては、何とか自力で資金を調達し、経営再建の主導権を確保しようとしているのだが、彼が探すのは外務省とか山県とか政治がらみの資金で、「独立新聞」理念を彼自らが空文化しかねない有様であった。

出資者の不満

それでも出資者からは、羯南の経営振りへの不満は高まっていった。特に田辺は、羯南の優柔を攻撃し、近衛に「断然たる処置に出でん事を勧告」し、羯南には直接電話し「先日中小生の献策せし事は時節未到来と御認め、一応御取消を乞。其理由は金の方今少し整理付かずては、新人物の来る様無き故也」と通告したという。さじを投げたかたちである。さらに改革は一年延期とし、「社内の整理は先生自ら之に任じ、籠城の良法御実行可然」と告げた。これに、「陸翁も欣然たる語気」であったと皮肉に報告している。

成章堂の分離案

しかし、実際には一年延期というわけにはいかず、当面の金策を講じなければならなかった。一〇月五日、近衛と富田鉄之助は、また日本新聞社と成章堂を分離することを協議した。成章堂は、日本新聞社の借金のため抵当となっていたのである。八日に近衛は日本勧業銀行の五十嵐敬止を訪ひ、日本新聞社と成章堂の分離のことを相談したところ、五十嵐から、及川という人物に成章堂をできるだけ高価で買取らせ、その報酬として顧客を周旋する、それでも抵当額に満たない分、すなわち負債の残額は日本新聞社の負債に移すことを提案してきた。これに対し、近衛は日本新聞社そのものが抵当に入っているのに、さらに負債が増加するのは、債権者にとって問題ではないかと尋ねたところ、五十嵐は新聞社の価格は定めがたいから問題ないと答えたという。この日は、ここで中断した。

成章堂処分の通告

翌々日の一〇日、近衛は富田と成章堂処分の件を相談している。そして、一一日に羯南と面談し、成章堂処分を告げた。この日、羯南は長文の書簡を近衛に出している。それは、近衛からの負債三万円の返済は明治三五年一二月が期限であるが、返済の見込みが立たないことを告白し、外務省からの補助金を得るため小村寿太郎・珍田捨巳《ちんだすてみ》と会ったが、成否不透明であり、千頭清臣と相談して三つの案を作成したという。そして、「別紙三案とも行はざれば小生見込立たず、年末に至り全部引渡の外無之訳なり」と述べた。三つの案の要点だけ記せば（『近衛篤麿日記』第五巻）、

羯南の再建三案

第一案

一、近衛家からの負債第一号一万八千円の返済延期。

一、近衛家からの負債第二号一万二千円は、抵当である成章堂財産を引き渡し、債務解除。

一、谷家関係負債五千円返済のため、新たに近衛家から五千円貸し下げを依頼。

第二案
一、負債第一号は第一案と同じ。
一、負債第二号の抵当を解除して、第一号と共に日本新聞社を抵当とする。
一、負債合計三万円の一部を無利息とする。
一、抵当解除された成章堂は会社組織として営業を開始し、谷家関係負債と日本新聞社立替分は成章堂の負債とする。
第三案
一、日本新聞社を抵当として他から二万五千円を借り入れ、近衛家からの負債を返済する。
一、第二号負債は第一案と同じ。
一、新たな借り換え金の残余をもって谷家関係負債を返済する。

非現実的な再建案

いずれの案も、非現実的であることは否めない。第一号負債返済延期といっても、野原らの出資したものであるから、簡単にはいかない。谷家関係負債のため新たな借入も、難しい。まして、二万五〇〇〇円の借換なぞは夢物語に近い。結局、現実的なのは、成章堂を売却して、第二号負債返済にあてることだけである。それも羯南案では返済できることになっているが、近衛と五十嵐の計算では売却だけでは返済できず、残余の負債を日本新聞社につけかえねばならないのが実状であった。

成章堂の処分完了

近衛が成章堂処分を羯南に話した当日に、羯南はこの三案を提示しているのであるから、羯南は成章堂処分を事前に知らされていなかったのであろう。近衛の日記による限り、この三案のいずれもそのままでは採用されず、近衛は、一〇月一六日に五十嵐と会い、日本新聞社と成章堂を分離し、成章堂の抵当を解除し、日本新聞社の分に追加することを合意している。その後、成章堂抵当解除の手続きがとられたが、それが誰にいくらで売却され、代金が第二号負債返済にあてられたのか、谷家関係負債返済にあたられたのかは不明である。

近衛の負債処理

この時期、以前からの鹿児島の鉱山の件も興業銀行の添田寿一が関係し、もめたようで近衛が処理しなければならなかった。また、日本新聞社には大口負債以外にも、いくつか負債があったようで、その度に近衛の尽力が必要であった。結局、年末の返済期限には、野原らへの負債の返済は行なえず、利子のみを関係者に支払って近衛がなだめるかたちにした（一二月二一日『近衛篤麿日記』）。

当面の危機をかわす

翌三六年一月八日、赤石定蔵の報告として「日本新聞三月来成績よしとの事」、一二月一日五百木良三からの手紙で、「新聞は過般はやうやく一万にこぎ付け候処、昨今は九千六七百と相成居候。併し昨年七八月以来漸次増紙の傾向にて、今一段の奮発を要することに御座候」と報告を受けている。当面の危機を何とかかわしたのである。しかし、構造的経営難が解消されたわけではなく、問題を先送りしただけである。

三　欧州外遊

養子四郎を迎える

明治三六年二月一八日、羯南は、妻てつの兄今居真吉の四男四郎を養子とした。長男乾一を失って、男の子に恵まれなかったためである。陸家は彼が興した家であるが、それを継ぐ男子を得たことは、大きな安心を得ることができたであろう。

正岡子規の死

しかし、長年、心血を注いできた新聞事業が自立できない状況に立ち至ったことは、羯南に大きな挫折感を与えたことは間違いない。また、経営難で奔走している最中の九月一九日、正岡子規が長い病臥生活のすえ、没した。これも、羯南にとっては深い心の痛手となった。『日本』は、九月二一日から「正岡子規君」を連載し、弔意を表した。

対外策の挫折

また、言論においては、彼が唱えてきた対外策の挫折を痛感せざるをえなかった。明治三六年五月一日社説「露国の暴政策」は、「吾人は外国の政策を視る、成るべく善意に之を解釈せんと欲す。露国の東亜政策を見るにも亦た猜疑の眼を以てするを避けたり」と、長年ロシア協調論を主張してきたことを悔恨をもって語っている。シベリア鉄道も「国土拓殖及び世界交通の用」と解釈し、不凍港要求、東清鉄道延長もシベリア開発の必要事業と肯定してきた。ところが、北清事変が起きるや、ロシアは満洲を占領し、残虐行為を繰り返した。これによって、はじめて「吾人の予想全く違ひたるを思ひ、爰《ここ》に露西亜なる者の無道不理を確信せざる可らざるに至」ったのだという。これは、甘すぎた見通し誤りの告白である。

ロシアへの見通しの誤り

だが、羯南は、新聞建て直しの意欲を失っていたわけではない。日本新聞社は、明治三六年六月六日から、『日本画報』(*Illustrated Nippon*)を『日本』第五三三五号附録として発刊した。これは、上質紙八ページの写真画報紙で、*London Illustrated News* がヒントになったのであろうが、成章堂の若い職工吉田東洋が輪転機に銅版をつける技術を発明したので、早速これを応用したのである(古島一雄『一老政治家の回想』四九ページ)。新聞の写真画報として他紙に先駆けた試みである。上質紙をつかったグラフ新聞制作には相当な経費がかかったはずだが、『日本』の売り物になった。『日本画報』は第三三五号まで発刊

『日本画報』発刊

写真画報の先駆け

欧州旅行中の陸羯南（個人蔵）

され、以後は新聞の附録となっていった。

欧米旅行

さらに、羯南を奮い立たせたのは、明治三六年六月からの欧米旅行である。これは、近衛篤麿から、その実弟でベルリン留学中の津軽英麿《ひでまろ》（旧弘前藩主津軽承昭の養子）を帰国させるよう依頼されたのを機縁とする。津軽英麿は、明治一九年からドイツに留学したが、何度も帰国を延期し帰らないため、実兄の近衛篤麿は、旧臣の羯南を派遣し、帰国を説得させることとしたのである。同時に、羯南に欧米を見聞させようとする近衛の温情があったことは想像に難くない。

政論の転機を目論む

羯南も、欧米の実状を実際に見聞し、彼の政論の転機をつかみたかった。彼は、六月一六日午前一〇時、新橋駅を出発、午後二時出帆の安芸丸に搭じ米国を経て欧州に赴いた。なお、羯南外遊中、家族は夫人の母とともに京都市上京区堺町通竹原町下ルに居住した。

ただ、欧米での体験を記した紀行文などは発表されなかった。『日本』に掲載された文章は「羯南の手翰」（七月二一日）、「羯南の書翰」（九月一日）の二通だけである。いずれも船中で書かれた文章で、旅行中は落ち着いて記事を書く時間がなかったのであろうか。

家族への絵葉書

ただ、家族にはこまめに旅行の様子を知らせたようで、四女ともへの御遺族のもとに多くの絵葉書が残っている（口絵参照）。

欧州旅行の様子（医師青山胤通と，個人蔵）

津軽英麿との面会

羯南は、最初、太平洋を渡ってアメリカ各地を回り、欧州に赴いた。欧州での旅程の詳細ははっきりしないが、ロンドンから、旧友加藤恒忠《つねただ》が駐在していたベルギーを経て、七月末にベルリンに着いたようである。直ちに津軽英麿に会い、帰国を促したところ、英麿は、学位をとれば帰国することであったので、羯南は近衛家に八月六日「地方ニテ学位ヲ取リ、直グ帰朝ス、十月末立ツ」と電報で事情を説明している（『津軽英麿伝』）。これで安心したのか、羯南は医者の青山胤通と二人でロシア旅行に出向いた。

近衛の急病

ところが、ベルリンに近衛篤麿の病気悪化を伝える電報が届いたのである。近衛は六月頃から体調を崩し、不治の病気と診断され、八月二三日、津軽家は英麿に電報で急を知らせた。ロシアから帰った羯南は、これを知り大いに驚き、赤石定蔵や外務省の珍田捨巳に病状を電報で問い合わせた。

英麿に帰国を促す

津軽家では、急ぎ英麿を帰国させることとし、九月二日「多クノ医者見込ナク、何時危篤ニナルヤモ知レズト診断セリ。早ク帰レ」と電報を打つとともに、赤石からも羯南宛に「御生命日ニ迫ル。受験止メ、直グ帰セ」と電報を出した。これを受けて、羯南は英麿を説得したのであろう、英麿は一五日にベルリンを出発した。だが、その後の英麿の旅程が分からないため、珍田と赤石などが相談し、羯南をパリに足止めし、連絡を担当させることとしたという。羯南は、スウェーデン、ノルウェーを経てパリに滞在し、司法省法学校で学んだフランス語を生かし、生活を楽しみ、多数の書籍を購入した。

帰国は近衛の死に間に合わず

一一月中旬、羯南はパリを立ち、イタリアを経て帰国の途に就き、翌明治三七年一月二四日、帰京した。その直前の一月二日、近衛篤麿は四二歳で病没、臨終には間に合わなかった。ちなみに、津軽英麿はベルリン出発後も転々とし、羯南帰国から約一ヵ月後れ、二月二九日にようやく帰国した。

四　日露戦争と「民衆的傾向」

羯南の入院

羯南は、翌年、在仏の友人加藤恒忠への書簡で、帰国後の苦労を次のように伝えている。「帰国候以来腸胃病ニカヽリ、珠ニ極寒之節別して難渋仕候際ニ開戦と相成、寝而居ル訳ニも不参、且又近衛公薨去之為め社業ニ大蹉跌ヲ生し、俗事一身ニ集り、例之津軽一件も有之、旁内外奔走之為め無寸暇、斯クテ七八月ニ至り身体疲労甚敷、此弱みニ乗じ直腸周囲炎と申奇病ニ襲はれ、九月初遂ニ病臥之身と相成、数度の手術無其効、十月末より入院大切開ヲ受候」（『全集』第一〇巻）。

日露開戦の分岐点

この書簡のいう通り、彼が帰国した三七年一月末は、開戦か避戦かのぎりぎりの分岐点で、緊張し切った状況であった。羯南留守中の『日本』は、多くの新聞と同じく「不利益なる平和」を拒否し、開戦を辞さない対露強硬を唱えていたが、羯南もこの路線を

対露強硬を主唱

踏襲し、政府方針の「遷延」を批判し、決断を促すことを主張した。開戦の「大詔」が発せられるや、「大に歩を進め露兵を満洲及び総べて絶東より駆逐し、永く軍艦を東洋

に備ふるを厳禁せざるべからず」（二月一二日「大詔を拝読す」）と、戦争を積極的に支持し、ロシアへの敵愾心を煽っていったのである。

谷干城の慨嘆

それは、かつての同志谷干城が、「此度之戦は野夫等より見る時は決而国家を賭して迄も戦はざるを不得と申程之事なく朝鮮独立と歟清国領土保全と歟を口実として我より先に宣戦せしもの」と、戦争熱から距離を置き、「今の政府に若も木戸大久保之如き人物あらば如此無謀之戦は必ず避け得られし」と時勢を慨嘆していたのとは対照的である（田井修徳宛谷干城書翰明治三七年六月二四日『谷干城遺稿』四）。

報道戦参加の苦難

羯南にとって大問題は、新聞経営者として戦争の報道戦にいかに参戦するかである。すでに多額の借金によって疲弊していたところに、後ろ盾の近衛篤麿を失った日本新聞社が、他新聞社と伍して、この新聞戦に参加するのは相当の無理があった。しかも、羯南自身の健康も思わしくなかった。明治三八年年末、湯河原で静養したが、二月いったん帰京し、さらに二月二五日、鎌倉長谷《はせ》に転地した。

借金問題に腐心

だが、この頃、以前森村市左右衛門等三人から借りた金が、近衛家の借金なのか否かの問題が再燃した。これは当初から曖昧であったが、近衛の死後、表面化したのである。羯南は、二月二八日、借入金は近衛の名義だが、「日本新聞社維持ノ為メ使用シタルモノニ有之、尋常貸借金ト趣ヲ異ニスルヲ以テ拙者ニ於テ引受ケ、近衛家ニハ御迷惑相懸中間敷候」旨の一札を近衛家に差し出して落着をはかろうとした。

近衛家の抵当解除

羯南は様々な手づるをたどって金策に走り回った。しかし、経営難の新聞社に金を出すのは、特別な思惑をもった人物である。羯南は、五月三一日付の富田鉄之助宛書簡で、「新聞社の方之事情ハ此春後藤と内談ヲ重ね、愈々《いよいよ》近衛家之方ニ而抵当解除ニ相成候上ハ、更ニ後藤之方へ抵当ニさし入れ可申内約ニそれを目当ニ無理算段致し、辛うじて今日迄維持致居候。其時之予定ニ而は三月末迄ニ抵当解除可相成筈ニ而やりくり致候」(『全集』一〇巻)と述べている。

後藤新平

後藤とは、当時台湾総督府民政長官後藤新平である。羯南としては、彼が責任をもって返済する旨の証書を差し出せば近衛家が抵当を解除し、今度は新聞社を後藤に抵当として差し出して新たな借金を得るという見込みであったようだ。後藤新平を近衛篤麿に代わる新たなパトロンとしようとしたのである。

羯南の窮状

だが、近衛家の抵当が解除されないため、後藤との「内約」が実行できず、後藤には抵当解除前の補助を願い出たが断られ、このまま来月まで経過すれば「最早小生之力ニ而維持六《むつ》ケ《か》敷《しく》相成」とせっぱ詰まった窮状を説明し、「後藤との関係は他人ニ口外出来兼候事柄」であるから、富田の「御憐諒を願フの外無之」と訴えている。

しかも、五十嵐と金森は借金を返済できないのであれば、日本新聞社を抵当のまま引き渡すことを求め、津軽英麿に新聞入手を勧めているという情報もあった。羯南としては、借金を返済できず、かといって後藤の件を五十嵐に打ち明けることもできず、立ち往生である。

神鞭知常の病死

羯南にとって、さらに大きな痛手となったのは、長年の友人である神鞭知常を失ったことである。神鞭は、かねて須磨に病気療養中で、羯南は、この月の上旬、青山胤通博士を同伴して須磨まで見舞ったが、六月二一日に病没したのである。神鞭は、羯南にとって政治的思想的同志であるばかりでなく、新聞社の経営難のためにも種々尽力を惜しまない友人であっただけに、大きな痛手であった。

降参の弁

明治三八年八月一八日、羯南は、古島一雄に「社業前一年有半之成績ヲ見レハ、吾ナガラ其無謀ニ驚キ入候。最早刀折矢尽、今後ハ固守猶難シ、況《いわん》ヤ進取ヲヤデアル。如何ニシテヨキヤ過日来煩悶中、万不得已とあれハ此際異分子と聯合之外無之、是も今日之現状ニ而ハ余り条件ヲ以テ聯合六ケ敷、全ク敗北ノ地ニ立ちて降参之姿ニ相成候。願クハ一両年我慢シテ収支之差ヲ少クシ、然後聯合持出度」と、社の窮状を説明し、「節

異分子との連合模索

新聞理念は維持

三面記事を批判

約実行」を指示している（『全集』第一〇巻）。ただ、「節約」は、「異分子」との「聯合」を持ちかけるための条件作りというのであるから、文字通り「最早刀折矢尽」という状態である。「異分子」とは、後藤新平を指すのか、他の者を指すのか不明だが、かつての谷干城や近衛篤麿のような同志に支援を求めるのとは、まったく違うことを羯南自身認めているのである。いずれにせよ、パトロンに依拠して新聞を発行する時代は終わりつつあった。

しかし、羯南は新聞の理念をまったく放棄したわけではなかった。鎌倉で療養中の羯南は、『日本』紙面を点検し、古島一雄などに行きすぎた三面記事抑制を指示していた。例えば、「今日の新聞第四頁ニある情死教員云々ハ題ノ二号已ニ不適当なり。内容ニテモ一々項目ヲ設クル程必要ハなし」などと、好奇心を煽って心中・殺人・泥棒等を報ずる三面記事を批判している。「全体我三面記者の心得ベキハ新聞ノ題モ『日本』デアル事、所在地モ東京デアル事、又自家之立脚地ハ社会の上游ニ在ル事、此三点ヲ忘レデハナラヌ。上游ニ在ルとせば、少クトモ小学教員や何かを眼下ニ見テ夫が記事ニモ余リ仰山ラシクセズ、且ツ思遣ヲ以テセネバナラヌ筈ナリ」、「読者モ都新聞や二六のやうニアラズ、少しハ眼識モアル人々アリ」（明治三八年八月二八日付井上亀六・古島一雄宛書簡『全集』

第一〇巻)。

営業的新聞の否定

羯南の理想とするところは、言論によって政治を動かす政論新聞だが、必ずしも社会的事件の報道を否定しているわけではない。ただ、「当り障りなく巧に筆を回はし、唯だ公衆の情感を利用せん」とする「営業的新聞」を断乎否定するのが彼の新聞論の原点であり(「新聞記者(一)」『全集』一巻)、それをこの時点でも貫徹しようとしているのである。

『日本』の迎合

しかし、羯南も重々分かっている如く、扇情的手法で読者の好奇心に応えるのが新聞の大勢であった。羯南不在中から病気療養中に『日本』の編集を預かっていた古島一雄は、少しずつだが、大勢に順応する紙面改革を実施していた。例えば、明治三七年一月一四日の第一面には挿絵入りの「春相撲の記」が掲載され、以後も場所中は挿絵入りの相撲記事が第一面トップに置かれ、社説・論説が二面に回されている。また、前述した写真印刷技術の成果によって、日露戦争中の『日本』は多数の写真を掲載したグラフィックなメディアになっていた。しかし、それが、部数増に直結するとは限らなかったのである。

新聞界の相対的位置の低下

日露戦争前頃の各新聞推定発行部数を表に掲げた。これによれば、『日本』は一万部前後でほとんど横ばいである。この時期、新聞全体の部数は大きく膨張し、なかでも大阪の二紙は約二〇万部、東京の『報知新聞』『萬朝報』は約一五万部に達しており、『日本』の相対的な位置は低下する一方である。

日本青年会

羯南の期待する読者は「眼識モアル人々」であるが、その具体像をとらえるのは難しい。一つの例であるが、『日本』愛読青年を中心とする団体として日本青年会というのがあった。これは、明治三二年一二月三〇日〈寄書〉欄に山本滝之助が沼隈生という筆

明治末期東京・大阪各新聞推定発行部数

	明治32年	明治36年	明治37年
報知新聞	31,000	83,395	140,000
国民新聞	30,176	18,000	20,000
東京朝日	51,263	73,800	90,000
万朝報	95,876	87,000	160,000
やまと	——	——	——
時事新報	86,279	41,500	55,000
東京毎夕	——	——	——
二六新報		142,340	32,000
都新聞	31,908	45,000	55,000
東京日々	16,777	11,700	35,000
中外商業	——	11,800	10,000
読売新聞	14,146	21,500	15,000
中央新聞	56,169	41,000	40,000
東京毎日	24,291	——	——
日本	11,521	10,000	12,000
大阪朝日	——	104,000	200,000
大阪毎日	——	92,355	200,000

明治32年の部数は,「警視庁統計」から一日平均を算出．明治36年の推定部数は,「二六新報」明治36年11月26日公表．明治37年の推定部数，毎日繁昌社「広告大福帳」明治37年10月号．東京16紙合計717,000．大阪3紙合計250,000.

『日本』愛読者の団体

名で「『日本』青年会設立の議」を投書したことがきっかけで、最初は『日本』の『週報』に投書を掲載しあう、仮想の青年会であったが、明治三四年九月一五日に『日本』青年会大会を開催し、実際の組織となった。さらに同年一二月、雑誌『日本青年』を発刊するまでに発展した。同雑誌の記事によれば、会は具体的運動目標があったわけではないが、定期的に集会を開催し、会員相互の懇親をはかっている。明治三六年一二月改訂の会員名簿によれば、会員数は三七九名、地理的分布では東京市部郡部が約一八％と多くを占めるが、全国に散在している。

浮薄な時勢への憤慨

『日本』の愛読者であることを機縁に結成された青年団として、きわめてユニークであるが、その投書からうかがえる彼らの『日本』への共感は、「男らしさ」「狂猿貪狼の外に峻然」「浮薄ならざる」「気骨ある」などである。それを裏返していえば、「浮薄」な時勢への批判・憤慨が彼らの共通の心情であった。それは、『日本』読者の意識の一断面を示していたといえるだろう。

ただ、青年会の活動は大きな社会的広がりをもつまでにはいたらず、活動は次第に低下し、連絡先も東亜同文会におかれるなど東亜同文会の別働隊という色彩ももつようになったと推定される。雑誌『日本青年』は、明治三九年七月三〇日の第五〇号を終刊した。

結核

羯南の病気は、最初は胃腸病と思われていたようだが、ドイツ滞在中親交を深めた青山胤通に診断を依頼したところ、結核であることが判明した。青山は、これが分かっていれば、極寒のロシアなどに連れて行くのではなかったと慨嘆したという(『一老政治家の回想』)。だが、羯南自身は「老生も来年は五十に相成候故、今更肺病なりとて驚くにも不足候」(東海勇蔵宛『全集』第一〇巻)と諦観した心境であった。

新聞界の戦勝熱を憂慮

鎌倉で療養する羯南は、講和条件に熱中する輿論を遠くに眺めていた。明治三八年八月、友人加藤恒忠に宛てた書簡で、「連戦連勝ニ相違無之も、此結局ハ失敗ニ終り不申哉懸念ニ御座候」と、好条件での講和困難を予想し、「民間論ハ何も顧慮セズ、新聞上にも見え候通り勝手ニ条件ヲ極め居候」と、自らの「連戦連勝」報道に酔ってしまっている諸新聞を憂慮していた(『全集』第一〇巻)。

日露講和条約に対する編集方針

講和条件は羯南の予想さえ下回るものとなった。彼は、「媾和条約ハ不満足ニ相違ナキモ屈辱ト迄ハ言フベカラス」と社論の方向を指示し、「此際全力ヲ反対攻撃ニ用テ新聞ヲ売出サントハ、少シク間違テ居マイカ。賞金ノ取レヌダケハ実ニ痛手テアルガ、其分ハ余リ人気ニ関係アルマイト思フ」と、講和条約反対の強硬論を煽って、部数を伸ばそうとする他新聞を批判した（赤石定蔵宛書簡九月二日『全集』第一〇巻）。羯南は、日本の経済力・軍事力から「批准拒絶などハ出来ぬ相談なり。閣員問責の問題位デ止ムべし」（古島宛九月四日）という方針で、病をおして社説を執筆し、それは九月六日社説「国論の帰着」として載った。

羯南の穏和論を無視する紙面

しかし、古島一雄等は羯南の方針に忠実には従わなかった。古島によれば、羯南は「穏和論をとなえておったが、われわれは不平でたまらんから、例によって国分青厓などをおだてて激烈なる評林を掲げる。雑報にも煽動記事を掲げて頻《しき》りに民心をあおっていた。当時日比谷でばら撒いた宣伝ビラなどは、実は僕が大竹貫一、寺尾亨らの連中から頼まれて、日本新聞の印刷所でそっと刷らしたのであった。だからして社説と雑報の記事がまるで反対になるというような不統一を来たす。温厚なる陸がついに腹を据えかね、『僕を何の地に置かんとするか』と手紙をよこしたのはこの時である」（『一老政治家の回想』）という。この通りの文言の羯南書簡は現存しないが、羯南は「余リニ急調ハ避け度候」、「当分ハ慎重の態度必要」と古島に再三指示していた。しかし、実際の『日本』紙面は、彼の指示を無視して、講和条約反対論を強く押し出していったのである。

新聞界は講和条約反対が大勢

それは古島一雄等の講和条約に対する強硬態度もあるが、それだけでなく、新聞界の抗しがたい大勢があったのである。羯南が批判した通り、多くの新聞社は「全力ヲ反対攻撃ニ用テ新聞ヲ売出サン」としていたし、桂首相も山県有朋宛書簡で壮士達の運動についてはさほど心配する必要はないが、「商売的売出候小新聞」が一部の政客と結びつき「下層之人民之人心を動揺」させていると新聞の商業主義が対外強硬論を煽っている状況を警戒していた（『山県有朋関係文書』Ⅰ）。

政治と社会の混同

社会全体の「民衆的傾向」のなかで、読者底辺を拡大した新聞は「民衆」を政治空間のなかに組み込んできたのである。新聞が機能する政治空間は、かつてとは大きく違ってきた。営業的新聞が、三面記事的スタイルで講和問題を書きたて、社会的不満を感情的スローガンで煽りたて、政治と社会と短絡させ暴発させる、すなわち「政事と社会の混同」を出現させるのである。

民衆的政治空間の出現

かつて羯南が期待していたのは、「独立」の意見が論議・論争し、現実を踏まえて「理」を争う、「相関的議論」であった。しかし、そうした新聞言論は、彼の期待通り実現していったわけではないことはすでに述べてきたが、それでも職業的政治家・有産有識選挙民の構成する政治空間のなかでは有効性をもっていた。しかし、「民衆的」政治空間が出現した状況では、現実の諸条件のなかでの「相関的議論」は、迂遠な「穏和」

論にしかみえない。そもそも、諸新聞の紙面に過激な言葉は乱舞はしているが、新聞間で論議・論争が交わそうという志向もなく、実際論争もなかったのである。

粗暴な言論の再燃

前述のように羯南は新聞活動の出発において、粗暴な「壮士」的言論を否定し、〈利〉と〈理〉にたつ論議・論争こそ新聞言論の機能として定立しようとしたのだが、明治末年ふたたび過激な〈情〉の言論に直面したのである。しかも、今回は、以前と違ってそれに呼応する大規模な読者群衆が登場してきたのである。

「国民」のインフレ化

明治二〇年代、「国民」を標榜して登場した羯南と蘇峰は、講和条約反対のスローガンを叫んで日比谷公園の「国民大会」に大群衆として集まった、能動的だが情動的な「国民」を苦々しく傍観するしかなかった。今や、「国民」という言葉は濫用され、主義主張を持たない営業的新聞が、不定形だが、誰も正面から批判はできない「国民」を代表し、代弁するという擬制の論理をとるようになった。「国民」という言葉がインフレ化してしまった状況において、「国民主義」を一つの主義として成立させることは難しい。

羯南と蘇峰の岐路

羯南は社説と雑報の不統一ですんだが、蘇峰の国民新聞社は「国民大会」から溢れでた群衆に焼き討ちされ、大きな被害を受けた。この骨身にこたえる体験をした蘇峰は、自らの新聞を「数の波に乗せる」方向へ変身させ、読者を基盤とする新聞として存続をはかった。対照的に、羯南は大勢に従順であることをこばみつづけた。

六　『日本』の売却と羯南の死

『日本』六〇〇〇号

羯南は最後の力を振りしぼるかのように『日本』の再生のために奮闘した。再生の飛躍台としようとしたのが、明治三九年四月四日の六〇〇〇号発刊である。それに合わせて新たな印刷機を購入し、六〇〇〇号当日は四四ページもの記念号を発刊している。四月末には、鎌倉から根岸の自宅に帰った。

日本新聞社の売却

しかし、明治三九年六月二三日、突然、第一面冒頭に伊藤欽亮の名前で「謹告」と題する次のような文章が掲げられた。「余は『日本』の最も重んずべき新聞紙なるを知り、這次之を継承し、来る七月一日以後は余の全力を挙げて其経営に従事せんとす。今後の『日本』は斯業に老熟せる従来の社中を中枢とし、新に社員を加へて大に其の発展を試みんとす。将来の紙上は政治、文学、経済、軍事を首め社界百般の事を網羅して、漸次欧米の有力なる新聞紙に追随せんことを期す（以下略）」。日本新聞社は陸羯南から伊藤欽亮にまるごと売却されたのである。

その心境

これと同文の広告が、同日の『国民新聞』などに「日本新聞社継承告白」との題で他紙にも掲載され、新聞界のみならず、社会を大いに驚かせた。山路愛山《やまじあいざん》は、「我等をして睡眠を摩せしめたり」と評している（『独立評論』明治三九年）。

羯南は、彼の人生そのものといっていい新聞を手放したのである。彼は友人に、「老生義二十年来椽之下之力持、此度因縁ありて全く無関係に相成候。即江湖放浪之身聖代無用之民を以て自任し、此両三年間専ら病軀静養に従事之筈に御座候」（相川勝蔵宛『全集』第一〇巻）と心境を語っている。

売却の経緯

最終的な譲渡経緯については分からない点が多いが、笹森儀助宛書簡（七月一一日付『全集』第一〇巻）で、「結局借金之形ニ取られ候之事態ニ而、乍病中少敷遺憾ニ不堪候」と無念の思いを語っている。その最後は、「義気アル友人之尽力ニ而壱万円ハ入手致候へとも、北里柴三郎、五十嵐敬止等ニ因テ其大半ヲ奪ヒ取られ（是ハ近衛家ノ為ニ返金セヨトノ催促ニテ）申候、今は向二ケ年計ノ生活費アルノミニ御座候。是も又他ノ社員ニ分与ノ必要有之歟」ということであった。

「義気アル友人」とは誰のことか分からないが、その借金を印刷機購入にあてるつもりであったのであろう。ところが、以前からの借金返済を迫られ、結局立ちゆかなくなり、売却したというのである。

売収をめぐる風評

前掲の『独立評論』は、「世間の評判」として日本新聞社は三万五〇〇〇円で売りに出たが、その買収者として諸説あると伝えている。一つは後藤新平が買収し、親戚の木下謙次郎が監督にあたるとの説。第二の説は日銀総裁山本達雄が買収し、その代理人として伊藤欽亮が社長に就いたというもの。第三は伊藤欽亮が自力で買収したという説である。結局は、第三の伊藤欽亮自力買収が事実に近いのだが、後藤などの人物もまったく無関係ではなく、この「世間の評判」は、羯南の金策関係者の名前が誤聞を含めて流れたのであろう。

譲渡の際、「編輯上古嶋ニ一任シ、社説論説之事ハ今後伊藤容喙も何もせずと極めよと申聞置候」（三宅雪嶺宛羯南書簡七月一四日）と、伊藤欽亮は経営のみにあたり、言論報道は今まで通り三宅雪嶺《せつれい》・古島一雄等が担当するという約束であった。しかし、実際には伊藤と三宅らとの間に対立が生じ、この年の一二月四日、三宅雪嶺・古島一雄・長谷川萬次郎・千葉亀雄ら一二名の社員はいっせいに退社してしまった。このうち三宅雪嶺ら一部社員は、政教社において再び羯南と合流し、明治四〇年一月一日から雑誌『日本及

『日本及日本人』発刊

日本人』を発刊することになった。『日本及日本人』元旦号に、政教社として井上亀六・八太徳三郎・長谷川萬次郎・千葉亀雄・河東秉五郎・陸羯南・国分高胤・古島一雄・三宅雄二郎の九名が名前を連ねている。羯南は、政教社が『日本』を継承したことを象徴するものとして名前を出したのであろう。

鎌倉の別荘

「無用之民」を自任する羯南は、この年の一月、鎌倉極楽寺村に新築した別荘に移った。現在の江ノ電稲村ヶ崎駅から少々歩いた場所で、当時は海岸に外国人の別荘が二三あるほかは松林で、別荘は「道路より高

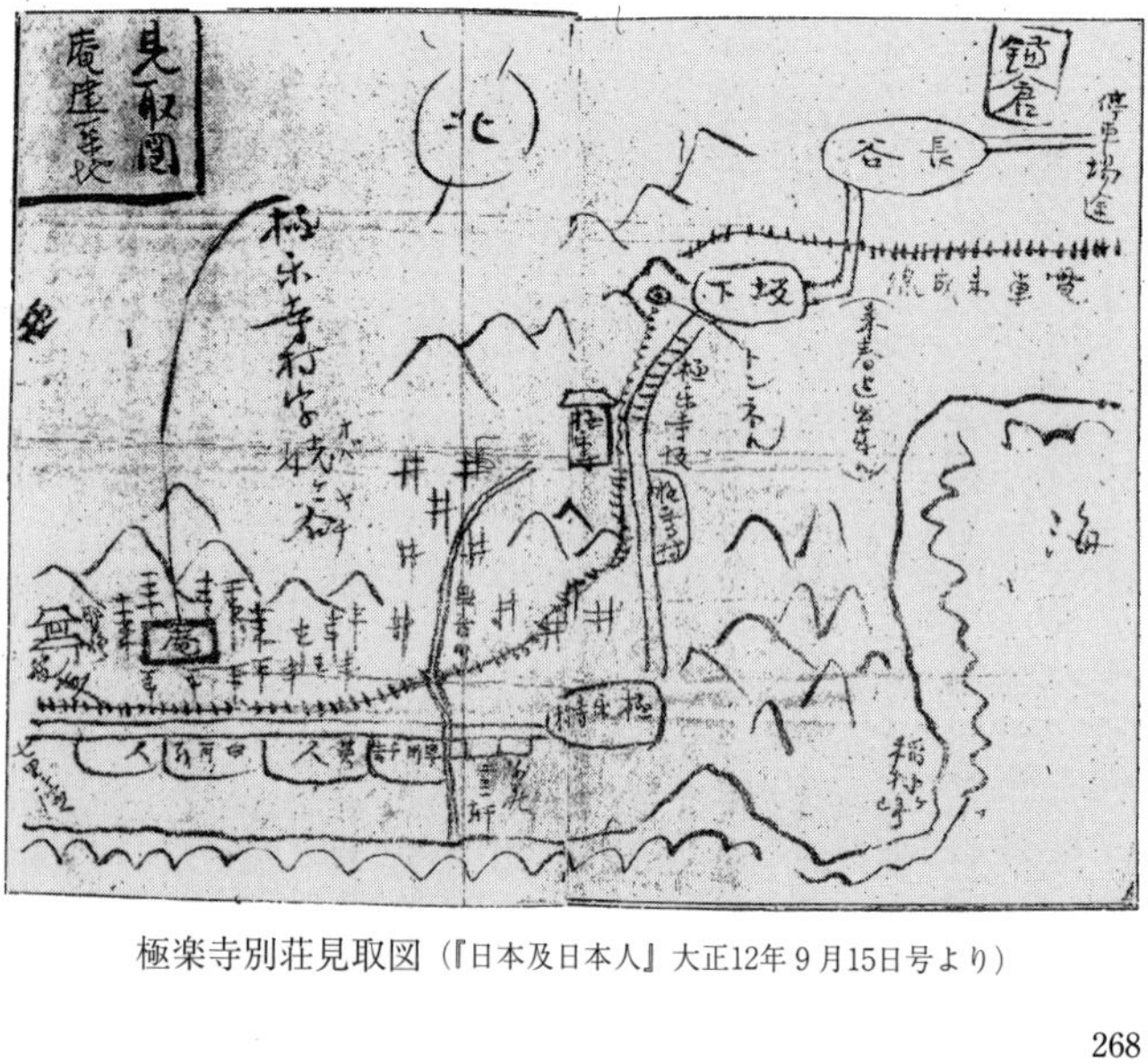

極楽寺別荘見取図（『日本及日本人』大正12年９月15日号より）

さ二間半之処なれば坐して大海を一眸中に収め得る」絶好の立地で、浦苫屋と名づけ、小野鵞堂の筆になる扁額を掲げたという。「酒屋へ約二哩半万事不自由」をのぞけば、大いに気に入っていた。

病状悪化とその死

しかし、病勢は進み、四月頃には「神経痛やら発熱やら大に困難」という状態になり、七月二四日付加藤恒忠宛書簡で、「患者タル老生之自覚ニ而ハ余命長クハアラジと感じ申候」と死を覚悟していた。この月末から大喀血を繰り返し、九月二日永眠した。五一歳であった。

陸羯南の墓（東京，染井墓地）

葬儀

九月五日、谷中全生庵で葬儀が営まれ、司法省法学校以来の友人原敬《たかし》をはじめ、犬養毅《いぬかいつよし》、徳富蘇峰、杉浦重《じゅう》剛《ごう》など五〇〇余名が会葬した。法名は文生院介然羯南居士。墓は、染井墓園にある。墓碑には「陸實之墓」のみ、裏面に彼の来歴が刻まれている。

羯南を追悼

死後、雑誌『日本及日本人』をはじめ多くの新聞雑誌が、孤立を恐れず、敢えて時勢に合わせず、自己の「道理」を貫徹しようとした新聞記者・羯南の功績と「清廉」「潔白」「謹厳」な彼の人格をたたえ、その早すぎる死を悼んだ。羯南の死と彼の新聞『日本』の売却は、新聞界にとって、時代の転換を示す象徴的な出来事と感じられ、新聞記者・新聞言論のあり方を改めて自問させる契機となったともいえる。

独立新聞の敗北

羯南は、それまで截然としていなかった新聞・新聞記者について明確な理念を掲げ、一つの独立した機能として造形しようとした。そして、それを実際に実現すべく悪戦苦闘し、高い声望を得たにもかかわらず、結局新聞『日本』は立ち行かなくなった。それは、彼の掲げた「独立新聞」理念が、新聞営利化、新聞企業化の大勢に敗北したと感じられたのである。

新聞記者と新聞屋

三宅雪嶺は、羯南追悼の文章において「若し羯南の生涯に成功の跡ありとせば、新聞記者として成功せし者にして、若し失敗の跡ありとせば、新聞屋として失敗せしなり。新聞屋ならざる新聞記者を挙れば、特に羯南を推さゞる能はず」と評した（「人格と文章」『日本及日本人』明治四〇年九月一五日）。「新聞記者」と「新聞屋」を峻別し、羯南は「新聞屋」としては失敗したが、「新聞記者」としては今も光彩を放っているというのである。

両者の不可分

これは、羯南の生涯の一面を衝いている。しかし、さらに考えてみると、羯南が「新聞記者」であると同時に「新聞屋」であったのは、「新聞記者の職分」を全うするためには、新聞社を主宰する新聞経営者、すなわち「新聞屋」でなければならないとする彼の新聞論のためであった。羯南にとって、「新聞記者」と「新聞屋」は分化できるものではなく、不可分のものであったのである。一身にして、二つの役割を果たすことこそ「独立新聞記者」の使命である。どちらが成功、どちらが失敗ということはありえなかった。

両立方法の難しさ

「新聞記者」と「新聞屋」を両立させるために、羯南がとった方法は、裏面で親交ある政治家から資金援助を得ながら新聞を経営していくことであった。それは、「新聞記者」理念を羯南自らが裏面で裏切っていたということではなく、彼にとっては思想的・政治的同志の援助であった。それは、時流への迎合を排する潔癖さを可能としたが、「新聞記者」としての活動に介入を招く恐れを常に抱えていたし、また「新聞屋」としてみれば自立した経営をもたらす策ではなかった。同時代には、『将来之日本』などのベストセラーを基盤に雑誌『国民之友』を発刊し、さらに『国民新聞』を発刊するなど言論・報道をある程度商業化していった徳富蘇峰の活動もあったが、羯南からは読者への迎合とみえたであろう。

理念の継承

新聞企業化の進行のなかで、羯南は「新聞記者」＝「新聞屋」であることに殉じたが、彼の育てた記者は、新聞記者羯南の理念を受け継ごうとした。羯南は「先生が生徒にするやうに、記者の方へ向けて、先生自から朱筆を取つて、何とかいひながらその文章を削つたり直したりこともあつた、どうしても先生としか思はれない」（「日本新聞と『陸さん』の印象」『全集』第一〇巻）と長谷川如是閑《によぜかん》が回顧していように、羯南は若い記者たちの

若い記者の育成

「先生」であった。そこから鳥居《とりい》素川《そせん》・長谷川如是閑・丸山幹治らのそれぞれ個性的な記者が育っていったのである。彼らは、『日本』が亡くなって以後も、『大阪朝日新聞』などに拠って「独立」言論を発揮しようとした。

弟子たちの挫折

羯南は敢えて自ら「新聞屋」であることを引き受けて言論の「独立」を全うしようとしたのだが、鳥居素川たちは、村山龍平と上野理一によって経営される大阪朝日新聞社という典型的な企業的新聞社に雇傭されながら、「独立」を実現しようとする。しかし、それは難しい。企業的新聞と衝突することは必然的で、『大阪朝日新聞』白虹事件において「独立」言論は新聞所有者・経営者に斬り捨てられるのである。鳥居素川らは、実業家の補助を受けて『大正日日新聞』を発刊するが、これも失敗に終わる。

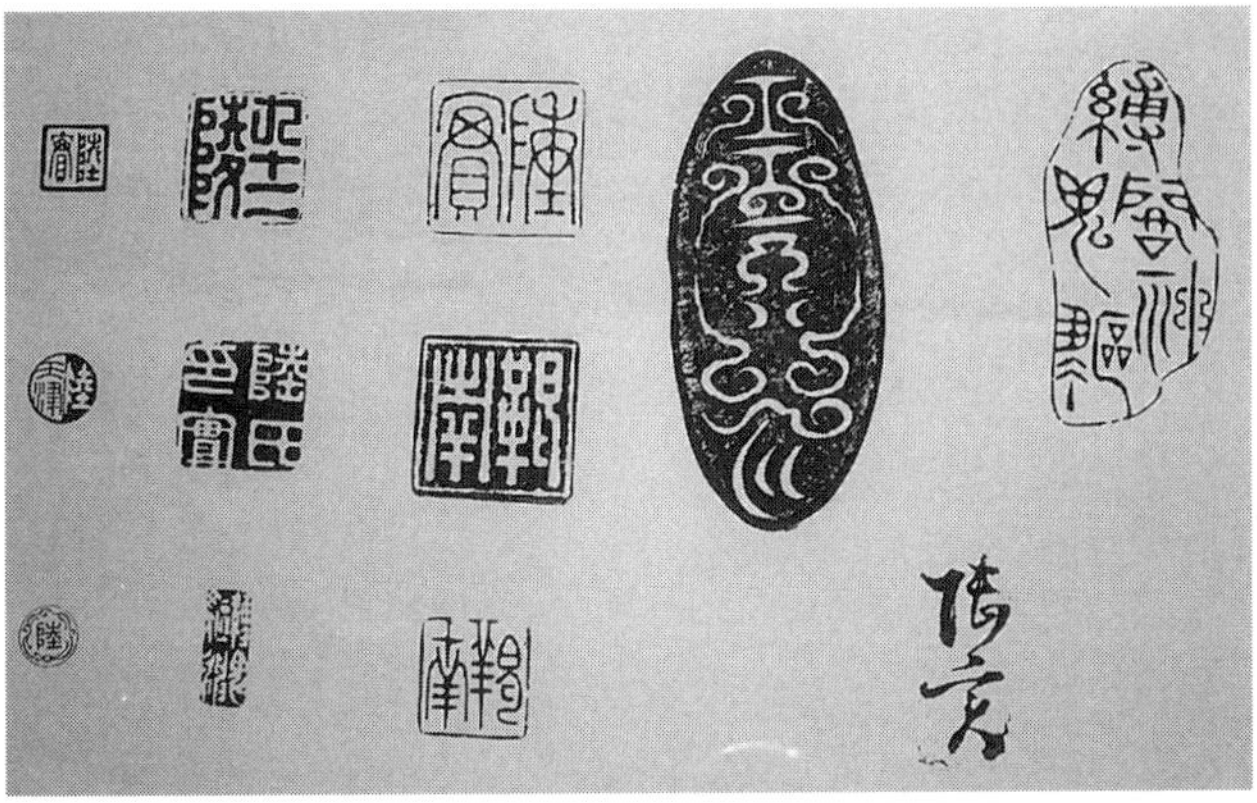

さまざまな印章

印面には「縛開神鬼駆」「陸実」「羯南」「九十二陸」「陸氏印実」「陸壬津」「陸」など，数種が見られる．

長谷川如是閑らのテーマ

メディアのイデオロギー性

以後、羯南の新聞理念を新聞社において実践する試みは事実上放棄され、長谷川如是閑らは、無所属のジャーナリストとして、評論活動を展開していく。如是閑の評論においてジャーナリズム現状批判論は、重要なテーマとなったが、その新聞論において、あるべき新聞として時に暗黙に時に公然と想定されているのは、陸羯南の新聞理念である。それは、「独立」が羯南の蔑視した「中立」とほとんど同義として使われ、規範的概念であった「国民」が国家の枠内であらかじめすでに存在し、唯一の政治主体であるかのように使われている状況、すなわち「独立」や「国民」が換骨奪胎され、企業的メディアが普遍性を装うイデオロギーとなってしまっている状況に対する鋭利な批判であり、ますます巨大化し、否応ない自明的存在をもって屹立していく企業的ジャーナリズムの自明性に亀裂をいれ、ジャーナリズムへの本源的問いかけである。羯南は、ジャーナリズムとは何かを考えようとするとき、ジャーナリズムの極北に位置する不動の座標として仰ぎ見られる存在となった。

羯南は不動の座標

しかし、このようなジャーナリズム批判は、その底にジャーナリズムの企業化を抗しがたい大勢とする諦念が伏在していることも感じとれる。企業化を抗しがたい大勢であると暗黙に認容したうえでの批判なのである。その批判は、いくら鋭いものであっても、有効性は乏しい。

峻厳な独立論

それは、羯南の「新聞記者」の側面のみを理想化し、羯南が「新聞記者」と同時に「新聞屋」であろうとした苦闘を見落としているのである。羯南がジャーナリズムに投げかけている問題は、記者の内面から一切の迎合・妥協を排する厳格な独立の精神であることはいうまでもない。しかし、彼は同時に記者の独立を実現する現実的社会条件を模索し、新聞メディアの組織的・経営的基盤に裏付けられた独立を目指したのである。彼の「独立」論の峻厳さは、「新聞記者」をまっとうするため「新聞屋」であらねばならないとしたことにあり、彼が抱え込まざるをえなかった矛盾はそこに起因していた。

羯南が投げかける現代的課題

「新聞記者」と「新聞屋」との分離を前提に「独立」論を論じていては、現在の企業的ジャーナリズムの根本に届く批判とはなりえない。また、ジャーナリズムの「独立」論としても底の浅いものになってしまう。無論、現在の状況において、羯南がおこなったように同志的政治家の庇護に依存した新聞経営はありえないが、「新聞記者」と「新聞屋」とをいかに統合するかの模索こそ羯南が現代に投げかけていく最大の問題ではないだろうか。

略系図

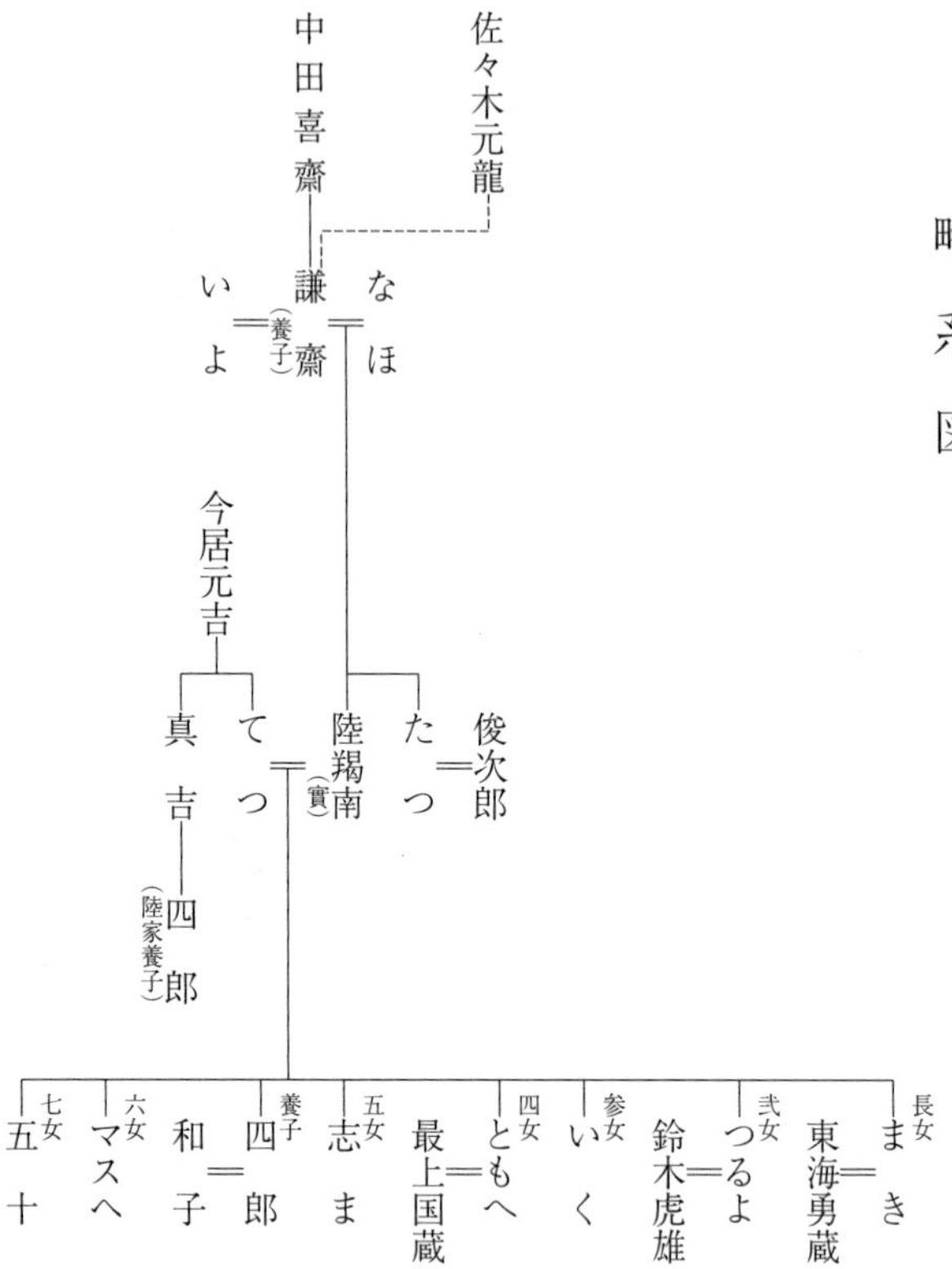
佐々木元龍
中田喜斎
なほ
謙斎（養子）
いよ
今居元吉
俊次郎
たつ
陸羯南（實）
てつ
真吉
四郎（陸家養子）
長女 まき
東海勇蔵
弐女 つるよ
鈴木虎雄
参女 いく
四女 とも
最上国蔵
五女 志ま
養子 四郎
和子
六女 マスヘ
七女 五十

略年譜

年次	西暦	年齢	事蹟	参考事項
安政 四	一八五七	〇	一〇月一四日、弘前藩近侍茶道役御坊主中田謙齋の第二子（長男）として陸奥国弘前在府町に生れる。幼名は巳之太郎、後に實と改める	
万延 元	一八六〇	四	母なほ死去（没年等不明）。父謙斎は、その後に黒石いよを後妻とする、	
明治 三	一八七〇	一四	六月一八日、津軽知藩事、「告諭」を発し、給録を削減。中田家は六〇俵となる	一〇月九日、津軽藩知藩事、木造村において豪農に余地買上の告諭
四	一八七一	一五	古川他山の私塾思斉堂に入門。在学中に作った詩のなかの句「風涛自靺羯南来」を他山に覚められたため、のちに「羯南」と号するようになったという〇一二月三〇日、津軽知藩事、士族在着の告諭を発す。これにより、中田家は赤田組に属し、狐森村に移住	七月一四日、廃藩置県の詔書が出る。津軽承昭、弘前藩知事を免ぜられる
五	一八七二	一六	この年または翌年、中田家、弘前近郊の富田村字大野に移ったとされる	一一月二三日、菊池九郎、吉川泰次郎・兼松石居らと私立東奥義塾を開く

六	一八七三	一七	私立東奥義塾へ入学する	五月、津軽士族、正米支給要求運動を起こし、市内不穏となる
七	一八七四	一八	仙台の官立宮城師範学校に入学する（入学月は不明）	一一月、本多庸一、新任教師イングを伴い弘前に帰郷。東奥義塾塾頭となる
九	一八七六	二〇	二月頃、校長の方針に抗議して、春日慶之進・相川勝蔵とともに宮城師範学校を退校し、上京○三月五日、司法省法学生徒募集に出願○七月三日から七日まで入学試験○七月二九日、司法省法学校に入学	七月一五日、明治天皇東北巡幸途中、青森に宿泊。青森小学校にて珍田捨己ら東奥義塾生徒が、天皇の前で英語の朗読を行う
一〇	一八七七	二一	七月一二日、西南戦争に際し、政府徴募の弘前士族の先頭部隊着京。これを激励する演説を行う○一二月三一日、加藤恒忠ら司法省法学校友人と千葉の国府台に旅行	
一一	一八七八	二二	七月、加藤恒忠・福本誠・国分高胤とともに富士登山。つづいて国分と二人で京阪地方を遊覧する	
一二	一八七九	二三	二月、賄征伐事件に関連して原敬らとともに司法省法学校を退校させられる。新聞記者を志望して奔走するが、果たせず、帰郷する○九月八日、陸姓を名乗る。まもなく青森新聞社に入社	この年、本多庸一・菊池九郎ら弘前で共同会を結成○三月六日、『青森新聞』創刊○一一月、福本誠、『普通民権論』を出版

			する	
一三	一八八〇	二四	二月八日、『青森新聞』が告訴され、羯南が讒謗律違反で罰金五円と報道〇二月一四日、『青森新聞』、弘前の国会論者から羯南も運動参加の勧誘を受けたと報道〇二月二〇日、『読売新聞』、羯南が讒謗律に触れて罰金五円と報道〇三月二七日、本多庸一・菊池九郎らが国会開設の建白書を可決。羯南も起草委員の一人となる〇四月二二日、『青森新聞』、讒謗律第四条違反、罰金一〇円〇五月二八日、『青森新聞』、讒謗律第五条違反、罰金五円〇六月二五日、『青森新聞』第一二三号奥付から「編輯長陸實」の名前が消える〇九月、北海道に渡り、内務省勧農局所管の紋鼈製糖所に勤める	二月、笹森要蔵・本多庸一ら「四十余万同胞兄弟ニ告ク」と題する国会開設の檄文を発表〇二月六日、『青森新聞』が長慶天皇の陵を探る「行岳探偵の記」第一回を掲載
一四	一八八一	二五	紋鼈製糖所を辞め、上京する。品川弥二郎のもとに出入りし、翻訳によって生計をたてる	一〇月一一日、明治一四年の政変
一五	一八八二	二六	引き続き、品川から翻訳などの依頼を受ける	三月、原敬、『大東日報』入社のため大阪に赴く。一〇月には退社し、帰京
一六	一八八三	二七	六月一三日、太政官御用掛となり文書局勤務となる〇六月、クリノン著『山林実務要訣』を翻	七月一日、『官報』創刊。太政官文書局長は平田東助〇七月一四日、原

			訳出版	敬、太政官文書局兼務となる○一一月九日、加藤恒忠、フランスに向け出発○一二月五日、原敬、天津領事拝命
一七	一八八四	二八	二月一八日、今居元吉の長女てつと結婚する○三月二六日、制度取調局御用掛兼勤となる○五月二四日、太政官文書局勤務を免ぜられ、制度取調局専任となる○一二月二七日、太政官文書局勤務に復する	
一八	一八八五	二九	九月一二日、ド・メストル『主権原論』を訳述出版○九月一六日、ビュフヲン著・井上毅訳『奢是吾敵論』二冊出版、翻訳に協力○一二月二四日、内閣制成立に伴い太政官文書局は廃止となり、内閣官報局編輯課長となる	六月二四日、平田東助に代って、青木貞三が太政官文書局長となる○一二月二二日、内閣制創設される○一二月二四日、内閣官報局長に青木貞三、次長に高橋健三
一九	一八八六	三〇	二月四日、「内閣職員録」官報局長青木貞三、次長高橋健三、編輯課属課長心得陸実	六月七日、青木貞三、官報局長を辞職、九月に『商業電報』創刊（創刊日不明）
二〇	一八八七	三一	八月二五日、『出版月評』創刊号に徳富猪一郎『将来之日本』を書評	二月一五日、徳富蘇峰が『国民之友』を創刊○四月八日、天田五郎、得度して鉄眼（法号は愚庵）と称する○四月、杉浦重剛ら乾坤社結成○

				七月二六日、農商務相谷干城、井上馨外相の条約改正に反対し辞職○一二月二五日、保安条例公布
二一	一八八八	二三	三月一六日、内閣官報局編輯課長を依願退職○四月九日、『東京電報』を創刊、主筆兼社長となる。創刊社説「実業者の政治思想及び改題の主意」○六月九日、東京電報社説「日本文明進歩の岐路」(一)(二)(三)○七月二日、継母いよ没○七月七日、「郡長地方税を使用す」という記事で土方和義から告訴され、編輯人遠山英一重禁固二ヵ月、罰金五円○一二月、谷干城・杉浦重剛らを中心に新聞発刊計画が起こる	四月三日、杉浦重剛・志賀重昂・三宅雪嶺ら政教社を結成し、雑誌『日本人』を創刊○五月三一日、大同団結派の機関誌『政論』発刊○一〇月五日、井上馨の発意で自治政研究会が組織される
二二	一八八九	二四	一月一六日、『東京電報』社説「言論の二大時期」○二月六日、前年一二月二〇日記事で編輯人中川仁三郎、新聞紙条例違犯として罰金二〇円○二月九日、『東京電報』廃刊○二月一一日、新聞『日本』創刊○二月一五日、『日本』創刊祝賀の宴会開催○五月三一日、『日本』記事「日本条約改正に関する『タイムス』の説」○七月七日、谷干城邸で会合、新条約反対を決定○七月一二日、『日本』社説「改正条約の大要」、『郵便	二月六日、前官報局長青木貞三死去○二月一一日、大日本帝国憲法公布○三月七日、The Times が、日米の新条約が締結と報道○四月二三日、『郵便報知新聞』が「倫敦タイムス日米の条約改正を論す」を掲載○四月二八日、『郵便報知新聞』社説「日本の条約改正、タイムス新聞の論評及ひ通信」連載開始○九月一日、

			報知新聞』記事への反論○七月一六日、社説「郵便報知新聞の条約改正論」を一〇回にわたり連載。激しい論争となる○八月四日、『日本』二週間の発行停止○八月一五日、『日本』『日本人』関係者と、大同倶楽部・大同協和会・保守中正派、および熊本紫溟会・筑前玄洋社の「五団体」連合の非条約改正委員会開催○八月二二日、谷干城ら『日本』および『日本人』の関係者、非政社団体日本倶楽部を結成（一一月三日解散）○八月二二日、社説「内治干渉論」を一二回連載、その後「内治干渉論補遺」を九月一八日から六回連載○九月七日、『日本』一週間の発行停止○一〇月一四日、『日本』、年中無休刊となる○一〇月一九日、『日本』一週間の発行停止	大同協和会・大同倶楽部・日本倶楽部・保守中正派・九州団体の五団体が、改進党に立合演説会の開催を申し入れるが、改進党は拒否○一〇月一一日、枢密院議長伊藤博文、条約改正に反対して辞表提出○一〇月一八日、大隈重信外相、玄洋社員に爆弾を投げられ、負傷○一〇月三一日、大同倶楽部・大同協和会・保守中正派・日本倶楽部・九州団体の五団体連合解散
二三	一八九〇	三四	三月、創刊以来、編集監督にあたっていた杉浦重剛、会計にあたっていた宮崎道正が、この頃から手を引く○三月四日、品川弥二郎に新聞資金援助を依頼○四月二六日、「駆紳商檄」を五回連載○五月二〇日、『日本』三週間の発行停止○七月二〇日、『日本』紙上に「近時政論考」を連載○七月二六日、『日本』一週間の発行停止○九	二月一日、徳富蘇峰が『国民新聞』を創刊○七月一日、第一回衆議院議員総選挙○一一月二五日、第一回議会召集、開院式

			月一日、社説「敢告読者」。「国民主義」の機関たること宣言○九月一五日、京阪地方へ旅行。二〇日帰京する（旅行記「今昔感」を九月二四日から六回連載）○一〇月二二日、社説「新聞記者」を五回連載○一二月一一日、『予算論』出版	
二四	一八九一	三五	三月六日、『日本』社説「地租軽減論の可否」七回連載、地租軽減論に反対○五月、東邦協会が設立され、羯南も参加○五月一六日、新聞・雑誌または文書図書の外交関係記事に関し、内務大臣に草案検閲権・禁止権を与える緊急勅令（勅令第四十六号）公布される。以後の『日本』は紙面に削除のあるまま発行○五月二一日、『日本』の朝憲紊乱事件違反裁判で控訴棄却、直ちに上告○五月二三日、『日本』二三日間の発行停止○六月四日、『近時政論考』出版○七月七日、東邦協会第一回総会、評議員に選出される○七月一八日、社説「読東方策」○八月二二日、良明堂閉店につき、今後は東海堂と取り引きするよう読者に社告○九月初旬、弘前に帰郷○九月二五日、『日本』の朝憲紊乱記事に対して大審院	二月六日、加藤恒忠、フランスより帰国、神戸着○五月六日、第一次松方正義内閣成立○五月一一日、大津事件発生○五月二七日、大審院、津田三蔵を謀殺未遂罪により無期徒刑と判決○六月一日、品川弥二郎が内務大臣に就任

			が上告を棄却。新聞紙条例第三二条違犯として発行印刷人、編集人禁錮一ヵ月、罰金二五円、「犯罪用に供したる器械没収」○九月三〇日、『行政時言』出版○一〇月一一日、『日本』一週間の発行停止○一一月二三日、『日本』の代替紙として『大日本』発刊（不定期刊行）	
二五	一八九二	三六	元旦、父謙斎を上根岸の家に招き、ともに新年を迎える○三月六日、社説「壱千号」○三月二八日、『臨淵言行録』編輯兼発行○八月一一日、病気療養の旨の「社告」○八月三一日、『日本』一〇日間の発行停止○一〇月二一日、『日本』一週間の発行停止	二月一五日、第二回臨時総選挙○三月一一日、内務大臣品川弥二郎、選挙干渉の責任問題で辞職○一一月一八日、正岡子規、日本新聞社に入社
二六	一八九三	三七	一月九日、『日本』一週間の発行停止○二月、病気のため約二週間入院○二月二六日療養のため鎌倉に転地。四月頃まで富田鉄之助の別荘に滞在○四月二八日、『日本』五日間の発行停止○八月一三日、『原政及国際論』出版○一一月一七日、社説「現条約励行」上下連載○一二月三日、『日本』三日間の発行停止○一二月二六日、『日本』一週間の発行停止	一月、予算案修正をめぐり政府と民党対立○六月四日、義兄中田俊次郎没、六〇歳○一一月、内地雑居論・条約励行論をめぐり政府と対外硬派の対立○一二月三〇日、衆議院解散させられる
二七	一八九四	三八	一月四日、『日本』再び一〇日間の発行停止○一	三月一日、第三回総選挙、対外硬派

月九日、徳富蘇峰と伊藤内閣反対で提携〇二月九日、『日本』六日間の発行停止〇二月一一日、小日本新聞社を興し、日刊『小日本』創刊（編集長は正岡子規）〇二月一三日、『増補再版国際論』出版〇二月二二日、『日本』雑報欄に近衛篤麿「復書弁妄」を掲載〇三月二八日、府下新聞記者「藩閥打破条約励行責任内閣」を掲げて集会。羯南・蘇峰・志賀重昂ら参加〇四月一日、『小日本』紙面拡張〇四月一三日、『小日本』発行停止〇四月一六日、『日本』発行停止〇四月二二日、対外硬八派聯合懇親会。羯南・蘇峰ら出席〇四月二五日、発行停止〇五月八日、対外硬全国有志大懇親会に出席〇五月一三日、全国同志新聞記者大懇親会開催。羯南・蘇峰・志賀ら出席〇五月二二日、全国新聞九九社、貴族院に対し新聞紙条例改正に関する陳情書を提出。『日本』『小日本』参加〇六月二日、『日本』発行停止〇六月六日、全国対外硬派大懇親会、発起人に加わる〇六月一五日、笹森儀助の南島調査探検に際し、琉球と清国との関係調査を依頼〇六月二〇日、「全国同志新聞記者宣言書」発表〇六

敗北〇五月一日、東学党の乱〇五月三一日、両院協議会において新聞紙条例中修正案を確定、衆議院はこれを可決するが、貴族院は否決、新聞紙条例改正は実現せず〇六月二日、閣議、朝鮮に混成旅団派遣を決定〇六月七日、陸海軍大臣、軍機軍略に関する事項掲載禁止〇七月一六日、日英新通商航海条約を調印〇七月二〇日、記者同盟、警視庁から解散を命じられる〇八月一日、日本、清国に宣戦布告

			月二六日、『日本』発行停止〇七月一五日、『小日本』廃刊〇七月一六日、社説「紙面拡張の趣旨」〇九月八日、『日本』発行停止〇一〇月一七日、社説「外政策」を七回連載。「北守南進論」を主張	
二八	一八九五	三九	三月三日、『日本』発行停止〇四月一五日、『日本』発行停止〇四月三〇日、三国干渉にたいする政府の態度を探るため、京都へ向う。五月一四日頃まで京都に留まる〇五月一五日、三宅雪嶺論説「嘗胆臥薪（上）」。五月二七日の（中）をもって中断〇五月一七日、『日本』発行停止〇五月二七日、『日本』社説「遼東還地の時局に対する私議」〇五月二八日、『日本』発行停止〇六月一〇日、『日本』附録『週報』発刊〇六月中旬、弘前へ帰省〇七月三一日、社説「非責任論の申分」連載し、三国干渉の責任をめぐり、『東京日日新聞』と論戦〇九月一〇日、『日本』発行停止〇一一月三日、『日本』発行停止〇一二月一一日、『日本』発行停止	二月、第二次『日本人』（政教社）、度重なる発行停止のために第一八号をもって休刊〇四月一七日、日清講和条約調印〇五月一〇日、遼東半島還付の詔書出る〇七月五日、『日本人』第三次発刊。それまで志賀重昂と三宅雪嶺二人体制から、雪嶺が主宰するようになる〇一〇月八日、京城で閔妃殺害事件
二九	一八九六	四〇	二月二三日、『日本』発行停止〇五月中旬、父謙齋の見舞のため弘前へ帰省〇六月一七日、『日	三月一日、進歩党結成〇九月一八日、進歩党と提携した第二次松方正義内

			本』発行停止○九月二四日、社説「松隈内閣の前途」○一〇月中旬、父謙齋の看病のため帰省○一〇月三一日、父謙齋没。一一月一四日頃まで弘前に滞在○一一月九日、雑報欄に雑誌『二十六世紀』第二二号掲載の「宮内大臣論」を転載し、土方宮内大臣を批判○一一月一四日、九日発行の『日本』を治安妨害を理由として発行停止に処する旨の通告を受ける○一二月一二日、府下主要新聞社代表会合し、新聞発行禁停止全廃同盟発議	閣成立。大隈重信外相、高橋健三内閣書記官長、神鞭知常法制局長官
三〇	一八九七	四一	二月一一日、創刊八周年、社説「紀念日の所感」	三月二四日、新聞紙条例改正公布○八月二六日、徳富蘇峰、内務省勅任参事官に就任○一〇月八日、内閣書記官長高橋健三辞職、二八日法制局長官神鞭知常辞職
三一	一八九八	四二	二月、高橋健三見舞のため大阪へ赴く○五月、高橋見舞のため小田原に滞在○五月二〇日、対外同志全国大懇親会開催。発起人に列する○六月一六日、進歩党、自由党合同のための同志懇親会に出席○七月二二日、高橋健三没○一〇月二六日、谷干城・田口卯吉『地租増否論』出版。	一月一日、近衛篤麿、雑誌『太陽』に「同人種同盟　附支那問題研究の必要」を発表○三月一九日、福本誠の送別会○三月二七日、ロシア、大連・旅順の租借権と南満州鉄道の敷設権を獲得○六月、近衛ら同文会を

			翌三二年四月一六日同『続地租増否論』出版○一〇月二九日、東亜同文会が近衛篤麿発行の『時論』を引き受ける。趣意書は羯南執筆とされる○東亜同文会創立大会。会長は近衛篤麿、羯南は幹事に就任	結成○一〇月二四日、東亜会と同文会の会合がもたれる○一一月三日、憲政党の旧進歩党系が憲政本党を結成○一二月一〇日、谷干城ら、地租増徴反対同盟会を結成し、檄文を配布○一二月三〇日、地租条例改正公布
三二	一八九九	四三	一月三一日、『日本』「谷子爵の演説」を二面をつぶして掲載○三月一四日、東亜同文会春季総会。近衛の洋行に備え、人事刷新、事業計画決定。羯南は幹事長に就任○四月二三日、長男乾一生れる○一二月三〇日、〈寄書〉欄に「『日本』青年会設立の議」沼隈生（山本滝之助）が掲載	三月、山東で義和団蜂起○一一月一三日、アメリカ国務長官ヘイの中国「門戸開放」覚書が日本にも通告される
三三	一九〇〇	四四	一月一日、富田鉄之助・国分青厓と三人で箱根湯本滞在中の谷干城を訪ねる○一月一五日、『日本』附録「週報」〈天意人言〉欄に沼隈の呼びかけに賛成する投書掲載○二月九日、長男乾一没○八月一五日、東亜同文会臨時大会。「支那保全」を決議、羯南出席○八月一七日、『日本』社説「東亜同文会の宣明（支那保全論の真意）」○八月二三日、近衛・谷・神鞭・羯南などが会合、	二月二六日、品川弥二郎病没○七月六日、閣議、混成一個師団の清国派遣を決定○八月一四日、日本軍、列国連合軍とともに北京城内に入る○憲政党臨時大会、政友会参加のため解散を決議する○九月一五日、立憲政友会発会式（総裁伊藤博文）

対ロ開戦覚悟論出る○九月九日、満州問題について戸水寛人・富井正章らの学者が集会。建議書案作成を羯南に依頼○九月一一日、国民同盟会発起準備会に出席。「国民同盟会宣言案」発表○九月一二日、戸水寛らの対露強硬派の会合に羯南・三宅雪嶺が出席○九月二一日、新聞記者同盟会組織。羯南、幹事に選出○九月二四日、国民同盟会発会式○九月二八日、富井政章・戸水寛人ら六博士、対露強硬策意見書を山県首相に提出○一〇月二一日、国民同盟会全国同志大懇親会開催○一〇月二三日、全国同志記者大懇親会開催○一二月二〇日、国民同盟会中央大会開催

三四　一九〇一　四五

一月一六日、『日本』正岡子規「墨汁一滴」の連載開始○三月一三日、国民同盟会、在京同志緊急大会開催し露清密約反対を決議○七月一二日、近衛篤麿、清韓両国視察のため、東京を発つ。羯南、これに同行する○八月三〇日、近衛の一行とともに、神戸港に帰着。九月、日本新聞社経営不振のため近衛篤麿援助の話が起こる○一一月二二日、近衛が日本新聞社に出資すること

二月九日、政府の増税諸法案、衆議院を通過○二月二七日、貴族院本会議に増税諸法案が上程されるが、一〇日間の停会命令を受ける○三月一二日、貴族院に対し、増税案の成立を命ずる勅語が下る○四月一一日、雑誌『東洋』創刊号に近衛篤麿「所謂満洲問題」を掲載○五月二六日、

			になり、証書を取り交わす○一一月二二日、社説「自由主義の必要」（上下）	東亜同文会、南京同文書院を上海に移して東亜同文書院と改める○九月一五日、日本青年会大会開催○一二月、雑誌『日本青年』創刊○一二月二二日、国民同盟会第二次委員総会開催。席上、近衛が露国の満州占領を非難
三五	一九〇二	四六	一月七日、近衛篤麿と『日本』との間の「密約本書」を取り交わす。翌日、近衛が日本新聞社を視察○一月一三日、雑誌『東洋』と『日本週報』が合併。合併号に近衛「帝国今後の急務」を掲載○二月一三日、社説「日英同盟の成就」○二月一六日、『日本』に近衛「日英同盟の成立」を掲載。同日、国民同盟会の日英同盟祝賀会○四月一二日、三宅雪嶺、欧米旅行に出発。羯南、この間『日本人』社説を執筆する○四月二七日、国民同盟会解散○五月五日、『日本』紙上に正岡子規「病床六尺」掲載開始○五月、日本新聞社、外務省機密費より援助を受ける。以後、様々な日本新聞社再建策が議される○九月一九日、正岡子規没○九月二二日、「正岡子規	一月三〇日、日英同盟調印○八月九日、近衛篤麿が北海道視察に出発。九月七日帰京○一二月、地租増徴をめぐり衆議院紛糾。二八日解散

			君」連載開始○一〇月一一日、羯南、近衛に日本新聞社再建策を提案。以後、成章堂処分などを協議	
三六	一九〇三	四七	二月一八日、妻てつの兄今居真吉の四男四郎を養子とする○『日本画報』発刊○六月一六日、米国経由で欧州漫遊の途に上る○七月二九日、ブリュッセルを経てベルリンに着く○九月一日、羯南、ベルリンより近衛篤麿の病状を電報で問い合わせるとともに津軽英麿の帰国予定を報告○一一月、パリを発ち、ナポリより上船、帰国の途につく	
三七	一九〇四	四八	一月二四日、欧米旅行より帰国○六月七日、山本瀧之助著『地方青年』に「序文」を寄せる○七月頃から病臥。一二月に湯河原に転地療養	一月二日、近衛篤麿没。四二歳○一月七日、鉄眼（愚庵、本名は天田五郎）没。五一歳○二月一〇日、ロシアに対して宣戦布告○二月二九日、津軽英麿、ドイツより帰国
三八	一九〇五	四九	一月二日、社説「嗚呼霞山公」○一月二四日、『日本』紙面改革○二月、いったん帰京、さらに鎌倉長谷に転居○六月上旬、須磨で療養中の神鞭知常を見舞う○九月、羯南、講和条件に対し「穏和論」。古島一雄らの社員は強硬論○一〇月、	六月二一日、神鞭知常没。五八歳○九月五日、日露講和条約調印。日比谷公園で講和条約反対国民大会。夜になり暴動化。日比谷焼打ち事件

			根岸にもどる	
三九	一九〇六	五〇	四月四日、社説「第六千号の所感」〇四月末、鎌倉より一時根岸へ戻る〇六月二三日、『日本』に伊藤欽亮が日本新聞社を継承した旨の「謹告」が掲載される〇九月一日、『日本青年』第五〇号をもって廃刊	一二月四日、長谷川如是閑らの日本新聞社員二二名、退社趣意書を発表して同新聞社を去る
四〇	一九〇七	五一	一月一日、『日本人』が『日本及日本人』と改題。同号巻末掲載の政教社同人に名を列ねる〇七月二四日、鎌倉極楽寺の別荘に転居〇八月、喀血を繰り返す〇九月五日、死去〇九月八日、谷中全生庵で葬儀。東京染井墓地に埋葬。法名は文生院介然羯南居士	

参考文献

一　著　作

クリノン著・陸実訳『山林実務要訣』　有隣堂発兌　一八八三年
ド・メストル原著、陸実訳述『主権原論』　博聞社　一八八五年
陸　実『予算論』　日本新聞社　一八九〇年
陸　実『予算弁妄』　日本新聞社　一八九一年
陸　実『近時政論考』　日本新聞社　一八九一年
陸　実『行政時言』　日本新聞社　一八九一年
陸実編輯兼発行『臨淵言行録』　日本新聞社　一八九二年
陸　実『原政及国際論』　日本新聞社　一八九三年
陸　実『国際論』　日本新聞　一八九四年
梶井盛編『羯南文集』　蟠龍堂　一九一〇年
鈴木虎雄輯『羯南文録』　陸四郎　一九三三年
西田長寿・植手通有『陸羯南全集』全一〇巻　みすず書房　一九六八―八五年

『日本』復刻版　ゆまに書房

二　史　料

伊東　重「珍田伯の学生時代　伊東重翁の回顧談」（『東奥日報一九二六年五月三日）

岩壁義光・広瀬順皓編『影印原敬日記』全一七巻　北　泉　社　一九九八年

小　野　久　三『青森県政治史』Ⅰ　東奥日報出版部　一九七三年

川那邊貞太郎発行兼編輯『自恃言行録』　熊田活版所　一八九九年

古　島　一　雄『古島一雄清談』　毎日新聞社　一九五一年

古　島　一　雄『一老政治家の回想』　中央公論社　一九五一年

小谷保太郎編『愚庵遺稿』　文　求　堂　一九〇四年

近衛篤麿日記刊行会『近衛篤麿日記』全六巻　鹿島研究所出版会　一九六八―六九年

笹　森　順　造『東奥義塾再興十年史』　東奥義塾学友会　一九三一年

島内登子衛編『谷干城遺稿』全四巻　東京大学出版会　一九七五―七六年

尚友倶楽部品川弥二郎日記編纂委員会『品川弥二郎関係文書』全六巻　山川出版社　一九九三―二〇〇三年

高　木　壬　太　郎『本多庸一先生遺稿』　日本基督教興文協会　一九一八年

拓　川　会編『拓川集』全六冊　拓川会　一九三〇―三三年

東京大学史料編纂所・佐佐木高行『保古飛呂比』全一二巻　東京大学出版会　一九七〇―七九年
徳富蘇峰『蘇峰自伝』　中央公論社　一九三五年
沼田哲「本多庸一答申書（史料紹介）」（『青山史学』第八号）　一九八四年
沼田哲（史料紹介）「明治一三年初の青森県情」上・下（『弘前大学国史研究』第七〇・七一号）　一九八〇年
原奎一郎編『原敬日記』全九巻　乾元社　一九五〇―五一年
原敬関係文書研究会編『原敬関係文書』全一一巻　日本放送出版協会　一九八四―八八年
弘前市史編纂委員会『弘前市教育史』上巻　弘前市教育委員会　一九七五年
弘前市史編纂委員会『弘前市教育史・年表』上巻　弘前市教育委員会　一九七九年
弘前市史編纂委員会『弘前市史』藩政篇　弘前市　一九六三年
三浦梧楼『観樹将軍回顧録』　政教社　一九二五年
無署名「東奥義塾沿革史」（『東奥日報』一九〇〇年二月二日―一二日）
山本瀧之助『地方青年』　国光社　一九〇四年

三　伝記

岡田哲蔵『本多庸一伝』　大空社復刻　一九九六年
学校法人青山学院『本多庸一』　青山学院　一九六八年

菊池武徳『伯爵珍田捨己伝』　共盟閣　一九三八年
小山文雄『陸羯南―「国民」の創出―』　みすず書房　一九九〇年
津軽承昭公伝記刊行会編『津軽承昭公伝』　津軽承昭公伝記刊行会　一九一七年
羽賀与七郎『津軽英麿伝』　陸奥史談会　一九六五年
本多繁「本多庸一及その時代」（『宮城学院女子大学研究論文集』第八号）　宮城学院女子大学　一九五六年
前田蓮山『原敬伝』上・下　高山書院　一九四三年
柳田泉「陸羯南」『三代言論人集』第五巻　時事通信社　一九六三年
山本四郎『評伝原敬』上・下　東京創元社　一九九七年

四　研究

相沢文蔵「明治の人々　陸かつ南おぼえがき」（『道標』第二次第二四号）　一九六五年
相沢文蔵「陸羯南」（弘前市立図書館『郷土の先人を語る』Ⅰ）　弘前市立図書館　一九六七年
池田哲郎「津軽の英学」（『福島大学学芸学部論集』一五巻二号）　一九六四年
稲葉克夫「陸羯南の紋別行―「寒帆余影」を資料として―」（『弘前大学国史研究』五九号）　一九七二年
稲葉克夫『青森県の近代精神』　北の街社　一九九二年

植手通有「平民主義と国民主義」（『岩波講座日本歴史』一六巻）岩波書店　一九七六年
穎原善徳「日清戦後における陸羯南の対外政策論」（『日本歴史』第五四一号）一九九三年
岡和田常忠「陸羯南とジョセフ・ド・メーストル」（『みすず』）一九六八年九・一〇月
笠原助治『近世藩校に於ける学統学派の研究』上　吉川弘文館　一九七二年
河西英通『近代日本の地域思想』窓社　一九九六年
川村欽吾「陸羯南の帰省」（『歴史と人物』）一九七三年一月
川村欽吾「赤石定蔵と陸羯南―赤石を中心に―」（『東奥義塾研究紀要』七号）一九七三年
川村欽吾「『拓川日記』と陸羯南」（『東奥義塾研究紀要』五号）一九七〇年
川村欽吾「伊東重と陸羯南」（『東奥義塾研究紀要』六号）一九七二年
川村欽吾「陸羯南」（一）～（一五）（『れぢおん青森』青森地域社会研究所）
一九八一年一月―八二年三月
工藤儀助「佐藤氏青年時代　工藤儀助翁の回顧談」（『東奥日報』一九二六年五月三日）
栗田尚弥「引き裂かれたアイデンティティ―東亜同文書院の精神史的考察―」（ピータ・ドウス、小林英夫編『帝国という幻想』）青木書店　一九九八年
ケネス・B・パイル（松本三之介監訳）『新世代の国家像　明治における欧化と国粋』社会思想社　一九八六年
香内三郎「明治ナショナリズムと言論―陸羯南の場合―」（『道』）一九八一年一月

小松茂夫「陸羯南―「国民」国家における「新聞記者」の使命―」（小松茂夫・田中浩編『日本の国家思想』上）青木書店　一九八〇年
小宮一夫『条約改正と国内政治』吉川弘文館　二〇〇一年
佐藤能丸『明治ナショナリズムの研究』芙蓉書房出版　一九九八年
高木誠「陸羯南と条約改正」（『国際基督教大学学報ⅡB社会科学ジャーナル』四号）一九六二年
高松亨明『陸羯南詩通釈』津軽書房　一九八一年
田所光男「翻訳の言葉と論説の言葉―ジョゼフ・ド・メストルの陸羯南への影響の序論的な検討―」（『福岡大学人文論叢』一九巻一号）福岡大学　一九八七年
田所光男「フィロゾフ批判の転生　ジョゼフ・ド・メストルの陸羯南への影響」（『福岡大学人文論叢』一九巻二号）福岡大学　一九八七年
全且煥「陸羯南の国際観」（『立命館言語文化研究』一巻四号）一九九八年
手塚豊「司法省法学校小史」（1）～（3）（『法学研究』四〇巻六・七・一一号）慶應義塾大学　一九六七年
遠山茂樹「陸羯南の外政論―とくに日清戦争前後の時期を中心として―」（『横浜市立大学論叢』二四巻二・三合併号）横浜市立大学　一九七三年
利谷信義「日本資本主義と法学エリート」（一）（二）（『思想』四九三・四九六号）

中野目徹『政教社の研究』 岩波書店 一九六五年
西川長夫「国民国家と異文化交流」『国民国家論の射程』 思文閣出版 一九九三年
沼田哲「「北方の人」の「南嶋」への視線」（沼田哲編『「東北」の成立と展開』） 柏書房 一九九八年
 岩田書院 二〇〇二年
坂野潤治『明治・思想の実像』 創文社 一九七七年
ひろたまさき「陸羯南論―そのナショナリズムの論理―」（『北海道教育大学（第一部B）』一七巻一号） 北海道教育大学 一九六六年
朴羊信「陸羯南の政治認識と対外論」（1）～（4）（『北大法学論集』四九巻一・二・五号、五〇巻一号） 北海道大学 一九九八年
本田逸夫『国民・自由・憲政―陸羯南の政治思想―』 木鐸社 一九九四年
松尾正人「明治前期における弘前藩士族の動向―山田登とその一派を中心として―」（『近代日本形成過程の研究』） 雄山閣出版 一九七八年
松田宏一郎「『近時政論考』陸羯南における〈政論〉の方法」（一）（完）（『東京都立大学法学会雑誌』三三巻一・二号） 一九九二年
松田宏一郎「『政論記者』陸羯南の成立」（『東京都立大学法学会雑誌』二八巻一号） 一九八七年
松本三之介「陸羯南における「国家」と「社会」」（同『明治思想における伝統と近代』）

丸山眞男「陸羯南　人と思想」『丸山眞男』第三巻（初出『中央公論』一九四七年二月号）　東京大学出版会　一九九六年
宮村治雄『開国経験の思想史　兆民と時代精神』　東京大学出版会　一九九六年
本山幸彦「陸羯南と三宅雪嶺」（『歴史と人物』）　岩波書店　一九九五年
安田浩「近代日本における「民族」観念の形成　国民・臣民・民族」（『季刊思想と現代』三一号）　一九七二年三月
山口一之「日清戦争後における陸羯南の外政論」（一）（二）（『駒沢史学』第二二・二三号）　一九九二年
山田央子『明治政党論史』　創文社　一九九九年
山田央子「ブルンチェリと近代日本政治思想―『国民』観念の成立とその受容―」（上）（下）（『東京都立大学法学会雑誌』三二巻二号、三三巻一号）　一九七六年
山室信一「国民国家・日本の出現」（京都大学人科学研究所『人文学報』六七号）　一九九一・九二年
山本茂樹著『近衛篤麿―その明治国家観とアジア観―』　ミネルヴァ書房　一九九〇年
米原謙「日本における近代保守主義の成立とその特質―陸羯南の立憲政論―」（『阪大法学』一〇四号）　二〇〇一年
一九七七年

著者略歴

一九四三年生まれ
一九七二年東京大学大学院社会学研究科博士課程単位修得退学
現在、東京経済大学教授

主要著書
徳富蘇峰と国民新聞　近代日本ジャーナリズムの構造　占領期メディア史研究　甲子園野球と日本人　海外観光旅行の誕生

人物叢書　新装版

陸羯南

二〇〇七年（平成十九）五月十日　第一版第一刷発行

著者　有《あり》山《やま》輝《てる》雄《お》
編集者　日本歴史学会
代表者　平野邦雄
発行者　前田求恭
発行所　株式会社　吉川弘文館
東京都文京区本郷七丁目二番八号
郵便番号一一三—〇〇三三
電話〇三—三八一三—九一五一〈代表〉
振替口座〇〇一〇〇—五—二四四
http://www.yoshikawa-k.co.jp/
印刷＝株式会社　平文社
製本＝ナショナル製本協同組合

ISBN978-4-642-05239-9

『人物叢書』(新装版)刊行のことば

人物叢書は、個人が埋没された歴史書が盛行した時代に、「歴史を動かすものは人間である。個人の伝記が明らかにされないで、歴史の叙述は完全であり得ない」という信念のもとに、専門学者に執筆を依頼し、日本歴史学会が編集し、吉川弘文館が刊行した一大伝記集である。

幸いに読書界の支持を得て、百冊刊行の折には菊池寛賞を授けられる栄誉に浴した。

しかし発行以来すでに四半世紀を経過し、長期品切れ本が増加し、読書界の要望にそい得ない状態にもなったので、この際既刊本の体裁を一新して再編成し、定期的に配本できるような方策をとることにした。既刊本は一八四冊であるが、まだ未完である重要人物の伝記についても鋭意刊行を進める方針であり、その体裁も新形式をとることとした。

こうして刊行当初の精神に思いを致し、人物叢書を蘇らせようとするのが、今回の企図である。大方のご支援を得ることができれば幸せである。

昭和六十年五月

日本歴史学会

代表者 坂本太郎

道元（新稿版） 竹内道雄著
親鸞 赤松俊秀著
日蓮 大野達之助著
北条時宗 川添昭二著
一遍 大橋俊雄著
叡尊・忍性 和島芳男著
京極為兼 井上宗雄著
金沢貞顕 永井晋著
菊池氏三代 杉本尚雄著
新田義貞 峰岸純夫著
花園天皇 岩橋小弥太著
赤松円心・満祐 高坂好著
卜部兼好 冨倉徳次郎著
覚如 重松明久著
足利直冬 瀬野精一郎著
佐々木導誉 森茂暁著
細川頼之 小川信著
足利義満 臼井信義著
今川了俊 川添昭二著
上杉憲実 田辺久子著
一条兼良 永島福太郎著

蓮如 笠原一男著
宗祇 奥田勲著
万里集九 中川徳之助著
三条西実隆 芳賀幸四郎著
大内義隆 福尾猛市郎著
ザヴィエル 吉田小五郎著
三好長慶 長江正一著
武田信玄 奥野高広著
朝倉義景 水藤真著
明智光秀 高柳光寿著
大友宗麟 外山幹夫著
千利休 芳賀幸四郎著
足利義昭 奥野高広著
前田利家 岩沢愿彦著
長宗我部元親 山本大著
安国寺恵瓊 河合正治著
石田三成 今井林太郎著
真田昌幸 柴辻俊六著
高山右近 海老沢有道著
島井宗室 田中健夫著
淀君 桑田忠親著

片桐且元 曽根勇二著
藤原惺窩 太田青丘著
支倉常長 五野井隆史著
伊達政宗 小林清治著
天草時貞 岡田章雄著
立花宗茂 中野等著
佐倉惣五郎 児玉幸多著
小堀遠州 森蘊著
徳川家光 藤井讓治著
由比正雪 進士慶幹著
林羅山 堀勇雄著
国姓爺 石原道博著
野中兼山 横川末吉著
隠元 平久保章著
酒井忠清 福田千鶴著
朱舜水 石原道博著
池田光政 谷口澄夫著
山鹿素行 堀勇雄著
井原西鶴 森銑三著
松尾芭蕉 阿部喜三男著
三井高利 中田易直著

河村瑞賢　古田良一著
徳川光圀　鈴木暎一著
契沖　久松潜一著
市川団十郎　西山松之助著
伊藤仁斎　石田一良著
徳川綱吉　塚本学著
貝原益軒　井上忠著
前田綱紀　若林喜三郎著
近松門左衛門　河竹繁俊著
新井白石　宮崎道生著
鴻池善右衛門　宮本又次著
石田梅岩　柴田実著
太宰春台　武部善人著
徳川吉宗　辻達也著
大岡忠相　大石学著
賀茂真淵　三枝康高著
平賀源内　城福勇著
与謝蕪村　田中善信著
三浦梅園　田口正治著
毛利重就　小川國治著
本居宣長　城福勇著
山村才助　鮎沢信太郎著
木内石亭　斎藤忠著
小石元俊　山本四郎著
山東京伝　小池藤五郎著
杉田玄白　片桐一男著
塙保己一　太田善麿著
上杉鷹山　横山昭男著
大田南畝　浜田義一郎著
小林一茶　小林計一郎著
大黒屋光太夫　亀井高孝著
島津重豪　芳即正著
狩谷棭斎　梅谷文夫著
最上徳内　島谷良吉著
渡辺崋山　佐藤昌介著
柳亭種彦　伊狩章著
香川景樹　兼清正徳著
平田篤胤　田原嗣郎著
間宮林蔵　洞富雄著
滝沢馬琴　麻生磯次著
調所広郷　芳即正著
橘守部　鈴木暎一著
黒住宗忠　原敬吾著
水野忠邦　北島正元著
帆足万里　帆足図南次著
江川坦庵　仲田正之著
藤田東湖　鈴木暎一著
広瀬淡窓　井上義巳著
大原幽学　中井信彦著
島津斉彬　芳即正著
月照　友松圓諦著
橋本左内　山口宗之著
井伊直弼　吉田常吉著
吉田東洋　平尾道雄著
佐久間象山　大平喜間多著
真木和泉　山口宗之著
高島秋帆　有馬成甫著
シーボルト　板沢武雄著
高杉晋作　梅溪昇著
川路聖謨　川田貞夫著
横井小楠　圭室諦成著
山内容堂　平尾道雄著
江藤新平　杉谷昭著

和宮　武部敏夫著
西郷隆盛　田中惣五郎著
ハリス　坂田精一著
森有礼　犬塚孝明著
松平春嶽　川端太平著
中村敬宇　高橋昌郎著
河竹黙阿弥　河竹繁俊著
寺島宗則　犬塚孝明著
樋口一葉　塩田良平著
ジョセフ＝ヒコ　近盛晴嘉著
勝海舟　石井孝著
臥雲辰致　村瀬正章著
黒田清隆　井黒弥太郎著
伊藤圭介　杉本勲著
福沢諭吉　会田倉吉著
星亨　中村菊男著
中江兆民　飛鳥井雅道著
西村茂樹　高橋昌郎著
正岡子規　久保田正文著
清沢満之　吉田久一著
滝廉太郎　小長久子著
田口卯吉　田口親著
福地桜痴　柳田泉著
陸羯南　有山輝雄著
児島惟謙　田畑忍著
荒井郁之助　原田朗著
幸徳秋水　西尾陽太郎著
ヘボン　高谷道男著
石川啄木　岩城之徳著
乃木希典　松下芳男著
岡倉天心　斎藤隆三著
桂太郎　宇野俊一著
加藤弘之　田畑忍著
山路愛山　坂本多加雄著
伊沢修二　上沼八郎著
秋山真之　田中宏巳著
前島密　山口修著
成瀬仁蔵　中嶌邦著
前田正名　祖田修著
大隈重信　中村尚美著
山県有朋　藤村道生著
大井憲太郎　平野義太郎著
富岡鉄斎　小高根太郎著
津田梅子　山崎孝子著
豊田佐吉　楫西光速著
渋沢栄一　土屋喬雄著
有馬四郎助　三吉明著
武藤山治　入交好脩著
坪内逍遙　大村弘毅著
山室軍平　三吉明著
南方熊楠　笠井清著
中野正剛　猪俣敬太郎著
河上肇　住谷悦治著
御木本幸吉　大林日出雄著
尾崎行雄　伊佐秀雄著
緒方竹虎　栗田直樹著

▽以下続刊